심리치료사, 사회복지사, 특수교사를 위한

아동 미술치료기법

이근매 저

학지사

머리말

오늘날 우리 사회는 4차 산업혁명이라는 변혁의 물결 속에 서 있다. 빠른 사회 변화와 넘쳐 나는 정보 속에서 삶의 양식과 가치가 바뀌고 있다. 이러한 변화 속에서 맞벌이 세대와 소외계층이 늘어나는 한편, 부부 갈등과 가족의 위기로 심리적인 갈등을 겪는 아동들도 증가하고 있다. 또한 친구들과 어울리지 못하는 아이들, 유치원이나 학교에 부적응하는 아이들, 무기력한 아이들도 눈에 띄고 있어 부모뿐만 아니라 교육 현장에서는 그 대책 마련에 고심하고 있다.

문제의 중재보다도 조기발견과 예방의 중요성, 특히 유아기 인성교육의 중요성이 강조되고 있는 상황이다. 부모와 교사는 물론 우리 모두는 아이들이 신체적 · 인지적 · 정서적 · 도덕적 · 사회적으로 균형 있게 발달하여 원만한 성격의 성인으로 성장하기를 바란다. 생의 초기는 인간발달에 있어서 가장 중요한 시기로 알려져 있고, 유아기와 아동기에는 인성의 기본적인 틀이 형성되기 때문에 참으로 중요한 시기이다.

특히 아동기 발달에 미술활동은 매우 중요하다. 미술활동을 통해 자신의 욕구를 만족시켜 인지적 · 정서적 발달, 사회성, 문제해결능력, 창의성 등의 발달에도 도움을 준다. 자신의 힘으로 작품을 만든 것이기 때문에 만족감, 성취감, 자신감을 갖게 된다. 이러한 이점을 근거로 미술활동은 자기표현이 어려운 아동의 심리치료에 활용되기도 하고, 창조표현을 통한 창의성 교육까지 넓게 활용되고 있다. 아동들이 미술활동 과정 속에 자기답게 표현하는 자기표현 행위를 통하여 자기상을 탐구하게 함으로써 집단에 잘 적응하며 살아가게 도와주는 것이 미술치료이다.

미술치료를 통해 아동의 발달을 돕고 심리적 안정을 도모하는 데 도움이 되고자 저자는 10년간의 임상경험을 바탕으로 2003년에 현장에서 손쉽게 활용할 수 있는 교재이자 아동의 발달을 돕는 『미술치료의 실제』(공저, 교육과학사, 2003)를 발간하였다. 그러나 15년의 변화 속에 미술치료의 이론을 바탕으로 한, 좀 더 체계적인 미술치료기법의 필요성을 절감하였다. 또한 미술치료사뿐만 아니라 자녀를 키우는 부모, 교육 현장에 있는 교사와 특수교사 등이 손쉽게 활용할 수 있도록 이 책을 집필하게 되었다.

이 책은 크게 이론과 실제, 2부로 나뉘어 있으며 총 10장으로 구성되어 있다. 제1부는 이론 중심으로 총 4장으로 구성되어 있다. 아동 미술활동의 중요성과 특히 발달장애아동에게 미술매체가 주는 효과성에 대한 이론을 제1장에 제시하였다. 아동은 신체적 발달뿐만 아니라 인지적 · 사회적 · 정서적 발달 등 다양한 영역의 발달단계를 거친다. 미술표현 역시 발달단계를 거치면서 표현력이 향상된다. 이러한 관점에서 제2장에서는 아동의 심리학적 발달단계의 대표적인 Freud 정신분석적 관점의 심리성적 발달단계, Erikson의 심리사회적 발달단계, Piaget의 인지발달단계를 다루었고, 제3장에서는 아동의 미술발달단계의 특징들을 살펴보았다. 제4장에서는 미술매체의 개념과 중요성, 각 매체의 특징을 구체적으로 제시하였다. 미술치료에서 미술매체는 필수적인 도구이다. 아동이 어떤 재료를 선택하고 선호하는가에 대한 문제는 미술치료를 하는 데 있어 중요한 단서가 되기 때문에 미술매체에 대해서는 강조해서 배울 필요가 있다.

제2부는 총 6장으로 구성되어 있는데, 부모나 교사 등도 쉽게 활용할 수 있도록 미술치료 촉진기법 및 진행지침을 단계별로 자세하게 소개하였다. 또한 아주 어린 유아나 발달이 늦은 장애아동까지 활용될 수 있도록 아주 기본적인 기법을 바탕으로 응용까지 체계적으로 제시하였고, 그림, 사진과 같은 시각적인 정보 제공을 통해 현장에서 보다 유용하게 활용할 수 있도록 하였다. 제5장에서는 평면표현기법으로 건식매체를 사용하는 난화, 줄 긋기 기법을 소개하고, 동그라미, 세모, 네모에서부터 풍선, 사과 등을 응용하여 모델링-모방-자발적 활동으로 나아갈 수 있도록

구체적인 지도방법을 함께 소개하고 있다. 특히 심리적 해소에 도움이 되는 습식매체를 이용할 수 있는 데칼코마니, 구슬 굴리기, 판화 등 다양한 기법도 체계적으로 소개하였다. 제6장에서는 아동의 성취감과 자존감 형성에 도움을 주는 입체표현기법으로 종이를 비롯해 나뭇잎, 찰흙 등을 사용하여 기본적인 작품에서부터 응용할 수 있는 기법까지 체계적으로 소개하였다. 제7장과 제8장에서는 협동심과 사회성이 향상될 수 있는 다양한 매체를 활용한 협동표현기법 그리고 주의집중력 향상과 소근육운동에 도움을 주는 종이접기기법을 소개하였다. 제9장에서는 가위와 풀, 종이만 있으면 누구나 간편하게 할 수 있는 다양한 콜라주기법을 소개하였다.

마지막 제10장에서는 아동의 그림에 대한 부담감을 덜어 주는 테두리기법과 흥미를 유발하고 창의성을 향상시킬 수 있는 모래, 스티커 등을 활용한 기타 표현기법을 제시하였다. 이 책은 미술치료의 이론을 바탕으로 하여 미술치료기법을 구체적으로 제시하여 현장에서 손쉽게 활용할 수 있게 한 점이 특징이라고 말할 수 있다. 현장 중심 도서로 많은 심리치료사, 사회복지사, 특수교사에게 활용되기를 바란다.

이 책이 출판되기까지 많은 분의 도움이 있었다. (사)한국아동발달지원연구소 연구원들, 김미진 박사, 평택대학교 미술치료상담원 미술치료사들, 특히 원고와 그림의 교정에 도움을 준 권소선, 고은정, 김미현 선생에게 깊은 감사의 마음을 전한다. 학지사 김진환 사장님과 편집을 담당해 주신 박지영 님을 비롯한 임직원들에게도 감사드린다.

2019년 2월

저자 이근매

차례

제2부
아동 미술치료기법

제1부

아동 미술활동과 미술매체

제1장

미술활동의 중요성

1. 아동* 미술활동의 중요성

인간은 태어나면서부터 다양한 감각기능을 통해 자기를 표현한다. 특히 언어적 표현이 미숙한 아동들은 다양한 미술활동을 통해 자신의 생각을 자유롭게 표현한다. 아동은 가위로 자르고, 풀로 붙이고, 무엇을 만들고 주무르고 그리는 등의 미술활동을 통하여 작은 근육운동 등 신체발달이 이루어진다. 이러한 미술활동을 통해 자신의 욕구를 만족시키고 인지적 · 정서적 발달, 사회성, 문제해결능력, 창의성 등의 발달에도 도움을 준다. 자신의 힘으로 작품을 만든 것이기 때문에 만족감, 성취감, 자신감도 가지게 된다. 미술활동을 반복적으로 시행함에 따라 지금까지 상실, 왜곡, 방어, 억제되어 있는 상황에서의 보다 명확한 자기상과 자기 자신의 세계관을 언어적 · 시각적 이미지에서 재발견하여 자기동일화와 자기실현을 이룬다.

미술활동은 자기표현이 어려운 아동의 심리치료에 활용되기도 하고 자기 창조표현을 통한 창의성 교육까지 넓게 활용되고 있다. 미술표현활동은 아동의 정서불안, 대인관계 기피, 사회적 적응력 부족, 자아존중감 결여, 자기이해 부족을 적극적으로 해소할 수 있으며, 아동의 전 인격적인 성장과 창의성, 감정을 보다 분명하게 표현하고 승화를 경험하게 하며 자존감 성취에 바람직한 도움을 줄 수 있다고 하였다(손혜주, 최외선, 2010).

아동 미술활동의 장점은 정서적 안정감 제공, 언어적 표현 촉진, 책임감과 성취감 향상, 창의성과 인성 발달 등 크게 네 가지를 들 수 있다.

1) 정서적 안정감 제공

다양한 미술매체를 사용하여 그리고, 만들고, 찢고, 주무르는 등의 미술활동은 아동의 억압된 무의식적 갈등과 욕구들을 자연스럽게 표출할 수 있도록 도움을 준다. 장애아동을 비롯한 아동에게 낙서와 같은 미술활동은 그림을 그리는 것에 대한 긴장을 완화시키고, 흥미를 유발하며, 심리적 퇴행을 경험하게 한다(이근매,

---

* 이 책에서는 유아기를 포함한 13세 미만인 자를 아동으로 통칭한다.

2008). 미술활동은 미술활동 과정과 작품을 통해 아동의 무의식적 갈등과 욕구뿐만 아니라 공격성, 분노, 불안 등의 부정적인 감정도 자연스럽게 드러내도록 하여 이를 해소할 수 있도록 돕는다. 이러한 상징적인 이미지를 통한 감정과 사고의 표현은 작품을 통해 객관화, 통합, 동일시되고 보다 고차원적인 정서적 변화를 가능하게 한다.

여러 가지 미술매체 중 통제성이 낮은 매체인 점토매체의 경우, 붙이거나 떼어내면서 자신이 원하는 형태로 모양을 만들 수 있다. 이와 같은 점토의 용이성은 이완, 퇴행, 카타르시스 등을 경험하고 심리적 안정감을 얻을 수 있는 치료적 효과가 있다. 점토매체 중심의 미술치료는 아동의 심리건강을 회복시키는 데 많이 사용되고 있는 것으로 보고되고 있다(구미진, 이근매, 김진희, 2016). 사포협동화, 콜라주, 종이 찢기, 난화법, 점토작업, 가면 만들기 등의 미술활동을 통하여 다문화가정 아동의 심리적 안정감을 도모하여 자아존중감과 사회성을 향상시킨 연구결과도 보고되고 있다(홍은진, 이근매, 2014).

2) 언어적 표현 촉진

아동의 미술표현은 심리적 · 정서적 측면을 시각적인 형태로 나타내는 하나의 수단이며, 작품을 통해 언어로 표현하지 못하는 것을 표현한다. 자신의 생각과 느낌을 언어로 표현하는 데 어려움이 있는 아동의 경우 미술활동 과정과 미술작품이 자신의 세계를 언어로 표현하는 매개의 역할을 하며 언어적 표현을 촉진한다. 즉, 미술활동은 의사소통의 수단으로 활용된다. 크레파스, 파스텔, 사인펜 등의 그리기 매체를 사용한 낙서, 그림 등에서 보이는 상징적인 이미지는 아동의 심리를 반영한 자기표현이라고 할 수 있다. 특히 미술활동 과정과 작품 속에 표현되는 색채는 아동들의 인상 또는 기억의 영상, 경험의 표현으로 그들의 심리를 표현해 내는 의사소통의 도구라 할 수 있다.

이처럼 미술활동은 언어적 표현이 미숙한 아동의 언어발달을 촉진함은 물론 의사소통 능력을 향상시켜 자발적으로 자기표현을 하도록 돕는다(이근매, 조용태, 2014). 이를 바탕으로 대인관계와 사회성 발달에까지 영향을 미친다. 특히 언어능력이 부족한 자폐아동에게 자신이 느낀 점을 표현할 수 있는 기회를 제공하고 자신의 작품을 설명하게 하는 과정을 통해서 언어표현능력을 향상시킬 수 있다(이근매, 2013). 나아가 미술활동은 발달장애, 선택적 함묵증 등 언어와 관련된 신체적 · 심리적 어려움을 지닌 아동의 언어표현을 촉진하기 위한 치료적 개입으로도 활용되고 있다.

3) 책임감과 성취감 향상

미술활동 과정에서 아동은 다양한 매체를 탐구하게 된다. 매체와 도구를 선택하고 주제를 선정하는 등 자신의 선택과 판단에 대해 스스로 책임질 기회를 제공한다. 매체와 도구의 조작을 통해서 문제를 해결하여 작품을 완성해 나간다. 이러한 작품 완성 과정을 통해서 책임감, 문제해결능력을 기를 수 있다. 완성된 작품을 통하여 아동은 만족감과 성취감을 맛볼 수 있다. 컬러점토, 스팽글 등 꾸미기매체는 스스로 매체를 탐색, 선택하게 해 주어 자신이 선택한 매체를 통해 작품의 완성도를 높여 준다. 이는 아동에게 만족과 성취감을 주고 더 나아가 자신이 선택한 매체에 대한 자신감과 책임감을 갖게 한다.

4) 창의성과 인성 발달

그림을 포함한 다양한 미술활동은 아동의 창조적인 사고를 촉진시킨다. 아동은 자신과 주변과의 관계 속에서 생각과 느낌을 미술을 통해 표현한다. 다양한 표현활동은 아동에게 즐거움과 자신감을 주며, 새로운 것을 발견하는 창조적 사고와 습관을 키울 수 있다. 매체 탐구 및 조작을 통한 다양한 경험은 지적 성장 및 집단적응에 도움을 준다. 특히 미술활동의 집단작업을 통하여, 규율을 인식하고 서로 공유하는 등 서로 양보하고 배려하는 방법을 배운다. Maslow는 창조적 과정이 본질적으로 치유적이라고 하였다(전순영, 2011). 정형화되지 않은 물감, 비눗물, 면도크림 등의 매체는 다양하게 표현할 수 있으며, 상상력을 표현하고 다양한 감정을 찾도록 하여 우연의 효과성을 가질 수 있다. 이와 같은 창조적 과정은 우연의 효과를 갖게 하여 치료적 효과를 높일 수 있다.

또한 아동은 집단에서 규칙을 통해 배려, 협동을 배우고 타인을 이해하고 존중하는 능력과 태도를 배우게 된다. 때문에 집단미술치료에서 또래와의 활동은 서로에게 모델링 역할을 하여 서로 이해하고 협력하는 데 도움을 준다. 특히 통제성이 높은 연필, 색연필, 크레파스 등의 매체를 활용한 색칠하기, 돌려 그림 그리기 등의 활동은 집단 속에서 재료를 나누어 쓰고, 자신의 생각과 감정을 자연스럽게 표현하는 기회를 가짐으로써 긍정적 사고의 확장과 함께 건강한 몸과 정신의 조화를 이루게 하여 인성 발달을 촉진한다. 이와 같이 협동 미술활동이 아동의 창의성과 인성 발달에 효과성이 있음을 많은 연구에서 제시하고 있다.

아울러 학교교육에서 미술은 아동의 사고 및 창의성을 높이는 활동으로 생각되어 왔으며 많은 연구자도 창의성의 향상과 개발에 따른 미술교육 프로그램 연구에 주력해 왔다. 많은 연구자가 미술활동이 아동의 발달적인 측면뿐만 아니라 부적응 행동 통제, 즉 정서발달에 상당한 도움을 준다는 실천적인 연구를 보고하고 있다. 따라서 미술은 아동의 성장을 돕고 전 인격적인 성장을 촉진하므로, 오늘날에는 아동의 미술활동이 단지 교육으로서의 입장에서 벗어나 치료적인 입장과 양립된 상태로 그 중요성이 인식되고 있다. 또한 색채심리와 색채의 활용은 아동의 깊은 심리적 정서를 이해하는 데 도움이 되고, 자기표현 향상을 위해 색채가 효과적으로 작용하며(서복희, 이근매, 2013), 색채를 통한 미술치료 과정에서 공감과 지지, 심리적 이완과 작품에 대한 성취도가 학령전 아동에게 긍정적인 영향을 준 것으로 사료된다. 아동의 그림은 자신의 내면세계와 그를 둘러싸고 있는 환경의 반영물로서 솔직한 자기표현이며, 내면의 감정표출의 수단으로서 색채는 중요한 요소이다.

2. 발달장애아동 미술활동의 중요성

국내의 장애아동을 대상으로 한 상담 관련 연구 중 미술치료를 비롯한 시각적 매체를 이용한 상담이 가장 많았고, 연구가 게재된 학술지도 미술치료 관련 학술지가 상당수를 차지하였다(이경현, 이지연, 2013). 이처럼 미술치료의 시각적 본질은 그 자체로 자신 및 타인의 감정을 읽고 이해할 수 있도록 돕고, 안전하고도 침착하게 감정표현을 하도록 돕는다. 따라서 미술매체의 구체적인 시각 및 감각 재료는 ASD(Autism Spectrum Disorder, 자폐스펙트럼장애) 내담자에게 중요한 생활과 상호작용 또는 사회성 기술에 대한 자각을 가능하게끔 유도할 수 있는 구조화된 환경을 제공한다(Malchiodi, 2012).

자폐아동을 포함한 발달장애아동의 미술치료에 주로 활용되고 있는 미술매체를 다음과 같이 조형매체, 소조매체, 그리기매체, 기타 미술매체 등으로 구분하여 미술활동의 중요성과 효과를 살펴보고자 한다.

1) 조형매체의 효과

조형매체는 조형활동으로서 수공활동을 통해 스스로를 바람직하게 성장시키는 가운데 신체적 · 언어적 · 정서적 · 사회적 발달까지도 포괄하여 광범위한 영향을 미치게 된다. 보고, 만지고, 조작하고, 발산하는 자기표현활동은 그리기, 만들기, 꾸미기 등의 활동이 자유로운 놀이의 형태로 나타난다. 색종이를 사용하여 색을 통해 각 사물의 형태를 인지하고, 종이를 접고 붙임으로써 소근육 발달에 도움을 준다(이근매, 최외선, 2007).

신문지, 화장지, 잡지 등을 찢기, 찢은 종이 흩뿌리기, 입으로 불기 등의 행동으로 자폐아동의 물건 던지기와 같은 행동이 감소하였는데, 이는 물건을 던지는 행동에 대한 긍정적 대체행동을 실행한 결과로 나타났다(박주연, 이병인, 2007). 또한 신문지를 찢고 뿌리는 과정에서 내면의 분노를 표출하고 마음의 안정을 가져왔으며(안혜숙, 2012), 종이를 찢고 붙이는 모자이크 활동은 지적장애아동의 흥미를 유발해 주의집중에 효과적이었다(김현영, 2017). 종이 찢기는 분노 표출을 통해 카타르시스를 경험하게 하며, 신문지는 용지의 재활용과 백지에 대한 부담을 줄여 주고, 화장지는 부드럽고 쉽게 찢어져 사용이 용이하다(전순영, 2011).

2) 소조매체의 효과

소조매체는 자유로운 형상과 충동에 의한 형태 조작이 가능하므로 아동들이 힘껏 쥐고, 굴리고, 주무르고, 치는 등의 활동이 가능하다. 이러한 활동을 통하여 아동의 억압된 감정들을 소조매체에 이입시킴으로써 감정이 이완된다. 특히 점토는 촉각적이고 운동 감각적인 측면 때문에 아동에게 익숙한 매체로 점토를 만질수록 아이들의 근육 향상에 도움이 된다(김성민, 김효선, 2008).

점토를 뜯고, 뭉개고, 두드리는 행동을 통해 반항적인 행동을 표현함으로써 대리만족을 느낄 수 있으며 이로 인한 정서적 안정과 함께 주의집중 지속에 도움을 준다(이근매, 이선임, 정옥남, 2005). 점토를 통한 활동은 부드러운 촉감이 주는 쾌감과 친근감으로 마음의 갈등을 해소시킨다. 점토의 특성 중 하나인 점착성은 주무르고, 손가락으로 누르고, 찌르고, 밀면서 늘리고, 비틀면서 작은 조각으로 떼어 내는 등의 활동을 가능하게 한다. 이러한 특성을 바탕으로 점토를 뜯어 던지기를 통해 자연스럽게 욕구를 표출하고, 쉬운 과제를 수행하여 작품을 완성하고 이에 대한 지지와 작품에 대한 만족감을 통해 성취감을 얻고 과정 속에서 ADHD 아동의 부정적 언어가 감소하고 주의집중이 향상되었다(김미라, 2014).

소조매체로서 유토는 소근육과 협응을 호전시키기 위한 유용한 매체로, 손가락이나 손바닥으로 누르고, 주무르고, 구멍을 뚫는 작업이 가능하다. 찰흙이나 지점토에 비해 손에 묻지 않고 부드럽고 딱딱하게 굳지 않아 아동이 원하는 형태를 여러 번 만들 수 있으며, 수분이 증발하여 갈라지는 현상을 막을 수 있어 자유롭게 제작할 수 있고, 작업 실패에 대한 불안을 완화시켜 준다(영남대학교 미술치료연구회, 2011).

이러한 측면에서 볼 때, 소조활동은 발달장애아동으로 하여금 흥미를 유발시켜 여러 가지 감각을 경험하고 즐기는 가운데 정서적 안정감과 더불어 감정표현과 상호작용을 원활하게 하고, 이와 동시에 주의집중을 지속시켜 부적응행동을 개선시킬 수 있는 수단으로서 매우 유익한 과제이다.

3) 그리기매체의 효과

그리기매체는 발달장애아동에게는 난화와 자유화 등이 많이 활용되고 있다. 난화를 통해 낙서를 하면서 그림에 대한 긴장이 완화되고 흥미 및 치료에서 필요한 감정적 퇴행을 유발하게 된다. 또한 자유로운 점과 선의 율동과 리듬, 섬세함과 번짐의 효과 등을 통해 소근육운동뿐만 아니라 눈과 손의 협응능력과 시지각 발달 및 회화성까지 긍정적인 영향을 미친다.

자폐아동의 그림에서 초기에는 매우 많은 선이 난화적인 느낌을 주었으나 점점 매우 간결해진 표현이 나타난다(임호찬, 최중길, 2006). 자신의 감정을 그림으로 표현해 보고, 자신이 생각한 사물이 완성된 결과물로서 눈앞에 나타나는 미술활동은 아동이 무엇인가 스스로 성취했다는 자신감을 강화시켜 주며, 이러한 내적 자아 의식의 형성은 불안을 감소시키며 아동기 또래 친구들과의 관계 형성에도 긍정적이다. 즉, 처음에는 크레파스만 사용하였다가 물감으로 바탕을 칠하거나, 지점토에 물감을 섞어서 활동하며, 점차 매체에 대한 두려움과 새로운 매체에 대한 회피 경향도 줄어든다(이근매, 김혜영, 2002). 크레파스는 쉽게 칠할 수 있는 매체로 친숙하게 작업을 시작할 수 있으며, 물감과 함께 사용하면 물과 기름이 갖는 배타성을 이용하므로 크레파스로 그린 그림은 더욱 선명하게 나타나는 특성이 있다(전순영, 2011).

나아가서 협동화 작업은 또래 친구들을 배려하고 협력하는 과정을 통해 또래관계 기술을 습득하게 된다(박찬미, 공마리아, 최은영, 2015). 특히 사포협동화는 검은 사포에 그림을 그리고 채색을 함으로써 발색을 통해 흥미를 유발시킬 수 있다. 아울러 집단원 모두가 협동작품을 만듦으로써 집단원 간의 의사소통 능력이 향상될 수 있다(최나리, 이근매, 2011).

4) 기타 미술매체의 효과

기타 미술매체로 물감 및 면도크림을 이용한 활동은 내재되어 있는 억압된 감정을 표출함으로써 공격성 감소를 돕고 감정이완을 도울 수 있다(이병주, 2013). 크림은 향기로 인해 색다른 즐거움을 주며, 손으로 거품을 내는 감각적인 놀이는 감정이완에 도움이 된다. 물감은 다양한 색의 변화, 물의 변화 및 도구의 변화로 다양한 특성을 지니며, 심리적으로 미술작업에 쉽게 접근할 수 있는 이완 특성이 있어 내담자들의 긴장을 줄여 준다.

아울러 자기표현 및 감정표현을 촉진시키며 치료에 자발성 및 집중력을 증가시킨다. 물감을 활용한 스탬핑이나 데칼코마니 작업은 미술작업에 대한 어려움 없이 쉽게 작업을 시작할 수 있게 도와 자발성과 신뢰감을 증진하는 데 도움이 된다. 물감으로 겹치기, 뿌리기, 번지기 등 다양한 기법을 구사할 수 있으며 감정표현에 도움을 준다. 손과 비눗방울, 종이죽 등과 같은 매체를 활용함으로써 여러 가지 사물을 연상할 수 있고, 억압된 감정을 자연스럽게 표출시켜 스트레스 해소에 도움을 준다. 소금과 여러 가지 색의 파스텔로 문지르기는 촉각적 경험을 통해 소근육운동을 활성화하며(박주연, 이병인, 2007), 매체에 대한 호기심과 흥미를 유발하며, 색, 형태, 질감 등을 탐색할 수 있는 기회를 준다.

또한 미술교육 전문가들의 합의를 통해 색칠 후 소금 뿌리기, 나뭇잎이나 동전 등 여러 가지 매체 찍기, 양초로 그린 후 색칠하기, 잡지에서 얼굴 오려 붙여 이야기 구성하기 등 기존의 재료에 한정되지 않은 다양한 매체를 활용하여 장애의 특성에 맞는 미술교육 프로그램을 개발하고 학교 현장에서 적용하는 데 도움을 주고자 했다(김경, 2015).

이처럼 발달장애아동을 위한 치료적 접근에 있어서 다양한 미술매체는 각각의 특성에 따른 효과를 가지며, 이는 아동의 수준에 맞게 활용될 때 보다 효과적이다.

제2장

아동의 심리학적 발달단계

아동은 신체적 발달뿐만 아니라 인지적 · 사회적 · 정서적 발달 등 다양한 영역의 발달단계를 거친다. 미술표현 역시 발달단계를 거치면서 표현력이 향상된다. 다음에서 신체적 발달을 제외한 아동의 심리학적 발달단계를 소개한다.

1. Freud의 심리성적 발달단계

Freud의 정신분석적 관점을 살펴보면, 성격 형성에 있어 심리적이고 성적인 발달 간의 상호 보완적인 관계, 즉 심리성적 발달단계를 설명한다. 곧 인간의 성적인 육체적 쾌락을 얻으려는 생물학적으로 결정된 추동을 리비도(libido)라 언급하고, 입, 항문, 성기가 쾌락의 주된 근원이 되는 이행과정을 가정하여, 리비도의 이행은 부모나 주된 양육자와의 친밀한 관계에서 심리적인 변화를 수반함을 설명한다(Shaffer, 2000). 이와 같은 심리성적 발달은 구강기, 항문기, 성기기, 잠복기, 생식기를 거치게 되는데, 이들은 인간의 성격 형성에서 질적인 변화를 반영하며, 정상적인 발달에서도 이전 단계의 잔재를 고착(fixation)에 의해 발견할 수 있음을 밝힌다.

1) 구강기(oral stage)

구강기는 출생에서 약 18개월까지이며, 이 시기에 리비도를 만족시키는 주 근원은 안아 주고 편안하게 해 주는 것에서 오는 안정감과 함께 입, 입술, 혀 등의 섭식 및 섭식기능과 관련된 기관을 중심으로 이루어진다. 영아는 깨물기, 빨기, 뱉어 내기 등의 구강 행위를 통해 만족감을 얻고 세상에 대해 탐색한다.

구강기 동안 욕구가 충족되지 못하거나 지나치게 되면 구강기 고착적 성격이 되는데, 이는 성인이 되어도 껌 씹기, 손톱 물어뜯기, 과음, 과식, 줄담배 피우기, 침 뱉기, 수다, 욕설 등으로 나타날 수 있다(임지영, 류혜원, 문영경, 배기조, 송혜영, 2014).

2) 항문기(anal stage)

항문기는 18개월에서 3세까지이며, 이 시기의 리비도 만족은 변을 보유하고 배설하는 것을 통해 얻을 수 있다. 즉, 신체 근육의 조절을 통한 배설과 배설물에 대한 탐색, 배설기관에 대한 독특한 관심을 갖게 된다. 이 시기 동안 부모의 배변훈련(toilet training)에 대한 아동의 반응이 성인기의 성격 형성에 영향을 미친다. 항문기 폭발적(anal expulsive) 성격은 배변훈련을 매우 지저분하게 함으로써 반항하면서 형성되어 성인기의 공격성, 가학성으로 나타난다. 또한 항문기 강박적(anal compulsive) 성격은 부모로부터 거부당할까 두려워 지나치게 청결한 행동을 보이는데, 이는 결벽증, 강박증 등의 성격을 발전시켜 매우 검소하거나 인색한 사람이 될 수 있다.

3) 성기기(phallic stage)

성기기는 3세에서 6세까지로, 리비도적 만족의 근원이 성기로 이동하며 이 시기의 유아는 성기를 자극시켜 쾌감을 얻는다. 또한 남아는 오이디푸스 콤플렉스를 경험하는데, 이는 이성 부모에 대한 성적 욕구로 인해 동성 부모를 경쟁자로 보고 거세불안을 느끼는 과정에서 남아는 아버지와의 동일시를 통해 남성으로서의 성역할을 학습한다. 또한 여아는 남근선망과 함께 어머니에 대한 부정적 감정을 갖게 되는 엘렉트라 콤플렉스를 경험하는데, 이를 해결하면서 어머니와의 동일시를 통해 여성의 성역할을 학습하게 된다. 이 시기에 고착되는 경우 경쟁적이고 히스테리적인 성격을 형성하게 된다.

4) 잠복기(latency stage)

잠복기는 6세에서 12세까지이며, 이 시기의 리비도는 무의식 속으로 잠복되어 비교적 평온한 시기를 보내게 된다. 이 시기의 아동은 부모에 대한 애정을 발달시키고 또래와의 사회적 유대를 강화한다. 학령기에 해당되며 학교에서 사회적 · 도덕적 규범을 배우고 사회화 시작의 근간이 된다. 이 시기에 고착된 경우 성인이 되어서도 이성에 대한 정상적인 친밀감을 갖지 못하고 성적 관계를 회피하게 되거나, 정서적 감정 없이 공격적인 방식으로 성적 행동을 하게 된다(임지영 외, 2014).

5) 생식기(genital stage)

생식기는 12세에서 18세까지의 시기로, 사춘기의 급속한 신체적 발달과 호르몬의 변화를 통해 성적 욕구가 리비도의 근원이 된다. 이 시기에 고착되는 경우 쾌락을 과도하게 추구하게 되거나, 반대로 지나친 금욕주의나 지성화(intellectualization)되는 경향을 나타내기도 한다.

2. Erikson의 심리사회적 발달단계

Erikson은 성격의 발달이 영유아기, 아동기, 청소년기뿐 아니라 성인기를 포함하는 전 생애에 걸쳐 이루어지며, 성격 발달에 있어 자아의 역할을 강조하였다. 그는 심리사회적 발달의 8단계에는 각 단계마다 극복해야 할 독특한 심리적 위기와 과제가 있으며, 이를 성공적으로 수행하면 다음 단계로의 원활한 발달과 성숙이 이루어진다고 언급했다. 또한 심리사회적 발달은 성격 발달에 있어 사회적 · 문화적 측면을 보다 강조한다.

1) 영아기: 기본적 신뢰감 대 불신(trust vs. mistrust)

출생에서 1세까지의 발달 과제는 어머니 또는 주 양육자의 일관된 돌봄을 통해 기본적 신뢰감을 형성하는 것이다. 영아기 동안 획득한 신뢰감을 통해 세상에 대한 안정감과 기대감을 얻고, 이는 평생 동안 지속되어 대인관계 형성에 영향을 미친다.

2) 영아기 후반: 자율성 대 수치심과 의심(autonomy vs. shame & doubt)

1~3세 시기의 발달 과제는 자율성이며, 양육자들을 신뢰하게 된 후 영아는 독립성과 자율성을 주장한다. 부모가 배변훈련을 기초로 영아가 자율적으로 기능하도록 적절하게 도와준다면 영아는 자신과 세계를 통제할 수 있다고 느낀다. 반면에 부모의 지나친 통제와 훈육은 영아의 인격 발달에 있어 수치심과 의심을 느끼게 한다.

3) 학령전기: 주도성 대 죄책감(initiative vs. guilt)

3~6세 시기의 발달 과제는 주도성으로, 학령전의 아동들이 능동적이고 목적적이고 책임질 수 있는 행동을 요구하는 새로운 도전에 직면하게 된다(Santrock, 2016). 아동의 행동은 목표지향적이고 경쟁적인 성향을 띄게 되고 이러한 주도성은 타인의 권리, 특권, 목표를 침범하지 않아야 한다는 것을 학습해야 한다. 아동의 주도적인 행동에 대한 부모의 심한 꾸중이나 체벌은 죄책감을 유발한다.

4) 학령기: 근면성 대 열등감(industry vs. inferiority)

6~12세 시기의 학령기 아동은 학교 친구와의 관계에서 사회적 기술능력, 학습능력, 자신감 등을 바탕으로 근면성이 발달하게 된다. 이러한 과정에서 학교에서의 냉대, 열등하다는 지적, 가정에서의 과보호, 동성 부모와의 비교 등은 열등감을 가져온다.

5) 청소년기: 자아정체성 대 역할 혼돈(identity vs. role confusion)

12~20세 시기의 발달 과제는 자신이 누구인지를 탐구하고 자신의 정체성을 형성하는 것이다. 이 시기는 아동기에서 성인기로의 전환 시기로 '나는 누구이며, 내 인생의 목적과 의미는 무엇인가?'에 대한 답을 찾아가는 과정이다. 스스로에 대한 질문을 통해 자기감과 정체성을 확립시켜 나가게 되고, 그렇지 못한 경우 정체성 혼미나 역할 혼돈을 가져오며 가출이나 범죄 등의 이상행동을 발생시킬 수 있다.

6) 성인 초기: 친밀감 대 고립감(intimacy vs. isolation)

20~40세 시기의 발달 과제는 친밀감 형성으로, 이는 자신이 가치 있고 의미 있는 존재라고 여기는 올바른 자아정체감이 형성된 후 발달하게 된다. 이러한 친밀감을 통해 의미 있는 사회 활동이 가능하게 되며 이 시기에 건강한 우정과 친밀한 관계를 형성하지 못하면 자신에게만 몰두하여 사회로부터 소외되고 격리되어 고립감

이 발달한다.

7) 성인 중기: 생산성 대 침체(generativity vs. stagnation)

40~65세 시기의 발달 과제는 정립된 자아를 바탕으로 사회를 위해 의미 있는 일을 실천하며 가정과 사회에서 중요한 역할을 수행하는 생산성을 발달시키는 것이다. Erikson은 생산성을 차세대가 가치 있는 삶을 살아갈 수 있도록 돕는 것을 의미한다고 했다. 다음 세대를 돕기 위해 아무것도 하고 있지 않다고 느끼는 것이 침체이다(Santrock, 2016).

8) 노년기: 자아통합감 대 절망감(ego identity vs. despair)

마지막 발달단계인 65세 이상 시기의 발달 과제는 자아통합이다. 이 시기는 앞의 7단계를 통합하는 시기로 신체적 노화와 함께 사회적 상실을 경험하게 된다. 삶과 사회적 경험을 의미 있고 생산적인 경험으로 조망하게 되면 자아통합이 가능하며, 삶이 후회되고 실현되지 못한 목표들로 이루어진 경우 절망감을 느낀다.

3. Piaget의 인지발달단계

Piaget는 아동이 크게 4단계의 인지발달단계를 거치며 세상에 대한 이해를 능동적으로 구성해 나간다고 제안한다. 이러한 인지적 구성은 조직화와 적응을 기초로 이루어지며 이를 통해 세상을 이해하기 위한 경험을 조직한다. Piaget의 인지발달단계에서 각 단계는 연령과 관련되어 있고, 다른 단계와 질적으로 다르며, 세상을 이해하는 서로 다른 방식으로 구성된다(Santrock, 2009).

1) 감각운동기(sensorimotor period)

감각운동기는 출생에서 2세까지로, 영아는 자신의 감각적 경험을 신체적 · 운동적 행위와 협응해 나가며 세상을 이해하고 구성한다. 즉, 만지기, 물기, 맛보기, 냄새 맡기 등의 감각을 통해 학습하고, 단순한 반사 기능은 점차 다양한 감각운동적인 도식으로 변화하며 체계화된다. 또한 자신과 다른 대상을 구별할 수 있게 되고 반사적인 행동이 목적이 있는 행동으로 바뀌게 된다. 감각운동기가 끝날 무렵 상징적인 의사소통이 시작되며 사물에 대해 사고할 능력을 가지게 된다. 감각운동기에 일어나는 가장 중요한 인지발달의 변화는 대상영속성(object permanance)을 획득하는 것이다. 이는 자신을 포함하는 모든 대상이 독립적인 실체로 존재하며, 대상이 한 곳에서 다른 곳으로 옮겨지거나 시야에서 사라지더라도 다른 장소에 계속 존재한다는 것을 인지할 수 있는 것을 의미한다. 예를 들면, 공을 가지고 놀다가 영아가 보는 앞에서 이불 속으로 공을 숨기면 이불을 들치고 공을 찾으려는 행동을 하게 되는 것이다.

2) 전조작기(preoperational period)

2~7세까지의 취학 전 아동들은 사물에 대한 사고능력에 있어서 큰 발전을 보인다. 이 시기에 감각적 정보를 신체적 활동과 단순히 연결하는 데에서 그치는 것이 아니라 단어, 이미지, 그림 등을 통해 세상을 표상할 수 있다. 즉, '자동차'라는 단어를 말하면서 실제로 자동차는 없지만 머릿속으로 그 모습을 떠올릴 수 있다.

Piaget는 이 시기를 전조작기라고 말하며, 아직 조작(operations)을 수행하는 능력은 부족하고 단순한 수준에서의 조작이 가능한 시기라고 했다. 즉, 논리적인 추리(logical reasoning)보다는 비논리적 추리(illogical reasoning)를 한다. 이 시기 아동들의 사고의 한계는 사물이나 상황의 한 가지 차원이나 세부사항에만 초점을 두고 다른 중요한 특성은 무시하는 중심화(centration)나 직관적 사고(intuitive thinking), 자아중심성(egocentrism)의 특징을 가진다는 것이다(신명희, 강소연, 김은경, 김정민, 노원경, 2014).

3) 구체적 조작기(concrete operational period)

구체적 조작기는 7~11세의 초등학교 시기로, 이 시기는 인지능력의 극적인 변화가 나타난다. 이 시기의 아동은 대상을 조작할 수 있고, 체계적이고 논리적인 사고체계를 가지고 이를 구체적인 문제에 적용할 수 있다. 예를 들어, 길이가 다른 막대의 길이를 비교할 때, 막대를 직접 대보지 않고 함께 놓아 보는 상상을 할 수 있는 것이 구체적인 사고이다. 또한 이 시기의 아동들은 가역성의 개념을 획득하여 보존 과제를 수행할 수 있다. 예를 들어, 길고 좁은 병에 담긴 우유를 넓고 짧은 병에 넣어도 우유의 양은 변하지 않는다는 것을 알게 되는 것이다. 일반적으로 아동은 수, 질량, 무게, 부피에 대한 보존 개념을 습득하게 된다. 구체적 조작기에 습득하게 되는 중요한 인지능력 중 하나는 유목을 통한 분류가 가능해지는 것으로, 사물을 위계에 따라 상위 유목과 하위 유목으로 분류하는 것이다. 또한 이 시기의 아동은 언어 사용에 있어서 자기중심적인 경향이 줄어들고 사회지향적인 특성을 보이며 그 과정에서 사고는 탈중심화(decentering)되어 형식적 조작기로 발전하게 된다(신명희 외, 2014).

4) 형식적 조작기(formal operational period)

11~15세 시기는 형식적 조작기로, 이 시기는 성인기 동안 계속되며 Piaget의 인지발달단계의 마지막 단계이다. 이 시기의 아동은 구체적인 사고를 넘어서 추상적이고 보다 논리적으로 사고하게 된다. 즉, 지금 여기에서의 상황뿐 아니라 그 이상의 가능성(possibility)까지 생각할 수 있게 된다. 이는 문제를 해결할 때 보다 체계적으로 사고하여 어떤 문제가 어떤 방식으로 왜 일어나는지에 대한 가설을 설정하고 그 가설을 검증해 나간다. 즉, 융통성 있고 효율적인 사고, 복잡한 추리 등이 가능해지는 것이다.

제3장

아동의 미술발달단계

아동의 미술작품은 심리치료뿐만 아니라 아동의 심리상태를 파악하는 정보를 제공해 주고 있다. 또한 아동의 심리적 퇴행을 가늠하는 데 도움을 주기 때문에 심리치료사는 아동의 미술발달단계를 숙지할 필요가 있다.

아동 미술의 발달에 대한 조사, 연구는 19세기부터 대부분 시각적인 표현을 중심으로 이루어졌다. 심리학자들은 아동을 이해하기 위한 방법으로 그림을 분석하기 시작하였고, 미술교육 전문가들은 아동의 그림을 이해하여 좀 더 나은 교육 방법을 찾기 위해 노력해 왔다. 그 결과, 미술표현이 한 아동의 전반적 발달을 보여 주기 때문에 아동의 그림을 단순한 표현이 아닌 발달의 표상으로 여겼다. 물론 이러한 발달은 아동의 인지 · 사회성 · 언어 · 신체 발달과 밀접한 관계를 맺고 있으므로 이에 대한 이해가 기본적으로 필요하다.

특히 미술표현에 대한 대부분의 연구는 인지발달과 밀접한 관련이 있으며 대표적인 인지심리학자인 Piaget의 인지발달단계와 유사하게 진행된다(임정기, 정옥희, 최수영, 홍기태, 2010). 많은 연구가 단계별 발달을 중심으로 이루어졌는데, 대표적으로 Lowenfeld의 '발달단계' 연구는 시각발달 개념의 정립에 크게 공헌하였다(Rubbin, 2009). 그 밖에도 Burt, Kellogg, 김정 등은 6~7단계로 세분화하여 발달단계를 제시하였다. 김정(1979)은 한국 아동들의 성장발달을 기초로 한 7단계의 발달단계를 제시하였는데, 여기에는 Lowenfeld의 6단계보다 더 어린 연령인 신생아기가 첨가되었다. 김정이 제시한 발달단계는 한국 아동의 발달과정이 서양에 비해 1~2년 빠르며, 특히 손재주가 뛰어난 점을 한국적인 특성으로 설명하고 있다(최외선, 이근매, 김갑숙, 최선남, 이미옥, 2006).

아동의 미술표현 발달과정에 대해 이해하는 것은 아동의 발달단계에 맞는 지도를 하고, 아동의 그림을 이해하는 데 도움이 된다. 아동의 발달에 있어 개인차가 있기 때문에 표준화된 발달과정을 설정하는 데 어려움이 있어 학자에 따라 발달단계의 구분이 다르고, 각 단계별 연령의 범위와 내용이 조금씩 다르다.

다음에서 아동 미술발달단계를 평면표현과 입체표현의 발달에 따라 학자별로 세분화하여 살펴보도록 하겠다.

1. Lowenfeld의 발달단계

Lowenfeld(1947)의 연구는 아동 미술표현의 발달단계 중 가장 많이 알려져 있으며, 많은 미술교사와 미술치료사가 아동 미술발달 수준을 측정하는 기준으로 사용하고 있다. 그는 미술을 통한 아동의 성장이 사고를 조직하는 과정과 인지능력의 발달과 유사하다고 믿었으며, 이러한 의미에서 미술표현에 운동기술, 지각능력, 언어, 기호조직화, 감각능력, 공간적응력 등 아동의 능력이 나타난다고 했다(최외선 외, 2006).

이러한 Lowenfeld의 발달단계 이론은 그의 저서인 『미술을 통한 성장(Grow through art)』을 통해 국내에 큰 영향을 미치게 되었다. Lowenfeld는 아동의 그림은 객관적인 현실보다는 자신의 욕구, 감정, 자기상, 상상 등을 반영한다고 보았으며, 아동의 미술표현을 평면표현과 입체표현의 발달에 따라 6단계로 구분하여 다음과 같이 설명하고 있다(이근매, 2008).

1) 난화기(scribbling stage, 자아표현의 시작, 2~4세)

난화란 '끄적거리다' 또는 '마구 그리다'는 뜻으로, Lowenfeld는 난화기를 아동에게서 최초의 자아표현이 시작되는 시기라고 거듭 강조했다(Lowenfeld & Brittain, 1993). 난화기는 착화(scribble)의 단계로 상하좌우로 자유로이 그리며 점차 원과 각이 나타난다. 어른이 보기에는 불규칙한 선이지만 유아는 '엄마' '아빠'라고 의미를 붙이기도 한다. 그리고자 하는 대상이 있어서 그리는 것이 아니라, 그리는 자체가 목적이고 즐거움이다.

이 시기의 유아는 아무 곳에나 목적 없이 그림을 그리는데, 이러한 행동에 대해 부모들은 집안을 더럽히며 노는 것으로 생각하는 경우가 많다(김상인, 2015). 유아의 행동은 아무런 뜻이 없는 것 같지만 그리는 과정에서 웃기도 하고 자신이 그린 것을 부모가 보기를 요구하며 동조를 구하기도 한다. 이러한 난화기를 거치며 아동은 자신의 운동지각적 사고(kinesthetic thinking)를 상징적 사고(imaginative thinking)로 변화시키게 된다(이규선 외, 2000).

난화기는 무질서한 난화기, 조절하는 난화기, 명명하는 난화기 등 3단계로 나눌 수 있는데, 각 단계별 특성을 그림의 특징과 함께 살펴보고자 한다.

(1) 무질서한 난화기(disordered scribbling)

빠른 경우에는 1세 이전에도 끄적거림이 나타나는 경우가 있지만, 보통 1~2세 사이에 나타나며 개인차가 심하다. 끄적거림은 어깨를 왼쪽에서 오른쪽, 위에서 아래로 움직이는 근육운동의 결과로 볼 수 있다. 별로 힘을 들이지 않고서도 다양한 흔적이 나타나는 연필이나 크레용, 매직 등을 좋아한다.

힘을 들이지 않고 흔적이 나타나는 매직을 사용하여 끄적거리는 행위에 재미를 느끼며 무질서하고 근육운동을 하였다.

어깨를 사용한 팔운동을 하며 무질서하게 표현하였다.

그림 3-1 무질서한 난화기

(2) 조절하는 난화기(controlled scribbling)

유아가 난화를 시작한 후 6개월 정도 지나서, 동작에 의해 나타난 종이 위의 흔적을 인식하기 시작하면서 나타난다. 자신의 근육을 어느 정도 조절하고 통제함에 따라 자신의 움직임과 종이 위에 표시되는 흔적들 사이에 어떠한 관련이 있음을 알게 된다. 이러한 새로운 발견은 유아에게 자극이 되고, 더욱 다양한 동작을 시도하게 되어 무질서한 끄적거림이 일정한 흐름이 잡히고 규칙적인 반복이 나타난다. 수평, 수직, 사선의 규칙적인 반복이 어느 정도 지나면 동그란 선의 반복이 나타난다. 인물화에서는 원, 선, 고리, 소용돌이 모양을 표현하며, 종이 안에만 그리는 특징이

종이 안에 직선과 원을 반복적으로 무질서하게 표현하였다.

수평, 수직의 규칙적인 반복을 나타내며 근육운동을 조절하며 표현하였다.

그림 3-2 조절하는 난화기

나타난다. 또한 이미 그려진 것 주위에 그리거나, 어떤 부분에 집중해서 그린다.

(3) 명명하는 난화기(naming scribbling)

독자적으로 끊어진 난화를 그리고 나서 그 표현에 이름을 붙이는 시기이다. 형태가 사실적으로 표현되지 않지만 자신의 그림에 이름을 붙이는 것은 발달에 있어 중요한 의미를 가지며, 유아의 사고 변화를 나타내는 것이다. 연속적으로 반복되어 그리던 난화는 끊어지고 분산되며 곡선과 직선이 뒤섞여 나타난다. 유아는 자신이

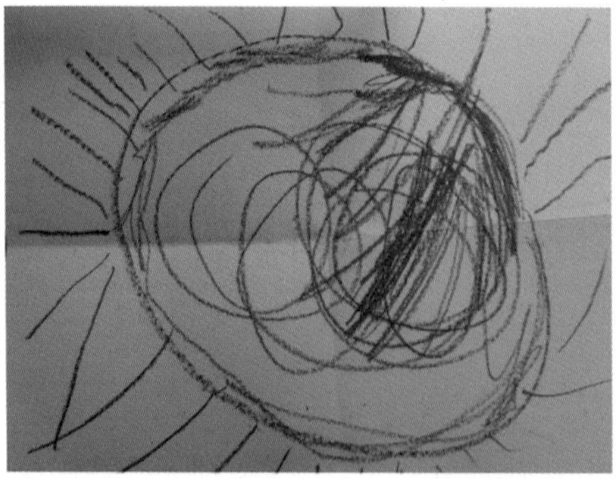

자신이 알고 있는 사물과 연관지어 설명하며 곡선과 직선 등 다양한 선으로 표현하였다.

난화를 그린 후 하나하나에 이름을 붙여서 의미를 부여하였다.

그림 3-3 명명하는 난화기

만들어 낸 형태와 주변 세계를 연결 지으려 하며, 이것은 점차 자신의 의사를 표현하는 의도를 나타내게 된다. 손가락 사이로 도구를 잡고, 다양한 선의 표현과 집중력이 향상된다. 그리는 도중 사물을 바꾸어 그리는 시기인데, 인물화에서는 움직임을 명명하거나(달리기, 뛰기, 흔들기 등), 이미 그린 것을 활용하여 그리는 특징이 나타난다.

2) 전도식기(preschematic stage, 재현의 첫 시도, 4~7세)

전도식기의 아동은 표현된 것과 대상과의 관계를 발견하기 시작하며 아는 것을 그리며, 반복을 통해 한정된 개념을 발달시킨다. 아울러 인물, 나무, 해, 산 등을 주로 그리며 모든 것을 자기중심적으로 표현한다.

물체의 크기와 위치를 주관적으로 정하며, 그려진 물체들이 서로 관계가 없다. 미술은 자신의 의사소통이 된다. 알고 있는 물체는 카탈로그식으로 표현하거나 나열한다. 인물들은 보통 미소를 지으며 앞을 보고 있다. 또한 전체적으로 인물의 팔, 몸, 손가락, 발가락 등 몇 부분이 없거나 왜곡된다. 옷이나 머리카락 등의 자세한 것은 이 시기의 후반에 나타난다.

도화지 밑면을 기저선으로 이용하여 물체가 기저선 위에 놓여 있으며, 하늘을 그리는 반면, 3차원의 세계를 시도하지 않는다.

물체와 인물을 정면으로 그리며, 자신을 중심으로 나무, 해, 산, 꽃 등을 표현한다.

그림 3-4 전도식기

3) 도식기(schematic stage, 형태개념의 습득, 7~9세)

객관적 표현이 드러나기 시작하며 인물을 중심으로 동물, 집, 차량, 나무, 꽃, 기물 등을 그린다. 자기의 생각을 나타내려는 도식적이고 상징적이며 개념적인 표현이 많다. 도식기에는 도식화된 그림을 그리며, 자기중심성의 그림을 그린다. 양식화 단계의 아동 심리를 보면 미분화 상태에서 분화되려는 경향이 나타나면서 도식화된 경향이 자기중심성의 의식으로 오랫동안 아동 그림에 나타난다. 기저선, 전개도식 표현, 생략, 과장, 주관적 경험을 포함한다. 주관적 인물과 공간개념을 표현하며 공간과 시간의 재현을 한다. 때때로 아동은 동시에 평면적인 것과 입체적인 것을 묘사하며, 동시에 각각 다른 시각에 연속적으로 일어나는 일을 묘사하는 독자적 방법을 쓰기도 한다.

아동이 내부가 외부보다 정서적으로 중요하다고 느껴졌을 때 내부와 외부를 동시에 그려 정서적 관심사를 드러내기도 한다. 인물화는 과장, 생략, 표현양식의 변화를 통해 자신의 경험을 나타낸다. 신체비율의 표현은 정서적 느낌에 의해 좌우된다.

주관적 경험을 통해 자신이 중요하게 생각하는 부분을 과장하여 주관적인 인물과 공간개념을 표현한다.

서로 다른 인물이지만 똑같은 표현양식으로 나타나며 물체를 식별하여 색을 표현한다.

그림 3-5 도식기

4) 또래집단기(gang age, 사실표현의 시작, 9~11세)

사물을 보다 객관적이고 실제적으로 표현하는 리얼리즘의 시초 단계이다. 색채도 사실적 양상을 강하게 보여 주며 의복의 표현에도 관심을 보인다. 사실적 표현에 미숙한 아동이 미술표현에 흥미를 잃어버리는 현상이 나타나기 시작하는 시기이며, 흥미를 잃어버리는 아동은 그림에 자신감을 잃고 점차로 미술을 멀리하는 경향을 보이게 된다.

자기의식이 확대되는 시기로, 아동이 사회적 독립에 눈을 뜨게 되고 혼자보다는 무리지어 놀기를 좋아한다. 여자는 자기 옷에 대하여 더 관심을 갖게 된다. 아동끼리의 암호나 은어를 만들어 어른의 욕구와 때때로 대립하기도 하는데 이러한 것이 창작활동에도 반영된다. 색채에 대한 주관적 단계이며, 또래집단의 의사를 존중하고 도식으로부터 벗어나기 시작하고 세부표현이 나타난다. 또한 중첩과 기저선 사이의 공간을 인식하기 시작하며 위에서 본 모습을 표현한다.

사실적이고 구체적인 표현이 가능하며 공간을 인식하여 그리고 있다.

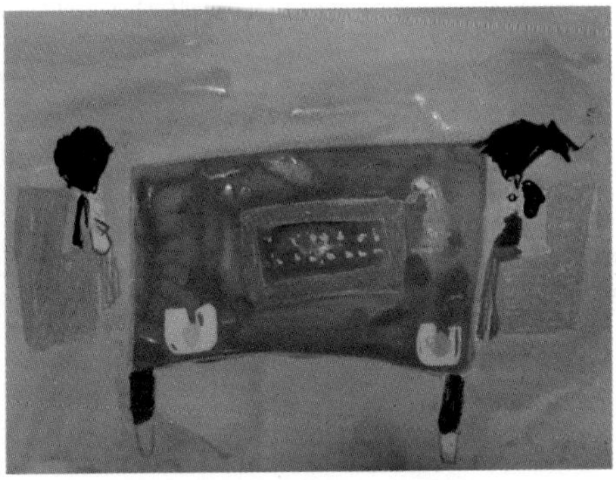

사물과 인물의 크기와 위치가 사실적으로 표현되었으며 옷과 머리의 표현이 다양하다.

그림 3-6 또래집단기

5) 의사실기(pseudo-naturalistic stage, 합리적 표현, 11~13세)

이 시기는 아동의 미술표현이 무의식적 표현에서 의식적 표현으로 넘어가는 시기이며 사실적인 표현과 관찰을 통한 묘사가 나타난다. 자기중심적 표현에서 외부

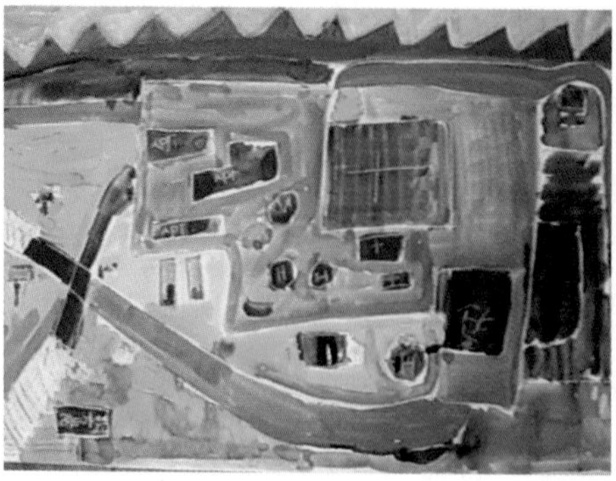
자신이 살고 있는 마을로 주제가 확대되었으며, 3차원적인 공간표현이 나타난다. 원근과 비례를 통해 사실적인 묘사가 이루어지고 있다.

미래에 대한 관심이 나타나며, 건물의 음영을 입체적으로 표현하였으며 원근감이 나타난다.

그림 3-7 의사실기

세계에 대한 인식, 미래에 대한 관심이 커지며 3차원적 공간표현과 명암, 음영의 표현이 나타난다. 아동만의 독특한 분위기가 나타나는 아동화의 특징은 사라지고 사실적 표현을 통한 작품의 평가가 나타나 완성된 작품에 중요성을 부과하게 된다.

이 시기의 아동은 제작과정과 주제 선택에 따라 시각형(객관적인 형)과 비시각형(주관적인 형)으로 구분되어 나타난다. 시각형은 모델 동작의 다양한 차이와 변화하는 형태, 모양에 관심을 가지고 관찰을 통해 전체에서 세부로 들어가는 분석적 방법을 사용한다. 비시각형은 모델을 단지 자극 정도로만 여기고 자신의 주관적 경험을 표현하며 부분들을 종합하는 방법을 사용한다(이규선 외, 2000). 또한 이 시기에는 먼 곳에 있는 것이 작게 보인다는 시력의 변화와 함께 원근감과 비례의 표현이 나타나고 지평선을 발견하게 되는 특징이 있다.

6) 결정기(period of decision, 창의적 활동의 위기, 13～16세)

이 시기에는 환경을 창의적으로 받아들이며 자신의 의사에 따라 대상을 탐구하고 표현한다. 객관적이고 사실적인 표현이 지배적인 '시각형'과 주관적이고 감정적인 표현을 주도하는 '촉각형', 이 두 가지 특성이 모두 나타나는 '중간형' 등 세 가지 표현유형이 결정되는 시기이다(Lowenfeld, 1947; Lowenfeld & Brittain, 1993: 임정기

환경을 창의적으로 받아들여 표현하며 개성이 뚜렷하게 표현된다.

관찰력이 향상되어 대상을 객관적 · 사실적으로 표현하였으며 명암과 배경을 중시하여 그린다.

그림 3-8 결정기

외, 2010 재인용). 이 시기는 청년기에 들어서는 시기로 정서적으로 불안함을 보인다. 사실적 표현에 익숙한 아동은 표현활동에 흥미를 갖고 임하지만, 그렇지 않은 경우 자신을 미술에 소질이 없는 것으로 단정하고 미술을 멀리하게 된다.

2. 아동 색채발달단계

색이 물리적 현상이라면 색채는 심리적 현상을 의미한다. 이러한 색채가 가지고 있는 심리적 기능은 색채의 효과(색상, 명도, 채도)와 색채의 미적 효과로 나눌 수 있다. 이와 더불어 색을 통해 이미지나 연상을 불러일으킨다. 색채와 관련된 연상 및 상징을 살펴보면 각 색채마다 고유의 상징성을 지니고 있고 개인의 성향인 색채 선호에서도 개인마다 차이가 있으며 변화하고 있는 것으로 알려져 있다(서복희, 이근매, 2013). 같은 물체라 하더라도 사람에 따라 다른 색채로 느껴짐을 알 수 있다. 즉, 사람들이 일반적으로 느끼는 공통된 색채의 감정뿐 아니라 보는 사람의 주관에 따라 개인적 차이가 나며, 시대의 상황이나 사회현상, 개인의 감정 등 여러 요인으로 인해 색채 심리는 다양하게 표현된다(오현숙, 2010).

아동은 색채를 자연스럽게 받아들이고 표현하는 특징이 있다. 개인의 기억과 경험을 통한 감정이 색채로 표현된다. 아동이 색을 인지하는 과정은 여러 가지 경험을 통해서 결정되지만, 그중에서도 먹는 것과 밀접한 관계가 있다. 그림 속에 나타나고 있는 색채는 현재 상태에 놓여 있는 아동의 강한 정서와 거의 일치한다고 볼 수 있기에 선이나 형태보다는 색채가 아동의 정서적 감정을 파악하는 데 더 관계가 깊다고 할 수 있다.

아동이 사물에 채색하는 경우를 보면, 5세 이전까지는 물체의 고유한 색채와 관계없이 주관적으로 선호하는 색으로 선택하여 채색하는 경우가 대부분이고, 5세 이후에는 물체가 지닌 고유의 색과 닮게 칠하려는 노력이 엿보인다. Lowenfeld에 의하면 착화기(난화기)에는 색을 즐기는 정도에 머물며 5~7세에 가서야 사람, 나무, 하늘, 태양 등과 같은 정서적으로 중요한 부분에 대해서만 색을 사용하게 된다고 한다. 이러한 아동이 성장하며 학습의 인지도가 향상될수록 감정을 자제할 줄 알고, 언어나 문자로 표현할 수 있는 능력이 배양되면서 정신적 수양을 쌓아 감에 따라 색채는 점차 그 본래의 호소력을 다소 상실하게 되기 때문이다.

아동은 미술표현 속에서 자신의 감정을 표출하게 되므로 긴장을 풀 수 있고 만족감을 얻게 되어 정서가 풍부해진다. 그리고 미술표현에 있어서 색의 종류와 색의 용법, 색의 조화 등에 어떻게 반응하는지에 따라 아동의 발달양식을 이해할 수 있다.

신생아가 느끼는 첫 흥미로는 감촉, 밝기, 움직임 등 세 가지가 있다. 그 후 2개월 내지 3개월이 지나면 점차 색채 식별능력이 생긴다. 유아는 생후 12개월이 지나면서 색채 지각반응이 나타난다. 돌 이전에도 색채에 대한 약간의 반응이 있기는 하지만 2세가 지나면서 좋아하는 색에 대한 강한 반응이 시작된다고 하겠다.

이처럼 색채는 인지발달단계의 아동에게 매우 중요한 관심의 대상이며, 아동발달과 상당한 연관성이 있다. 또한 아동의 색채 지각은 공감각적 특성과 관련되어 확산적 사고의 특성과 연결되고, 아동이 색채를 보고 느끼는 여러 감각의 이미지와도 연결된다. 이러한 색채 경험을 통해 형성된 색채이미지는 아동의 창의성 발달에도 영향을 미친다(송지홍, 2013).

아동 교육 현장에 있는 임상가들은 영아에서 아동기까지의 각 발달단계별 특성과 함께 색채감각의 발달을 숙지할 필요가 있다.

1) 영유아 단계의 색채감각 발달(만 2~3세)

영유아 단계의 색채는 부수적 역할을 하며, 이러한 색의 부수적인 역할은 근육운동과의 협응을 확립하는 처음 두 단계에서 두드러진다. 이 시기의 색채가 가지는 가장 중요한 역할은 도화지와 자신의 표현을 구별할 수 있게 하는 것이며, 강한 대비를 이루는 표현매체의 선택이 중요하다. 즉, 하얀 도화지 위의 검은 크레용이나 어두운 칠판 위의 흰색 분필은 이런 대비를 이루지 못하는 다른 색들보다 훨씬 좋은 재료이다.

또한 이 시기의 발달에 있어서 환경과 그림이 관계를 맺게 하는 것은 영유아에게 선과 형태를 창조할 수 있는 기회를 주고 이것은 근육운동과의 협응능력의 발달을 돕기에 매우 중요하다(최외선 외, 2006).

2) 유아 단계의 색채감각 발달(만 3~4세)

유아 단계에는 최초의 사실적 표현이 이루어지고, 상징적이며 직관적인 형상화가 이뤄지는 단계이다. 낙서가 섞인 그림들은 주로 긋고 문지르기를 많이 하며 형상에 접근하려고 노력한다. 색채 사용 또한 사실과는 무관한 주관적 색채를 사용한다.

이것은 유아가 색을 변별하지 못하는 것은 아니지만, 색에 대한 관심보다는 자기 몸의 움직임에 대한 관심이나 자신이 무엇인가를 그리고 만든다는 것에 대한 관심이 훨씬 강하기 때문이다. 그래서 자기가 잡은 크레용이나 연필(혹은 다른 무엇이라도)의 색이 무슨 색이거나 관계없이 사용한다. 그저 손에 잡히는 대로 사용한다는 표현이 옳을 것이다. 때로 유아는 무엇인가 고르는 행동을 보이는데 이때에도 색 자체의 차이에 기인했다기보다는 다소 뜻밖의 이유 때문에 그것을 골랐을 수 있다.

유아에게 많은 색채 사용을 강요하면 오히려 마음이 산만해져서 순수한 자기감정과 자유로운 행위의 표현이 굳어지기 쉽다. 마구 그린 착화 위에 의미를 붙이면서 적당한 자극을 주는 것이 효과적이다.

3) 유아 · 아동 단계 색채감각 발달(만 4~7세)

유아 · 아동 단계는 보다 분명해진 주제의식과 자신감으로 충만해진 시기이다. 유아 · 아동이 사실적 표현을 처음으로 시도하게 되는 이 시기에는 대상과 색의 관계보다 대상을 선으로 그리는 것에 보다 많은 관심과 흥미를 갖는다.

이 시기에는 색의 차이를 인식하기 전에 먼저 형태의 차이를 인식하는 것으로 알려져 있다. 유아 · 아동은 여러 가지 색채 중 자신의 마음에 드는 것을 골라 사람을 빨강, 파랑, 노랑 등으로 칠한다. 유아 단계에서 색채를 기계적으로 선택한다면 유아 · 아동 단계에서는 흥미를 끄는 색채를 선택한다. 이러한 색채 선택은 심리학적으로도 의미가 있지만 그 의미는 개별적으로 매우 다양하다.

이 시기에 색채 사용은 유아 · 아동에게 흥미 있는 경험이 되며, 유아 · 아동은 색에 대한 '직접적' 관계에는 큰 욕구를 가지고 있지 않고 색 그 자체를 즐긴다.

4) 아동 단계의 색채감각 발달(만 8~9세)

이 시기의 아동은 자연스럽게 색채와 대상과의 관계를 발견한다. 색은 더 이상 주관적 경험이나 정서적 관계에 의해 결정되지 않는다. 아동은 공간을 표현하면서 환경의 일부로 자신을 경험하고 명확한 공간관계로 발달되듯이 색채에 있어서도 명확한 관계를 확립해 간다. 아동이 사람과 공간에 대한 도식을 계속해서 반복하는 것처럼 같은 대상에 같은 색을 반복해서 칠한다. 아동의 색채도식은 시각적이거나 정서적인 색채개념에서 비롯되나 색 그 자체를 즐기게 된다.

3. 아동 매체발달단계

발달적 미술은 본래 일반아동에게 적용되는 이론모형이지만 발달원리에 입각한 미술치료는 이미 Lowenfeld, Anderson 등 많은 치료사에 의해서 반영되었다. 이 절에서는 주로 Lowenfeld의 발달적 미술교육이론을 적용하여 살펴보고자 한다. 발달단계가 낮을수록 적절한 재료의 선택에 대한 보다 많은 지도가 필요하다. 개인이 자신의 표현에 맞는 재료를 사용하려는 욕구를 갖도록 지도하는 방법은 두 가지 측면에서 생각해 볼 수 있다.

첫 번째는 발달단계에 적당한 표현을 위해 일반적으로 알맞은 재료를 선택하는 방법이다. 어떤 미술재료의 적합성에 대한 평가는 개인이 매체를 사용하는 개별적 방법뿐 아니라 발달단계에 알맞은가 하는 일반적 적합성도 고려해야 한다. 재료는 창의적 작업에 필수적 요소이다. 이것은 재료의 사용이나 제작과정이 창의적 작업으로부터 결코 분리될 수 없으며 저절로 배워지지도 않는다는 사실을 의미한다.

두 번째는 개인의 '의도'에 맞춰 재료를 사용하는 개별적 선택방법이다. 개인이 자신의 경험을 표현하기 위해 재료를 사용하는 개별적 방법에서는 개인에게 어떤 제시를 하기 전에 그 개인의 '의도'를 파악하는 것이 중요하다. 개인의 의도가 그 매체의 사용에 부합되지 않으면 지도가 반드시 필요하다. 그러나 그러한 개별안내는 항상 일반적인 특성의 범위 안에서 이루어져야 한다. 이러한 안내를 자신의 작품에 적용시키는 것은 개인 자신이어야 하기 때문이다.

난화기(2~4세) 동안의 아동은 근육운동감각을 경험하고 연습하는 것이 필요하기 때문에 어려운 기교가 필요 없으면서 자유로운 표현을 신장시킬 수 있는 재료를 사용하도록 해야 한다. 예를 들어, 수채물감은 쉽게 흘러내리기 때문에 난화기의 아동에게는 매우 부적당한 매체이다. 또한 연필도 날카로워서 도화지 위에 매끄럽게 그어지지 않으며, 근육의 힘 조절을 잘할 수 없고 끝이 쉽게 부러지기 때문에 난화기 아동에게는 적합하지 않다. 어떤 미술재료도 방해물이 되기보다는 표현을 용이하게 할 수 있어야 하며, 근육운동과 지각동작을 조절하려는 욕구가 이 시기에 가장 우선시되어야 한다.

포스터물감이나 찰흙은 이 시기의 훌륭한 재료이다. 이 시기에는 창작과정이 완성작품보다 훨씬 중요하기 때문에 미술재료는 그것이 계획된 연령층의 요구를 만족시키도록 선택되어야 한다. 계속해서 미술재료를 소개하거나 바꾸는 것은 아동이 실제로 자신의 느낌이나 감각과정에 대한 반응, 환경에 대한 지적 개념들을 충분히 표현할 수 있을 정도로 재료에 적응되는 것을 방해한다.

재현을 시도하는 전도식기(4~7세)는 찰흙이 훌륭한 입체재료이다. 기본적인 재료와 더불어 이 발달단계에 알맞은 다른 재료로는 색연필, 사인펜, 색종이, 콜라주 재료 등을 들 수 있다. 물감 떨어트리기(dripping paint), 곡물 붙이기, 스텐실 인쇄

같은 것은 이 시기에 부적합한 재료이다. 아동 자신들이 의도하는 표현에 잘 맞지 않는 까다로운 재료는 되도록 피하는 것이 좋고, 미술매체의 기법을 가르쳐 주기 위한 도움 역시 아동의 개별적 접근을 방해할 뿐임을 알아야 한다.

형태의 개념을 습득하는 도식기(7~9세)에는 포스터물감, 크레용, 색분필 등이 아동의 의도를 잘 충족시켜 주지만 수채물감은 피하는 것이 좋다. 수채물감의 투명성, 번짐, 우연의 효과는 투명한 대기의 풍경에는 더없이 좋은 효과를 내지만 형태의 개념을 습득하려는 도식기의 아동에게 이런 우연의 효과는 좌절감만 줄 뿐이다.

또래집단기(9~11세)의 사실적 표현단계까지 발달이 되면 아동은 사실을 재현하기 위해 선을 사용하고 평면의 발견과 함께 공간의 개념이 형성되면서 공간을 채울 필요성을 느끼게 된다. 이 시기에는 아동의 요구에 부응하고 마음속에 있는 것을 표현하도록 돕는 재료라면 좋은 재료라 할 수 있다. 어떤 특별한 목적을 가지고 능동적으로 색을 혼합하는 활동은 아동이 수동적으로 받아들일 수 있는 색의 가짓수가 많은 물감을 제공하는 것보다 훨씬 바람직한 일이다. 이 시기에는 아동이 사용할 재료에 제한을 두어서는 안 되지만, 재료가 그들 자신을 표현하기에 적합한지의 여부를 세심하게 고려하는 것이 필요하다.

찰흙과 색종이는 이 시기 아동의 기본재료라 할 수 있다. 색종이 오려 붙이기는 자연스럽게 중첩의 의미를 알게 하고, 협동작업도 가능하게 하는 재료이다. 또한 찰흙은 다양한 입체적 재현을 하기에 적당한 재료이다. 핑거페인팅 그림물감은 물감 자체의 농도에 몰두하지 않는 이 시기의 아동에게 적절한 재료이다. 손가락의 에너지가 직접적으로 전달되기 때문에 감정표현을 촉진하는 데 도움이 된다.

이 시기에는 입체적 작업을 하기 위해서 찰흙, 종이찰흙, 나무, 철사, 하드보드지, 종이상자, 천, 단추, 색셀로판지 등 다양한 재료나 나무껍질, 돌, 나뭇가지, 나뭇잎, 깃털 등 흥미를 끄는 것이면 무엇이든 가능하다.

의사실기(11~13세)에는 대상에 대하여 합리적 표현을 할 줄 알게 되어 작품의 표현형식이 시각형인 아동이 주위 환경의 시각적 특성을 보다 잘 인식하게 된다. 선묘적 표현보다는 물감에 강한 흥미를 보인다. 물감의 번짐이나 흘러내림에 의해서 나타나는 우연의 효과는 대기의 투명함이나 구름의 볼륨을 표현하기엔 더없이 좋은 재료이다. 이런 관점으로 본다면 목탄도 역시 이 재료가 갖는 다양한 가능성으로 인하여 그 성질을 탐구하는 흥미를 자극할 수 있다. 목탄의 성질로 보아 부드러운 명암표현의 용이성은 그 어느 다른 재료에서도 찾아보기 힘들기 때문이다.

철사로 뼈대를 만들어 석고, 지점토 등 가소성이 있는 재료로 살을 붙인 입체소조들은 여러 가지 형태로 탐구가 가능한 영역이라 매우 수동적인 아동도 이러한 매체에 쉽게 관심을 갖게 할 수 있다. 철사뼈대를 이용한 소조는 생소한 형태나 동물, 상상적인 형태 등 평범하지 않은 형태들을 제공할 수 있고 이는 아동에게 상상력을 키우게 하고 자발적 접근을 되살아나게 할 수 있다. 이 단계에까지 도달하면 매체는 미술치료 프로그램에서 보다 중요한 역할을 담당하기 시작한다.

4. 발달단계에 따른 표현의 특징

이상과 같이 Lowenfeld는 아동의 미술발달단계를 6단계로 나누어 제시하였는데, 각 발달단계에 따른 표현의 특징은 <표 3-1>, 평면표현 발달단계는 <표 3-2>, 입체표현 발날단계는 <표 3-3>과 같다. 자칫하면 미술치료사가 아동의 발달단계에 따른 그림 표현을 아동 내면의 심리적 상징으로 잘못 받아들여 문제시하는 오류를 범할 수 있기 때문에, 아동의 발달단계에 따른 표현 특징을 알고 있는 것은 매우 중요하다.

표 3-1 Lowenfeld의 발달단계에 따른 표현의 특징

발달단계	인물의 표출	공간의 표출	색채의 표출	디자인 감각	지도사항
난화기 (마구 그리기, 2~4세)	• 없음 • 극히 가공적 표출	• 없음 • 극히 가공적 표출	• 의식적으로 사용하지 않음	• 없음	• 아동이 생각하고 있는 방향으로 칭찬
전도식기 (의식적 표현이 싹틈, 4~7세)	• 자기의 생각을 찾음 • 상징적 부호를 자꾸 바꿈	• 감정에 의하여 처리하므로 공간의 질서가 없음	• 감정적 기호에 따라 사용 • 리얼리티와는 무관	• 의식적으로는 취급하지 않음	• 지식을 자기의 것으로 소화시키도록 함('나'라는 의식을 갖게 할 것)

발달단계	인물의 표출	공간의 표출	색채의 표출	디자인 감각	지도사항
도식기 (객관적 사고가 싹틈, 7~9세)	• 기하학적 선으로 그릴 수 있음 • 자기의 생각으로 정리된 것을 표출	• 공간과 시간의 혼돈된 표현 • 주관적 공간 표출	• 물체를 식별하여 나타냄	• 되풀이로 장식적 성격을 띠고 나타냄	• 의욕적 태도를 표현하도록 자극을 줌(치료사의 의도를 강요하지 말 것)
또래집단기 (자기의식의 확대, 9~11세)	• 복장이 강조되고 더욱 딱딱해짐 • 사실적 선 묘사 • 남녀의 성별이 분명해짐	• 중복(오버랩) • 평면의 발견	• 감정적 뜻을 가진, 강조되고 주관적인 색채 표현	• 환경 → 외관 → 내용적으로 시사적 자극을 줌 • 재료를 풍부히 줌	• 형태, 균형, 율동 등 미학적 취급이 나타냄
의사실기 (사실적인 표현, 11~13세)	• 시각적 관찰이 활발해짐 • 명암, 음영을 구별하여 표현 • 균형, 비시각적 표현이 등장	• 3차원적으로 표현 • 기선에 의하여 원근을 표현(시각형)	• 자연의 색채를 사실적으로 표현(시각형) • 주관적 색채를 씀(비시각형)	• 장식적이고 조화를 강조	• 공동제작에 참여, 협동정신을 기름 • 포스터, 도표, 벽화, 유채, 수채로 지도
결정기 (위기의 시기, 13~16세)	• 빛과 음영 등 사실적 외관을 강조(시각형) • 순간적 인상을 표현 • 자기 나름의 감정적 표현(촉각형)	• 투시화법적으로 원근을 표현	• 3차원적으로 표현 • 사실적 색채가 주로 나타남	• 음영, 율동의 표현이 주가 되고 장식적 내용과 조화를 이룸 • 추상적 내용의 정서적 표현(촉각형)	• 창작할 수 있는 분위기를 조성 • 희화(戱化), 상상에 의하여 표현 • 재료와 소재를 살리도록 지도

표 3-2 Lowenfeld의 평면표현 발달단계

발달단계	주요 특징
난화기 (2~4세)	• 자아표현이 시작되는 최초의 단계 • 무질서한 난화기: 감각과 주변 환경의 접촉을 통한 반응으로 그리기 시작. 동작의 통제가 불가능하고 무의식적으로 표현 • 조절하는 난화기: 동작이 반복되어 시각과 근육활동 간의 협응 시작. 의미 없는 선들은 수평, 수직, 파형, 혼합형, 회전원형으로 발전 • 명명하는 난화기: 무의식적 접근이 점차 의식적인 접근이 되어 자신의 난화에 이름을 붙이기 시작
전도식기 (4~7세)	• 무의미한 표현과정에서 의식적인 표현으로 옮겨가는 상징적 도식의 기초단계 • 표현된 것과 대상과의 관계를 발견하기 시작 • 본 것보다는 아는 것을 표현 • 인물, 나무, 해, 산 등을 주로 그리며 모든 것을 자기중심적으로 표현
도식기 (7~9세)	• 사물의 개념을 습득하는 시기 • 자신과 대상과의 관계를 공식화하고 그것을 도식화하여 표현 • 중요 부분의 과장과 생략, 주관적인 인물과 공간개념의 표현 • 기저선을 통해 하늘과 땅을 구분 • 전개도식 표현과 투시기법의 사용
또래집단기 (9~11세)	• 자신에 대한 자각의 시기 • 도식적 표현에서 벗어나 점차 객관적이고 사실적인 표현 시작 • 중첩과 기저선 사이의 공간을 인식하며, 위에서 본 모습 표현 • 사실적 표현에 미숙한 아동들은 미술에 대한 대담성, 자신감을 상실하기 시작
의사실기 (11~13세)	• 신체발달에 민감, 3차원적 표현을 구사하는 시기 • 시각화 현상을 통한 원근법 습득, 배경과 비례의 표현, 사실적 표현 • 시각형과 비시각형의 경향이 나타나는 시기 – 시각형: 주로 주위 환경이 주제가 되며, 실제와 일치하는 색을 사용, 미적 관점에 관심 – 비시각형: 자신의 감정을 나타내는 그리기. 좋아하는 색채 사용. 만들기와 기능적인 면에 관심
결정기 (13~17세)	• 창의력이 왕성하여 개성이 뚜렷한 시기 • 관찰력 향상, 비판적인 안목 생김 • 환경을 창의적으로 받아들여 표현유형을 시각형, 촉각형, 중간형으로 구분 – 시각형: 대상을 피상적, 객관적, 묘사적, 이지적으로 표현. 외관과 비례, 명암, 배경, 원근 중시 – 촉각형: 내면적 정서와 주관적 경험을 감정적으로 표현. 색채나 공간표현이 주관적임 – 중간형: 두 가지 표현양식의 복합

표 3-3 Lowenfeld의 입체표현 발달단계

발달단계	주요 특징
난화기 (2~4세)	• 시각적인 목적 없이 찰흙을 두드리고 마구 치는 행위(≒무질서한 난화기) • 목적을 추구하지 않은 막대와 둥근 모양의 형태(≒조절하는 난화기) • 찰흙 덩어리에 이름을 붙이는 행위(≒명명하는 난화기)
전도식기 (4~7세)	• 찰흙으로 표현하면서 끊임없이 표현양식을 변화 • 형태를 만들기 위해 찰흙 덩어리에서부터 의미 있는 부분을 끌어내거나 부분들을 첨가
도식기 (7~9세)	• 전체로부터 세부로 들어가는 방법: 분석적 방법(analytic method)–시각적인 경험으로 사고 → 시각형 • 하나하나의 상징적 형태의 부분들로 전체를 구성하는 방법: 종합적인 방법(synthetic method)–비시각적인 방법으로 사고 → 촉각형
또래집단기 (9~11세)	• 환경을 이루는 대상과 재료와의 진정한 관계를 발견하려 함 • 찰흙 외에 다양한 물체를 눌러서 무늬를 새기거나 구멍을 내서 형태와 공간의 가능성을 탐색하기 시작 • 표현 대상을 점차 자기 주변의 것으로 확대
의사실기 (11~13세)	• 무의식적인 소조(modeling) 단계에서 의식적 조각(sculpturing) 단계로 넘어가는 시기 - 소조하기: 대상을 보고 그것과 닮게 만들려는 것 - 조각하기: 어떤 의도를 나타내기 위해 상상적이고 추상적인 주제를 다룸 • 주제에 대한 접근법 - 시각형(객관적인 형): 모델 동작의 다양한 차이와 변화하는 형태와 모양에 관심. 전체 → 세부(분석적 방법) - 비시각형(주관적인 형): 모델을 단지 자극 정도로 여기고 자신들의 주관적 경험을 표현. 부분적인 인상들의 종합(종합적인 방법)
결정기 (13~17세)	• 시각형과 촉각형의 뚜렷한 구분 - 시각형: 주로 눈에 의해 사물의 외형으로부터 접근. 전체적인 인상 → 부분적인 인상 - 촉각형: 근육감각이나 촉각적인 인상에 의하며, 자신의 정서적인 가치로 부분의 크기와 중요도를 결정하여 매우 주관적인 작업

어린 아동에게 미술활동은 학습이나 놀이 그 이상으로 인격을 기르는 바탕이 된다. 아동은 그림을 그리고 어떤 사물의 모양을 만드는 일을 통하여 욕구를 만족시키고 지적 · 정서적 · 사회적 · 신체적으로 원만한 인격이 형성된다. 그러므로 아동에게 미술을 지도할 때는 아동 스스로가 자발적으로 미술활동에 참여하여 즐거운 마음으로 느낀 대로 표현하도록 한다는 목표를 가지고 지도해 주는 것이 필요하다. 그들의 내적 세계를 억압하거나 지나치게 성인의 의지대로 그리기를 강요해서는 안 된다. 그러나 억압은 정신적으로나 신체적으로 운동신경의 조정을 불가능하게 하므로 정서적으로 조절 욕구를 상실하게 하고, 심리적으로는 표현력이 결여되며, 신체적으로는 운동신경을 지배할 수 있는 능력이 저하되므로 결과적으로 아동의 전인적 발달에 방해요인이 된다.

또한 지적장애아동은 인지능력의 미흡함으로 인해 화면구성이 변칙적이다. 더구나 공간과 위치의 개념 등이 잘 발달되지 못한 특징과 신체 각 부위에 대한 인지, 개념 형성이 부족하므로 인물화 표현에 있어 과대, 과소, 탈락 표현이 많이 나타나고 있다. 그러므로 대상을 관찰하고 개념화시키는 학습이 되는 인지발달치료로 여러 가지 미술재료를 이용하여 촉각훈련과 소근육운동을 유도하고, 여러 사물을 보고 그리면서 대상에 대한 지각능력을 기를 수 있도록 도와주어야 한다.

5. 학자에 따른 아동의 미술발달단계 비교

1) Burt

Burt(1921)는 아동의 미술발달단계를 6단계로 나누어 구분하였다. 자세히 살펴보면 다음과 같다.

- **난화기(2~3세)**: 유아 개개인에 따라 네 가지로 구분한다.
  - 목적이 없는 난화: 어깨와 팔의 근육운동으로 목적 없이 선을 긋는다.
  - 목적이 있는 난화: 연필 흔적에 주의하여 관심 있는 것을 중심으로 선을 긋는다.

- 모방적인 난화: 손목과 손가락 운동으로 발전되며 관심 있는 것을 주로 그린다.
- 국부적인 난화: 관심 있는 대상의 특정 부분을 묘사한다.

- **선화기(4세)**: 시각 조절이 진보되며, 주로 사람의 형태를 그린다. 머리는 원, 눈은 점, 다리는 두 개의 선으로 표현한다.
- **서술적 상징기(5~7세)**: 정밀한 사람의 모습을 표현하고 유사한 모습의 도식이 나타난다.
- **서술적 사실기(7~9세)**: 시각적인 그림보다는 개념적인 그림을 그리며 정면과 측면의 인물이 한 화면에 나타난다.
- **시각적 사실기(9~11세)**: 기억이나 상상이 아닌 주위 환경 및 자연 현상에 관심을 가진다. 투시기법, 원근법이 시도되고 풍경화를 즐겨 그린다.
- **억제기(11~14세)**: 시지각의 발달로 사실적 표현에 서투른 아동들은 비교적 미술표현이 침체되며, 신체나 언어 발달로 자기감정이나 생각의 표현보다는 운동이나 언어표현으로 흥미가 전환된다.

2) Kellogg

Kellogg(1969)는 아동 미술발달단계의 구체적 세분이 아닌, 단지 아동의 묘화 형태를 통하여 발달과정을 제시하였다. 그 단계를 살펴보면 다음과 같다.

- **낙서의 단계(2세 전후)**: 묘화 형태는 긁적거리기로, 이때의 긁적거리기는 의미가 없으며, 하나의 선 또는 여러 개의 선을 사용한다. 이와 같은 선을 기본적인 묘화 형태 20가지로 살펴보면 **[그림 3-9]**와 같다.
- **형상화 단계(2~3세)**: 좀 더 통제된 긁적거리기가 나타나며, 모양에 대한 인식을 한다. 원, 십자가, 정사각형, 직사각형 등의 기호적인 도식이 나타나며, 17가지 형태로 구분된다. 이러한 도식 중 두 가지 또는 세 가지가 모여 집합을 이루고 이러한 집합이 모여 66가지의 기본 도형 연합을 만들기도 한다.
- **디자인 단계(3~4세)**: 도형을 조작하고 추상적이지만 어느 정도 균형이 잡힌 그림이 나타나며 만다라형, 태양형, 방사선형과 같은 세 가지의 특징적인 형태

를 나타낸다.

- **인물화 단계**(4세): 전 단계에 반복된 작업으로부터 이루어 낸 도형을 중심으로 타원형, 만다라형을 합쳐서 사람을 그린다. 이 시기에는 자신의 그림에 이름 붙이기를 좋아하기도 한다.
- **초기회화 단계**(4~5세): 사실적인 그림을 그리기 시작하는 시기로, 성인이 인식한 것과 같이 비슷하게 그리면서 자신이 그린 것과 비슷하다고 느끼면서 성취감을 경험하게 된다.

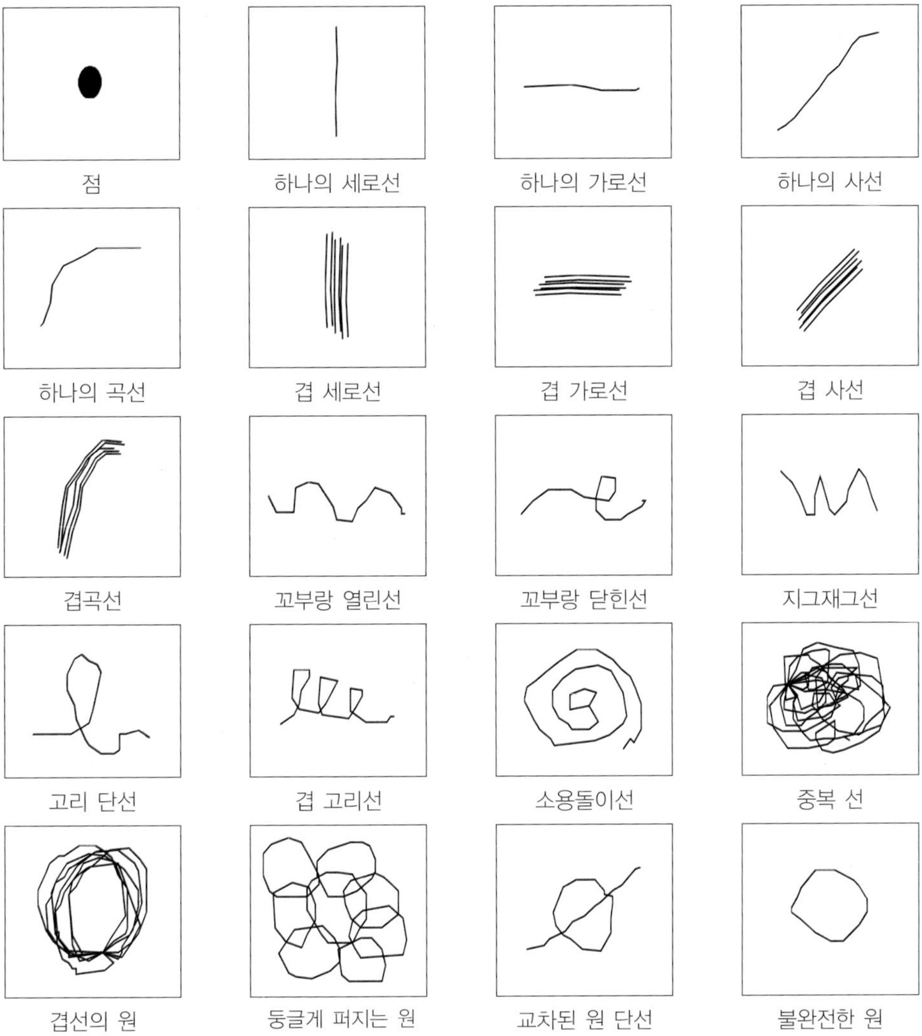

그림 3-9 Kellogg의 2세 전후 묘화 형태 기본형 20가지

3) 김정

김정(1979)은 한국 아동들의 성장발달을 기초로 하여 아동의 미술발달단계를 7단계로 구분하였다. 자세히 살펴보면 다음과 같다.

- **신생아기(0~3세)**: 무엇이든지 입에 갖다 대고 그리는 시늉을 하기도 하는데 우리나라 아동은 묘화 행위가 일찍 발달하는 경향이 있다.
- **난화기(3~5세)**: 그림과 낙서가 뒤섞인 형태로 유아에게 중요한 시기이다.
- **전도식기(5~7세)**: 그림에 대한 상당한 흥미와 감정을 가지며, 자신과 객체가 일치되는 경향을 보인다.
- **도식기(7~9세)**: 사람과 사물에 대한 일정한 개념을 찾아낼 수 있는 능력과 판단을 통해 독자적인 표현을 하며, 객관적 사실에 접근하려는 노력으로 표현의 유연성 상실도 보인다.
- **여명기(9~11세)**: 도식화되었던 선묘법으로부터 사실적인 묘화로 접어드는 시기로, 시지각의 발달로 사물의 형태를 잘 알게 되는 반면, 그림을 그리는 데 자신이 없어지는 시기이다.
- **의사실기(11~13세)**: 거의 사실적인 그림을 그리고 그림이 모델과 닮지 않으면 곧바로 포기하기도 하며 지각과 논리적 사고만큼 그림이 따라 주지 않아 대담성이 없어지기도 한다.
- **사춘기(13~16세)**: 자신의 그림에 비판적인 안목을 가지게 되며 상상력은 거의 쇠퇴하고 저질스러운 그림이나 만화에 가까운 그림을 그리기도 한다.

이상과 같이 각 학자별 연령에 따른 미술발달단계의 특징 및 공통점을 정리하면 **〈표 3-4〉**와 같다.

표 3-4 학자별 미술발달단계 특징

<table>
<tr><th>연령</th><th>Lowenfeld(1947)</th><th>Burt(1921)</th><th>Kellogg(1969)</th><th>김정(1979)</th></tr>
<tr><td>1</td><td></td><td></td><td>낙서의 단계(2세 전후)
긁적거리기, 20가지 기본 형태</td><td rowspan="2">신생아기(0~3세)
입에 갖다 대고 그리는 시늉. 형태 중요. 마구 휘젓는 행동</td></tr>
<tr><td>2</td><td rowspan="2">난화기(2~4세)
목적의식이 없는 난화적 표현, 자기표현의 첫 시기, 이미지를 표현하려는 활동 시작, 무질서한 난화 → 조절하는 난화 → 명명하는 난화</td><td rowspan="2">난화기(2~3세)
무의미한 끄적거림, 목적 없는 난화 → 목적이 있는 난화 → 모방적인 난화 → 국부적인 난화</td><td>형상화 단계(2~3세)
통제된 긁적거림, 모양 인식, 기호적인 도식</td></tr>
<tr><td>3</td><td>디자인 단계(3~4세)
도형 조작, 만다라형, 태양형, 방사선형 나타남</td><td rowspan="2">난화기(3~5세)
낙서가 뒤섞인 형태. 연결. 반복적으로 회전운동으로 발전</td></tr>
<tr><td>4</td><td rowspan="3">전도식기(4~7세)
의식적 표현의 시기, 주관적인 표현, 색채 구별과 사람의 표현이 시작</td><td>선화기(4세)
시각 조절 진보, 사람 형태, 머리 원, 다리 두 선</td><td>인물화 단계(4세)
인물화 나타남, 명명하기 좋아함</td></tr>
<tr><td>5</td><td rowspan="2">서술적 상징기(5~7세)
상징적인 도식의 표현, 정밀한 사람 표현, 유사한 모습 도식</td><td>초기회화 단계(4~5세)
사실적 표현, 장식적 요소</td><td rowspan="2">전도식기(5~7세)
그림에 대한 흥미. 감정 표현</td></tr>
<tr><td>6</td><td rowspan="4"></td></tr>
<tr><td>7</td><td rowspan="3">도식기(7~9세)
도식이 형성되며, 그림의 확대, 강조, 축소, 생략 현상 발생, 공간개념 형성, 투시기법(X-ray) 사용, 사물과 색의 관계 발견</td><td rowspan="3">서술적 사실기(7~9세)
개념적인 그림, 정면과 측면의 인물이 한 화면에 나타남</td><td rowspan="3">도식기(7~9세)
독자적인 표현. 객관적 사실에 접근하려 함</td></tr>
<tr><td>8</td></tr>
<tr><td>9</td></tr>
</table>

<table>
<tr><th>연령</th><th>Lowenfeld(1947)</th><th>Burt(1921)</th><th>Kellogg(1969)</th><th>김정(1979)</th></tr>
<tr><td>10</td><td rowspan="2">또래집단기(9~11세)
자기 존재 인식, 사실주의 표현, 공간감 표현, 대상에서 경험의 재현, 디자인 모양 나타냄</td><td rowspan="2">시각적 사실기(9~11세)
기억과 상상이 아닌 주위 환경 및 자연 현상에 관심을 가짐. 투시기법, 원근법, 풍경화 선호</td><td rowspan="7"></td><td rowspan="2">여명기(9~11세)
선묘법으로부터 사실적 묘화. 그림에 자신이 적어지는 시기</td></tr>
<tr><td>11</td></tr>
<tr><td>12</td><td rowspan="2">의사실기(11~13세)
명암 표현, 원근감 표현, 3차원 표현 구사, 균형, 비시각적 표현 등장, 신체 세부묘사</td><td rowspan="3">억제기(11~14세)
사실적 표현이 어려운 아동은 미술표현 침체시기, 운동이나 언어표현으로 흥미 전환. 발명적 디자인 등장</td><td rowspan="2">의사실기(11~13세)
사실적인 그림. 사고만큼 묘사가 부족하면 흥미 감소</td></tr>
<tr><td>13</td></tr>
<tr><td>14</td><td rowspan="3">결정기(13~16세)
시각형 아동: 주위 환경이 주제, 색채는 실제적으로, 미적 관점에 관심
촉각형 아동: 자신의 감정 중시, 주관적인 선호로 색상 표현, 만들기, 기능적인 면 관심</td><td rowspan="3">사춘기(13~16세)
자신의 그림에 비판적 안목. 상상력 쇠퇴</td></tr>
<tr><td>15</td><td rowspan="2"></td></tr>
<tr><td>16</td></tr>
</table>

난화기

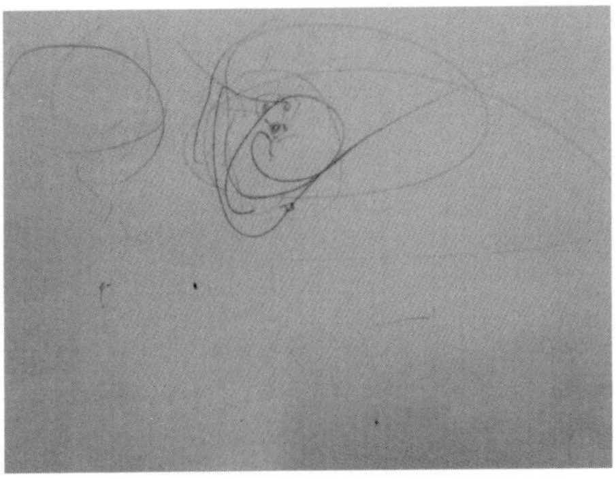

원으로 그려진 공간에 선을 연결하여 인물을 표현하였다.

다양한 원운동을 이용하여 자신과 관련된 인물을 그림으로써 자신의 의사를 표현하였다.

전도식기

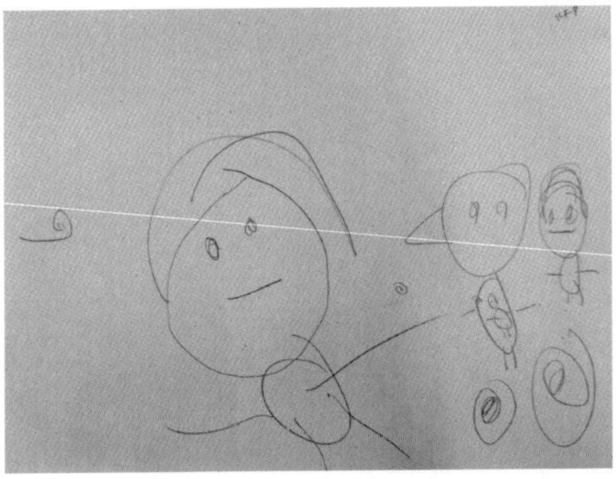

정면으로 그린 인물들이 반복적으로 그려졌다. 팔과 다리가 선으로 나타나며 손가락 등 자세한 것은 표현되고 있지 않다.

정면으로 그려진 인물이 미소를 지으며 앞을 보고 있다. 신체의 일부가 왜곡되어 있다.

도식기

인물을 같은 표현양식으로 반복적으로 그렸으며 공간적으로 정면과 측면, 위와 아래가 평면상에 동시에 표현되었다.

각각 다른 인물이지만 같은 표현양식으로 반복적으로 도식화하여 표현하였다.

또래집단기

도식으로부터 탈피하여 사실적으로 표현하였다.

남자와 여자의 차이가 분명하게 나타나며 여자의 머리를 섬세하게 묘사하였다.

의사실기

인물표현에 있어 자신이 관심 있는 부분에 대해서 미적 표현이 정교해졌다.

공을 차고 있는 움직임, 옷이나 모자를 세부적으로 표현하며 사실적으로 그렸다.

결정기

자신의 감정상태나 정서를 그대로 인물에 표현하여 특정 부분을 생략하거나 강조하여 표현하였다.

인물을 비례에 맞게 표현이 가능하며 순간의 인상이나 동작의 묘사가 가능하다.

그림 3-10 발달단계별 인물화 특징

제4장

미술매체의 중요성

1. 미술매체의 개념 및 중요성

미술치료에서 미술매체는 필수적인 도구이다. 매체(medium)는 영어 media의 복수형으로서 라틴어로 '중간의'를 나타내는 medius에서 유래되었다. 매체 또는 수단으로서 어떤 의사나 사실을 전달하는 도구라고 할 수 있다. 우리가 말하는 미술영역에서는 회화, 조각 등 예술표현의 수단 혹은 수단에 쓰이는 재료를 통틀어 말한다. 미술치료에서의 매체는 내담자가 미술작품을 만들 때 영향을 주고 동시에 내담자의 시각과 촉각에 영향을 미친다. 사용되는 매체의 특성이 내담자의 심리상태를 강화시키거나 소멸시킬 수 있고 자기표현의 자유에 영향을 미칠 수 있다(Landgarten, 1987).

내담자가 어떤 재료를 선택하고 선호하는가에 대한 문제는 미술치료를 하는 데 있어 중요한 단서가 된다. 미술치료에서 매체 선정은 내담자에 따라 주관적이고 개별적이다. 내담자에 따라 치료적 반응이 다르며, 증상 및 문제에 따라 미술매체에 대한 반응이 다양하기 때문이다. 내담자가 좋아하고 수용하는 매체일수록 내담자의 자발적인 참여와 동기를 더 높일 수 있다. 내담자의 집중력을 유발할 수도 있고, 작품을 통해 자신의 창조성을 실현할 수 있다. 그러므로 미술치료사가 미술활동을 적용하고 이해하려면 매체의 특성과 사용법, 장단점 등 풍부한 지식과 경험이 필요하다.

미술치료의 시각적 본질은 그 자체로 자신 및 타인의 감정을 읽고 이해할 수 있도록 돕고 안전하고도 침착하게 감정표현을 하도록 돕는다. 따라서 미술매체의 구체적인 시각 및 감각재료는 내담자에게 중요한 생활과 상호작용 또는 사회성 기술에 대한 자각을 가능하게끔 유도할 수 있는 구조화된 환경을 제공한다(Malchiodi, 2012). 미술치료에서 내담자에게 적절한 미술매체를 선정하는 것은 미술치료의 성패를 좌우한다고 해도 과언이 아니다. 즉, 내담자가 미술매체를 두려워하지 않고, 친밀감을 가지고 편안하게 다룰 때 치료사와의 관계 형성은 물론 자신의 억압된 심리를 표현할 수 있게 된다. 그리하여 미술치료 초기에는 내담자의 미술매체에 대한 흥미와 자발성을 촉진시키는 것이 중요하다. 내담자의 자발성을 촉진하기 위해서는 충분한 작업 공간과 아울러 친밀감을 줄 수 있는 다양한 재료가 준비되어야 한다.

특히 아동 미술치료에 있어서 매체는 더욱 중요시된다. 아동은 끊임없이 새로운 작품을 표현해 내어 사물의 본질로 차츰 접근해 나가는데, 이는 매체의 지각과 처리 특성에서 기인함을 알 수 있다. 아동의 발달과 관련지어 미술활동은 그들에게 있어서 성장을 돕고 창의적인 능력을 증가시키고 생활에 활력을 주기 때문에 매우 중요하다. 또한 각각의 개성과 능력에 맞도록 성찰할 수 있는 상황을 제공해 전인격적인 성장을 촉진시키므로 치료사는 특정한 미술재료의 특성을 기초로 해서 아동에게 적당한 매체를 고안해야 한다. 미술치료에서 사용되는 미술매체들은 다양하며, 생활 재활용품, 자연물까지 그 폭도 넓다.

이처럼 아동에게 매체를 통한 미술활동은 그들의 성장을 도모하고 인간 형성을 이루게 해 준다. 아동은 미술표현을 통해 자신이 어떻게 생각하고, 느끼고, 보고 있는가를 보여 주는 것이기 때문에 미술활동은 중요한 의미를 갖는다. 아동 미술치료에 있어서 매체의 역할은 크게 다음의 두 가지로 나눌 수 있다. 첫째, 정서안정이다. 미술치료는 아동의 갈등을 조정하고 미술활동을 통해 자기표현을 촉진시켜 정서 안정을 돕는 역할을 한다. 즉, 부적절한 정서의 발산을 예방하는 차원에서 널리 사용된다. 둘째, 창조성 유발이다. 미술활동을 통해 아동의 정서 또는 지적 표현능력을 기르는 것도 중요하지만, 더 중요한 문제는 창조적 표현능력을 기르는 것이다. 미술매체는 표현되는 예술을 하는 형식이므로, 조형활동을 통해 창조에 대해 더 주의를 기울이도록 요구된다. 따라서 미술치료를 통해 아동의 정서를 안정시키고 창조활동을 적극적으로 촉진할 수 있다(이근매, 최인혁, 2008).

미술치료사는 다양한 미술매체를 활동에 적용함에 있어 다음의 유의사항을 염두에 두어야 한다.

- 미술매채 사용 시에 치료시간, 공간, 내담자의 성향 등에 따라 융통성 있게 적용해야 한다. 특히 미술치료사는 내담자가 작품이 완성되지 못하였을 때 느낄 수 있는 미해결된 감정을 가지지 않도록 주어진 시간에 작품을 완성할 수 있는 재료를 선별하여 제공해야 한다.
- 나이가 어릴수록 단순한 매체를 활용하는 것이 효과적이다. 단순한 매체는 복잡한 매체보다 스스로 작품을 완성할 수 있는 가능성을 더 높여 주기 때문이다. 단순한 매체가 아동에게 활동 과정에서 자신감과 성취감을 느낄 수 있도

록 유도하기 쉽다.

- 내담자의 성격과 증상을 고려하여 매체를 선택한다. 미술재료 중 물감, 핑거 페인트, 물기가 많은 점토 등은 퇴행을 촉진시킬 수 있는 재료로 알려져 있다. 성격이 경직된 내담자에게 주로 적용하지만, 충동적이고 자아경계가 불분명한 내담자, ADHD 성향이 있는 내담자의 경우에는 충동적 성향을 더욱 심화시킬 수 있어 적용을 자제한다. 반면, 색연필, 사인펜과 같은 딱딱한 재료는 통제성이 높은 재료로, 충동적 성향을 통제하기 용이하다. 이처럼 내담자의 성격과 반대 성향의 재료를 제공하는 것은 그의 내면세계에 억압된 부분을 재통합하는 기회를 준다.
- 내담자의 욕구를 고려하여 매체를 선택한다. 너무 많은 양의 재료나 도구는 내담자를 질리게 할 수 있는데, 이는 내담자에 따라 다르므로 치료사는 내담자 개인의 욕구에 민감하게 반응할 줄 알아야 한다. 특히 쉽게 찢어지는 종이나 잘 부서지는 분필과 같은 심리적 좌절을 유발하는 재료들은 사용하기 전 충분히 고려해야 한다.

일반적으로 내담자는 낱개로 된 소묘매체를 다른 매체보다는 용이하게 다루는 경향이 있다. 즉, 연필은 쉽게 조작하지만, 물감 등의 채색재료는 기법적 어려움을 겪는다. 물감을 마구 칠하는 것과 같은 행동은 심하게 억압되어 있는 내담자에게 활기를 불어넣을 수도 있지만 물감의 번짐이나 흐름 때문에 사용 시 꺼릴 수도 있다. 때때로 미술매체를 바꿔 주는 것은 환기성을 주어 타성에 빠져 있는 내담자를 촉진시켜 줄 수 있다.

이와 같이 미술매체를 선택할 때 내담자의 성향과 증상에 따라 촉진과 통제를 고려하여 적절한 매체를 선택하는 것이 중요하다. 그러므로 미술치료사는 미술매체의 특성에 따라 어떤 효과를 낼 수 있느냐를 고려하여 선택해야 한다.

아동을 대상으로 미술매체를 선택할 경우 치료사가 고려해야 할 점과 아동이 매체를 사용할 때 치료사가 주의 깊게 살펴볼 점을 요약하면 <표 4-1>과 같다.

표 4-1 매체 선택 및 사용 시 유의점

매체 선택 시	매체 사용 시
• 매체의 안전도 평가 • 매체의 유해도 평가 • 아동의 발달단계 및 수준 • 아동의 문제행동 수준 • 아동의 성향 • 아동의 소근육 발달 수준 • 시지각 발달 정도	• 매체의 접근 정도 - 두려움 - 저항 - 친근감 • 매체 선택 수준 - 자발적 - 비자발적 • 재료 조작 정도 - 파괴적인가 - 자주 바꾸는가 - 적절한가 • 신체적 문제 수준

2. 미술매체의 특성

미술치료에서 표현의 매개가 되는 미술매체는 일반적 미술재료인 정형매체와 미술 외적 재료인 비정형매체로 나눌 수 있다. 미술치료 환경에서는 정형매체뿐만 아니라 비정형매체도 내담자의 심리를 반영하는 데 중요한 역할을 한다, 미술표현에 직접 쓰는 미술재료는 크게 작업 형태에 따라 1차원의 선작업 중심인 그리기 재료, 2차원의 면재료 중심의 채색재료, 3차원의 입체작업 중심인 조소재료로 구분할 수 있다.

이와 같은 미술재료와 미술치료에서 좀 더 유기적 개념인 미술매체는 내담자의 개별적인 심리, 발달상태, 선호에 따라 적절하게 적용해야 한다. 즉, 내담자의 인지 능력이나 상징화 능력에 따라 미술매체의 적용이 달라지므로 매체는 치료의 대상이나 구성 및 다른 요소들에 따라 목적에 부합되도록 선택한다. 미술매체들은 조절, 복원 가능성, 색의 농도, 그리거나 색칠하기, 중력, 대근육 활동의 특성을 가지고 있다고 하였다. 연필과 같은 평면건식매체는 조절할 수 있지만 반대로 물감과 같은 평면습식매체는 조절하기 어려운 특성이 있다(Wadeson, 1980). 매체에서 찰흙은 원상복귀가 가능한 반면, 마커나 사인펜은 다시 지울 수 없다. 이러한 찰흙의 특성은 끊임없는 변화의 기회를 제공하며, 촉감과 입체적 특징들을 통해 변화를 창조하는 매체가 된다.

이러한 매체의 특성을 살펴보는 것은 미술치료에서 매체를 내담자에게 제공하고자 할 때 중요한 요소이므로 다음은 평면매체(건식, 습식), 입체매체(건식, 습식), 종이매체, 콜라주매체, 비정형매체 및 기타 매체의 미술매체별 특성을 살펴보고자 한다.

1) 평면표현매체

그리기매체는 건식매체와 습식매체로 나눌 수 있다. 건식매체로는 파스텔, 오일파스텔, 크레용, 연필, 유성 색연필, 수성 색연필, 사인펜, 목탄, 콩테, 마커펜, 매직펜과 기타 볼펜, 분필 등이 있으며, 습식매체로는 수채물감, 아크릴물감, 유화물감, 포스터물감, 구아슈, 염료, 칠보유약, 마블링물감 등이 활용되고 있다.

(1) 건식그리기매체

• 파스텔

파스텔은 발색이 좋고 손으로 문질러 번지게 할 수 있는 등 부드러운 색의 표현이 가능하고 잘 지워져 통제성이 낮은 재료이다. 파스텔은 쥐고 누르는 힘의 정도에 따라 색의 농도를 조절할 수 있어 내담자의 통제력을 미세한 부분까지 관찰할 수 있다.

단점으로는 손에 잘 묻어나 매체에 대한 거리낌이 있는 내담자에게는 주의하여 사용해야 한다. 또한 정확한 표현에는 어려움이 있고, 잘 부러지기 때문에 재료에 대한 패배감을 맛볼 수 있다. 가루 날림이 있어, 완성 후 정착액을 뿌려 보관해야 한다. 파스텔은 손가락이나 티슈, 붓 등으로 표현하며 바탕에 문지르기를 가장 많이 사용한다. 파스텔 위에 수채물감을 사용하여 파스텔화를 그릴 수도 있다. 또한 색소금과 비정형매체의 색을 낼 때도 사용이 가능하다.

• 오일 파스텔

오일 파스텔은 '크레파스'로 통용된다. 크레용과 색연필의 중간단계로 보며, 크레용보다 훨씬 부드럽고 밝고 선명한 색상이 가능하다. 혼색과 겹침, 긁어내기, 문지르기, 물과 기름의 반발성을 이용한 기법, 열로 가하기, 사포지 사용 등 다양한 효과를 낼 수 있다. 단점으로는 손에 잘 묻어나며 덧칠을 했을 때 부스러기가 생긴다는 것이다.

크레파스는 쉽게 칠할 수 있는 매체로 친숙하게 작업을 시작할 수 있으며, 물감과 함께 사용하면 물과 기름이 가지는 배타성으로 크레파스로 그린 그림이 더욱 선명하게 나타난다는 특성이 있다.

• 크레용

색채가 선명하고 광택이 나며 수성과 유성으로 나누어진다. 수성은 그림을 그린 뒤 물에 적신 붓으로 문지르면 색의 발수성이나 혼색되는 효과를 낼 수 있고, 유성은 물과 기름의 반발원리를 이용해 배수성의 효과를 내는 데 사용된다. 사용법이 간단하며, 색이 잘 혼합되고, 긁어서 표현할 수 있으며, 손에 잘 묻지 않는다. 단점으로는 덧칠하기 어려워 중복된 그림을 그리는 내담자에게는 장점이자 단점이 될 수도 있다.

유성 크레용은 미세한 분말을 뿌린 후 얇은 종이를 덮고 약한 열로 다림질하여 수채화 효과를 나타낼 수도 있다.

• 연필

연필은 소묘의 재료 중 표현이 자유롭고 수정이 가능한 재료이다. 스케치, 데생, 크로키 등 모든 그림에 이용할 수 있는 가장 기본적인 재료로 세밀한 표현과 수정이 가능하다. 또한 프로타주와 같은 문지르기 기법으로도 활용이 가능하다.

• 유성 색연필

유성 색연필은 선을 그리기가 부드러우며, 간단한 채색을 하기 좋다. 색연필은 크레파스보다 덜 번지면서 더 섬세하고 정교한 표현이 가능하며, 다양한 색을 이용하므로 감정표현이 가능하지만 강한 표현을 하기에는 어려움이 있다. 또한 지우는 데 한계가 있다는 특징이 있다.

• 수성 색연필

수성 색연필은 색을 칠한 후 물에 적신 붓으로 칠해 주면 수채화 효과를 낼 수 있는 색연필이다. 수채화 색연필이라고도 하며, 간단한 그림에서 복잡한 스케치가 가능하다. 물을 묻혀 수채화 분위기를 내는 데 있어서는 다소 명암이 흐려지지만, 마른 후 다시 스케치와 붓의 사용이 가능하다는 장점이 있다.

• 사인펜

예리하면서도 강한 선이 나오고 세밀한 표현이 가능하나 명암 표현에는 어려움이 있다. 지워지지 않는 장점이 있어 풍경구성법(Landscape Montage Technique: LMT)으로 내담자의 심리를 파악할 때 활용되기도 한다. 수성 사인펜의 경우 수채물감이나 물과 함께 사용하면 번짐의 효과가 있어 재미있는 표현이 가능하다.

• 목탄

가장 부드러운 재료로 명암 표현이 가능하고, 연필보다 강한 효과를 내고 싶을 때에 사용하면 효과적이다. 세밀한 표현에 어려움이 있으며, 손으로 문질렀을 때 잘 번지고 잘 지워지는 장단점이 있다. 가루 날림이나 보관에 어려움이 있어, 완성 후 정착액을 뿌려 보관해야 하며, 식빵이나 헝겊으로 지워진다.

목탄의 명암을 약화시키는 데에는 물을 사용할 수도 있고, 젖은 종이를 긁어 마른 후 덧칠할 수도 있으며, 물에 풀어 붓으로 칠할 수도 있다. 또한 흰색 구아슈를 사용해서 하이라이트를 줄 수 있으며, 잉크와 함께 혼합하여 사용할 수도 있다. 이렇듯 목탄은 여러 매체와 혼합 사용이 가능하며, 응용성이 높다. 그리기 활동에 쉽게 접할 수 있으며, 지우는 것이 편리하다. 명암이나 재질감을 나타낼 수 있어 감정적인 표현이 가능하다.

• 콩테

콩테는 연필의 원조라고 할 수 있다. 부드러운 표현이 용이하나 매우 진하고 잘 지워지지 않는 특징이 있다. 콩테는 목탄과 파스텔의 중간 정도의 딱딱함을 가지고 있어 가루가 좀 덜 날리고, 다양한 색을 사용할 수 있는 장점이 있다. 잘 지워지지 않아 연필로 그린 후 사용하는 것이 안전하다. 가루 날림 방지를 위해 정착액을 사용하는 것도 좋다.

• 마커펜, 매직펜과 기타 볼펜, 분필

마커펜이나 매직펜은 붓이나 팔레트 없이 직접 채색할 수 있고, 침투력이 강하여 빠른 시간에 채색이 가능하다. 또한 색상이 다양하고 건조 속도가 빠르다. 그러나 농도 조절이 어렵고, 수정이 불가능하며 혼색의 어려움이 있다. 마커펜으로 그릴 경우 색이 쉽게 퇴색되어 정착액을 사용하는 것이 좋다. 매직펜은 속건성 잉크를 사용하는 사인펜의 일종으로, 수성 사인펜으로 그리기 힘든 OHP필름이나 은박지, 나무 등에 그리기 좋다. 이 외에도 볼펜, 분필, 지우개 등이 있다.

(2) 습식그리기매체

• 수채물감

수채물감은 물로 색의 밝기를 조절하고 겹치기, 번지기, 뿌리기 등 다양한 기법을 구사하기 좋고 산뜻하고 경쾌한 느낌이 나는 물감이다. 붓 대신 솔이나, 화선지, 스펀지, 헝겊, 비닐 등 각종 다른 매체에 묻혀 찍어 내거나 뿌려서 색다른 기법을 구사할 수도 있다. 한번 어둡게 그려진 그림에는 다시 밝은 색으로 칠하지 못하는 단점이 있으므로 이 점에 주의하여 밝은 부분으로부터 시작하여 어두운 부분으로 마무리하는 것이 좋다.

수채물감은 누구나 쉽게 미술작업에 접근할 수 있으며, 이완의 특징을 가진 재료로 자기표현을 촉진하는 매체이기도 하다. 통제성이 낮은 매체로 경직된 내담자에게는 활력을 불어넣을 수도 있다.

• 아크릴물감

아크릴물감은 유화물감과 수채물감의 장점을 동시에 가지고 있는 물감이다. 접착력이 강하여 거의 모든 바탕의 재료 위에 채색할 수 있으며, 속성 건조하는 수용성 물감이다. 물로 그려도 지워지지 않는 내수성으로 덧칠이 가능하며, 투명성 있는 그림을 그릴 수 있고, 빨리 마르기 때문에 화면을 단시간에 정리할 수 있는 장점도 있다. 물로 농도를 조절하고, 심하게 매끄럽거나 기름 성분이 많은 면은 피해야 하며, 계면활성제가 혼합되어 있어 거품이 발생할 수 있다. 붓은 마르기 전에 빨리 물에 닦아 내야 하며 붓이 굳어 버리면 다시 사용하기가 어렵다. 붓이 아니더라도 나무나 플라스틱, 헤라 등으로 물감을 사용할 수도 있다. 조소 작품 및 가면 등, 물감의 양감을 나타내는 데 사용할 수 있다. 사용은 간편하나 건조된 화면은 지우기가 어렵고, 팔레트에 짜 둔 물감을 굳지 않게 하려면 습기 유지를 위한 대책과 물감 사용의 계획이 필요하다.

• 유화물감

유화물감은 건조가 느리기 때문에 수정이 가능한 장점이 있다. 반면에 덧칠 시에 색이 섞일 수 있는 단점이 있다. 톱밥이나 모래, 각종 분말(흙, 돌가루, 소석고) 등을 섞어 다양한 효과를 낼 수도 있다.

• 포스터물감

포스터물감은 불투명한 수채물감으로, 색이 선명하게 표현되는 장점이 있다. 주로 불투명한 그림 표현에 사용한다.

• 염료(식물성 직접염, 전사염료)

염료는 섬유의 염색공예 시 주로 사용된다. 염료의 종류에는 천연염료, 먹, 동양화물감, 솔벤트 염료, 인단트렌 염료 등이 있으며 온도에 따라 변하는 염료로 시온안료, 측온안료 등이 있다.

• 마블링물감

종이에 무늬를 만드는 기법으로, 물 위에 유성물감을 떨어뜨려 저은 다음 종이를 그 위에 덮어 물감이 묻어나게 하는 것이다. 보색이나 배색을 이용하면 예쁜 형태가 나올 수 있다. 물감을 활용한 스탬핑이나 데칼코마니 작업은 미술작업에 대한 어려움 없이 쉽게 작업을 시작할 수 있게 도와 자발성과 신뢰감을 증진하는 데 도움이 된다(전순영, 2011). 물감으로 겹치기, 뿌리기, 번지기 등 다양한 기법을 구사할 수 있으며 감정표현에 도움을 준다. 손과 비눗방울, 종이죽 등과 같은 매체를 활용함으로써 여러 가지 사물을 연상할 수 있고, 억압된 감정을 자연스럽게 표출시켜 스트레스 해소에 도움을 준다.

(3) 판화

판화는 어떠한 형태를 조각하여 잉크나 물감 등을 찍어서 판화를 제작할 수 있으며 모양이 조각되어 있는 스탬프나 종이, 휴지 등을 찍는 기법 또한 활용되고 있다. 따라서 판화 제작 시 사용되는 나무판, 고무판, 조각도, 동판 등의 매체가 사용되며, 이 밖에 종이, 휴지, 신문지, 동전 등의 찍기매체가 사용되고 있다.

판화기법은 판화를 만드는 작업과 찍는 작업으로 나뉘는데 조형물을 파고 긁어서 만드는 작업으로 욕구를 표출할 수 있으며, 만들어진 형태로 인해 성취감을 맛볼 수 있다. 이후 찍기 작업을 통해 카타르시스를 느끼며 공격성을 표출할 수 있다. 또한 아동과의 관계 형성 및 매체에 대한 흥미를 유발시키는 데 도움을 준다.

2) 입체표현매체

입체표현매체는 건식매체과 습식매체가 있다. 건식매체로는 발포석고, 벽돌, 아이소핑크, 우드락, 폼보드, 목재, 비누점토, 철사, 모루, 끈, 솜, 상자, 자연물, 스팽글, 수수깡 등이 있다. 습식매체로는 소조매체인 찰흙과 지점토, 종이죽, 데커레이션 점토, 유토, 컬러클레이, 석고 등이 활용되고 있다.

(1) 건식입체표현매체

• 발포석고

기포가 있는 석고로 각종 조각품을 만드는 데 사용되며, 일반 석고보다 물러서 깎는 데 어려움이 없기 때문에 힘이 작은 아동들에게도 사용이 가능한 석고이다. 기본 틀을 만든 후에 조각도를 사용하여 자신이 원하는 손, 발 모양 이외에도 여러 가지 모양을 쉽게 만들 수 있다. 단, 조각도 사용이 위험한 아동에게는 조각도의 사용을 자제한다.

• 벽돌

기본적으로 벽돌을 쌓아올리거나 부분적으로 이용하여 부피가 큰 만들기 작품을 완성하여 성취감을 유도할 수 있다. 또한 프로타주 기법을 이용하여 다양한 재질감을 경험하는 데 도움이 되며, 깨거나 잘게 부수는 활동을 통해 잘 표출되지 않는 내면의 욕구를 해소하는 데 활용할 수 있다. 벽돌 사용 시에는 아동의 안전에 유의하며, 특히 충동성이 있는 아동에게는 벽돌 사용을 자제한다.

• 아이소핑크, 우드락, 폼보드

우드락/폼보드는 입체 작품을 만들 때 주로 사용하는데, 원하는 크기, 모양, 두께, 색 등을 선택할 수 있으며, 같은 재료끼리 끼워 맞출 수도 있고, 풀로 붙일 수도 있으며, 다른 재료와 혼합하여 사용할 수도 있다. 우드락은 쉽게 잘리고 그림이나 문양을 표현하여 판화로도 찍어 낼 수 있으며, 폼보드는 우드락보다 단단하고 잘 부러지지 않는 특징이 있다. 주로 협동작품과 같은 큰 작품을 만드는 데 활용되어 서로 간의 성취감을 맛볼 수 있도록 활용한다.

• 다양한 목재

다양한 목재는 톱밥, 대패밥, 조각목재 등 목재를 만들고 남는 것들이다. 나무는 자연 소재의 친밀감과 촉감, 향기를 느낄 수 있으며, 자유롭게 조형할 수 있다. 나무판이나 조각으로 가공하여 사용할 수 있으며, 나무 재질을 그대로 살려 공작할 수 있다. 또한 쌓기나 퍼즐 게임을 할 수 있기도 하다.

• 비누점토

비누점토는 다양한 색으로 구성되어 있어 아동이 원하는 색을 선택할 수 있는 장점이 있다. 손으로 원하는 양, 원하는 형태를 구성할 수 있어 아동에게 성취감을 느끼게 하는 데 용이한 재료이다. 다양한 색으로 구성되어 시각적인 효과가 있고, 접착력이 좋으며, 수정이나 재활용이 가능하다.

• 철사, 모루, 끈, 색철사, 노끈, 지끈, 낚싯줄

철사는 다양한 굵기가 있어 자신이 원하는 모양대로 구부리거나 꼬아서 자유롭게 표현할 수 있다. 또한 모루, 리본, 끈, 색철사는 철사의 성질에 다양한 감촉과 색을 통해 성취감이 들도록 표현하는 것을 도와준다. 노끈, 지끈, 낚싯줄은 단독으로 꼬거나 매듭을 짓거나 감아서 표현할 수 있으며 철사 등과 함께 섞어 사용할 수 있다. 밑그림에 붙이거나 도화지에 그림처럼 표현하거나 모빌, 형상을 만드는 등 평면과 입체 작품 모두 제작 가능하다.

• 솜, 스티로폼, 다양한 크기의 목재상자나 종이상자

다양한 크기와 형태의 상자는 안과 밖을 모두 활용하여 표현할 수 있으며 상자를 뚫거나 잘라 연결하는 등 다양하게 이용할 수 있다. 주로 '비밀상자' '판도라의 상자' 등 자신을 탐색하는 도구로 활용되거나 '선물'로 표현하여 타인과의 상호작용을 유발하는 데 사용된다. 또한 다양한 크기, 모양, 색의 솜이나 스티로폼은 상자를 꾸미는 데 활용되어 성취감을 더해 준다.

• 곡식, 마른 열매, 돌, 자갈 등 자연물

친숙한 자연물을 조합하여 한정된 재료로 다양한 창의성을 유발하는 데 활용할 수 있다. 협동화에 사용되어 집단원 간의 상호작용을 볼 수 있다.

• 생활용품 등 각종 기성 제품

이미 정형화된 기성 제품이 쉽게 표현할 수 있도록 도와주기도 하지만 다양한 생활 및 재활용품과 기성 제품으로 실제 용도를 변경하여 새로운 것을 창조하고 자유롭게 구성할 수 있다.

• 반짝이풀, 스팽글, 다양한 크기의 구슬과 단추

주로 화려한 색상과 광택을 활용하여 평면이나 입체 작품의 완성도를 높이는 데 활용된다. 특히 아동들의 작품을 꾸며서 성취도를 높여 주며, 손 본떠 꾸미기, 신체 본떠 꾸미기에 사용한다.

• 성냥개비, 이쑤시개, 빨대, 수수깡

섬세한 작업을 필요로 하는 재료들이며 그런 작업이 가능하고 통제가 잘 되는 내담자에게 적합하다. 하나의 통제적인 작업이 아니라 간단한 표출 작업이 활용되기도 한다. 주로 아동들은 배, 집, 전투기, 무기 등을 만들기도 한다. 이쑤시개 등은 점토 작품(예: 고슴도치)이나 전투 장면을 만든 후 그 특징을 살리기 위해 꽂는 용도로 활용한다.

(2) 습식입체표현매체

• 찰흙

찰흙은 가소성, 유연성, 촉감성이 있는 매체로 성형과 제거가 쉬워 여러 번 수정할 수 있다. 치고, 두드리고, 주무르는 놀이가 가능하며, 표현이 쉽고, 심리적 · 신체적 긴장을 이완시켜 준다. 초기에 주무르고 반죽해서 흙 속의 공기를 빼내야 건조 후 균열이 생기지 않으며, 건조에 따른 수축을 감안하여 털실이나 노끈으로 감아서 그늘에 말려야 한다. 채색할 때에는 수채나 유채 물감보다는 포스터물감이 좋다. 도자기 점토인 청토 및 백토 등은 유약을 발라 구워 내면 영구 보존이 가능하다.

찰흙은 다시 만들고 부수는 가소성의 성질을 가지고 있으며, 직접 주무르고 만질 수 있는 촉감성의 성질을 가지고 있다. 또한 잘 붙는 접착성을 가지고 있고, 입체를 만든 수 있으며, 다양한 표현이 가능하다. 또한 다양한 작품 구사가 가능해 흥미와 창의성의 특징을 가지고 있으며, 다양한 활동을 통해 근육의 움직임이 커 운동성을 가지고 있다. 또한 쉽게 구할 수 있고 저렴하여 경제적이다. 찰흙은 다른 재료들과 비교해 물리적 저항이 크지 않아 다양한 조형 체험을 할 수 있으며, 손끝에서 느낄 수 있는 물성과 촉감은 자연의 본질을 느낄 수 있게 한다.

• 지점토, 종이죽, 데커레이션 점토

지점토는 찰흙과 같은 속성을 지니고 있으며 흰색 점토로 건조 후 색채 표현이 가능하다. 물만으로 접착력이 좋으며, 늘이거나 변형을 가해 작품을 표현하기 쉽다. 비슷한 재료로는 종이죽, 데커레이션 점토 등이 있으며, 종이죽은 물로 반죽하여 사용하는 데 용이하며, 데커레이션 점토는 주황색이며, 잘 갈라지지 않고, 접착력이 우수한 지점토와 유사한 성질을 가지고 있다.

• 유토

흙에 불건성유를 섞은 것으로 겨울철에 사용하기 좋은 소조재료이다.

• 컬러클레이

컬러클레이에는 소프트 폴리머 클레이, 점핑클레이, 아이클레이, 컬러믹스 등 다양한 종류가 있다. 인체에 무해한 수용성 수지로 만들어진 인조 점토로 접착력이 좋고, 다른 재료들과 병행하여 사용할 수 있으며, 잘 묻지 않는 장점이 있다. 또한 컬러를 섞어 가며 다양한 색을 낼 수 있으며, 컬러믹스를 제외하고 대부분 가벼운 편이고, 갈라짐 현상도 거의 없어 보관이 용이하다. 컬러믹스의 경우 끓는 물에 삶으면 지우개로 사용할 수 있으며, 점핑클레이의 경우 공처럼 튀며, 충격에 강하다.

• 석고붕대와 석고

석고붕대는 인체의 부분을 그대로 본을 뜨는 순간조형 제작에 좋으며, 제작하기 쉽고 건조가 빠르고 건조 후에는 단단하게 변한다. 석고는 석고 가루를 물에 섞어서 사용하며 모양을 본뜨거나, 형체를 만들 때 사용한다. 제작시간이 짧아 굳기 전에 빨리 작품을 완성해야 하며 화상에 주의해야 하고, 깨지기 쉬운 단점이 있다.

3) 종이매체

아동에게 종이접기는 다양한 경험과 활동을 통해서 공간적인 감각을 촉진시킬 수 있는 활동이다. 종이접기는 단순한 접기를 토대로 발전하여 조형물을 만들 수 있으며, 응용된 형태를 만들어 내어 새로운 아이디어를 창출해 낼 수 있다. 단순하게 접는 과정을 통해 새로운 조형물을 만들어 낼 수 있으므로 창의성을 기를 수 있다. 종이접기는 창조적 의지와 능력을 발전시킬 수 있으므로 아동은 자기 작품에 기쁨을 느끼고 자신감을 갖게 된다. 종이접기를 하는 동안 모든 작품에는 순서와 법칙이 있다는 것을 배우게 되며, 비례에 대한 감각을 키울 수 있다. 마지막으로 하나의 완성작품을 만들면서 창작의 즐거움을 느끼게 되며, 한 가지에 집중하는 학습 습관이 길러진다.

장애아동에게도 종이접기 활동은 효과성을 발휘한다. 장애아동의 주의집중과 기억력 향상에 도움이 된다. 발달장애아동은 일반적으로 비장애학생에 비해 정보를 저장하는 능력과 재생하기 위해 정보를 조직화하는 데 어려움이 있어 기억력에 결함을 가진다. 모든 종이접기 활동은 기본형 접기가 수없이 반복되어 자연스럽게 반복학습을 할 수 있고, 여러 단계를 거쳐야 작품이 완성되므로 과정을 기억해 내는 노력 또한 자연스럽게 이끌어 낼 수 있다. 또한 모델링을 보고 따라 할 수 있어서, 지시 따르기 교육이나 학습태도를 형성하기 좋은 매체이다. 마지막으로 종이접기는 장애아동의 자아개념에 긍정적인 영향을 미치는 등 그 효과성이 입증되어 있다.

• 종이

종이는 도화지와 켄트지라고도 하며, 두께와 무게, 크기에 따라 종류가 다양하다. 종이는 조형활동도 가능하지만 주로 그림을 통한 아동의 심리적인 표현에 활용된다.

• 화선지

화선지는 색채효과가 잘 나타나지만 번짐의 효과가 크며 주로 붓글씨를 쓸 때 사용하는 종이이다. 탁본을 할 때도 화선지를 사용한다.

• 한지

한지는 전통종이로, 닥나무 껍질의 섬유질이 한지의 재료가 된다. 제작에 따라서 종류, 문양, 색채가 다양하며 한지를 이용한 공예 등의 다양한 기법이 가능하다. 먹이나 물감과의 친화성으로 인한 발색이 좋고, 수분의 흡수성과 번짐의 효과를 지니고 있다. 먹색효과가 좋고 겹쳐 그리기 편리하다. 붙이거나 끈으로 꼬거나 종이죽 등으로 성형하여 다양하게 만들 수 있다.

• 장지

장지는 화선지를 겹쳐 만든 것으로, 화선지보다 흡수력은 떨어지나 화선지보다 잘 찢어지지 않아 널리 사용된다.

• 섬유

자수, 직물, 염색, 매듭 등의 영역에 있으며 전통적 표현기법이나 직물조직에 나타나는 패턴을 이용한 표현, 염색 등이 가능하다.

• 수채화 용지

와트만지, 아트지 등은 흡수성이 좋은 수채화 용지이다. 와트만지는 마의 파쇄물을 원료로 하여 제조하였으며, 착색이 잘되는 특징이 있다. 아트지는 종이 한 면 또는 양면에 아교를 바르고 광물질의 가루를 입혀 말린 후 윤이 나도록 만든 종이이며, 인쇄효과가 선명하고 화려하여 인쇄물에 많이 사용한다. 수채화 내구성을 좋게 하려면 중성지나 약알칼리성 종이를 선택하면 좋다.

• 색종이, 색한지, 화장지, 신문지, 콜판지, 색습자지

골판지는 두 장의 판지 사이에 골심지를 넣는 방법으로 제작하여 상품을 보호하고, 외부의 충격을 완화시킬 수 있는 포장용으로 사용된다. 다양한 색과 프린트가 되어 있으며, 다양한 무늬가 있는 골판지도 판매되고 있다. 입체적인 작품을 표현할 때 사용된다.

신문지, 화장지, 잡지 등을 찢기, 찢은 종이 흩뿌리기, 입으로 불기 등의 활동은 내면의 분노를 표출하고 마음의 안정을 가져온다. 종이 찢기는 분노 표출을 통해 카타르시스를 경험하며, 신문지는 용지의 재활용과 백지에 대한 부담을 줄여 주며, 화장지는 부드럽고 쉽게 찢어져 사용이 용이하다.

• 모눈종이, 하드보드지, 포장지, 셀로판지, 사포, OHP필름, 알루미늄포일

하드보드지는 가격이 저렴하고 질기며, 채색재료와의 친화성이 있으며, 매끄러운 면은 흡수성이 있어 수성이나 유성의 재료 모두 적합하고 가친 면은 결이 있어 가루 채색재료로도 사용할 수 있다. 핑거페인팅 바탕재나 입체작품을 만들 때 사용한다. 이 외에도 색켄트지, 두루마리 종이, 스케치북 등이 종이매체로 활용되고 있다.

4) 콜라주매체

콜라주매체는 잡지그림 콜라주가 보편적이며 원하는 사진이 있는 잡지와 종이, 풀, 가위만 있으면 실시할 수 있다. 기법에 따라 색지, 엽서 등을 사용하기도 한다.

콜라주 작성과정은 내담자에게 심리적 퇴행과 카타르시스를 경험하게 한다. 작품 그 자체가 내면을 표현하고, 붙여진 것의 상징적인 의미를 맛보게 하는 것이 치료와 연결된다. 내담자의 콜라주 작품은 치료사와 의사소통하는 것을 도와 신뢰감을 형성하기도 하며, 자신의 갈등상황을 콜라주를 통해 알아차리기도 한다.

콜라주기법은 언어표현보다 정확하고 집약적이며, 매체의 사용이 간편하여 잡지, 종이, 풀, 가위만 있으면 어디에서든지 실시할 수 있다는 장점이 있다. 도입 또한 간편하여 특별한 기술적 능력이 없어도 아동에서 노인에 이르기까지 간단하게 표현할 수 있다.

장애아동을 대상으로 하는 경우에는 증상에 따라 다양한 제작기법 등을 활용하는 것이 효과적이다. 가위질을 통해서 감각기능을 향상시키며 풀칠을 함으로써 집중력을 높이는 효과가 있다. 또한 종이 위에 작품을 구성하면서 통합성을 기를 수 있다. 나아가서 사진조각을 통해서 아동의 관심사를 파악할 수 있고, 심리적인 안정을 도모할 수 있다. 단, 자폐아동의 경우에는 기질적인 증상의 정도에 따라 주의해서 사용할 필요가 있다. 예를 들면, 똑같은 모양만 반복해서 잘라 붙이는 경우 콜라주를 통해서 고착되어 증상을 심하게 하는 경우도 있다.

5) 비정형매체 및 기타 매체

비정형매체는 면도크림, 물, 비눗물, 생크림, 밀가루, 밀가루 풀, 전분, 바셀린 등 정형적이지 않은 가루나 액체 성분의 매체를 일컫는다. 기타 매체로는 모래, 색모래, 소금, 모양틀 등이 있다.

• 면도크림, 물, 비눗물, 생크림, 밀가루, 밀가루 풀, 전분, 바셀린(석고 만들기 용) 등

면도크림은 매우 부드러워 힘을 적게 들이고 활동이 가능하며, 색을 섞어서 자유롭게 표현할 수 있다. 물감 및 면도크림을 이용한 활동은 내재되어 있는 억압된 감

정을 표출함으로써 공격성 감소를 돕고 감정이완을 도울 수 있다(이병주, 2013).

생크림은 향기로 인해 색다른 즐거움을 주며, 손으로 거품을 내는 감각적인 놀이는 감정이완에 도움이 된다. 물감은 다양한 색의 변화, 물의 변화 및 도구의 변화로 다양한 특성을 지니며, 심리적으로 미술작업에 쉽게 접근할 수 있는 특성이 있어 내담자들의 긴장을 줄여 준다. 아울러 자기표현 및 감정표현을 촉진시키며 치료에 자발성 및 집중력을 증가시킨다.

또한 밀가루는 가루놀이를 할 수 있고, 밀가루 점토를 만들어 사용할 수 있으며, 밀가루에 물과 물감을 섞어 표현할 수 있다. 직접 다양한 색을 넣어 원하는 점토를 만들 수 있는 장점이 있다. 밀가루 점토는 천연 점토로 가소성과 점성과 촉감이 좋으며, 창작활동에 용이하다. 주변 환경에 더러워지지 않으며, 어느 계절에도 실시할 수 있고, 다양한 놀이 활동이 가능하다(염태진, 1985). 밀가루 풀은 물이나 비눗물과 물감을 섞어서 색을 표현할 수도 있으며, 주무르고 섞고, 손으로 그리는 등의 핑거페인팅과 도구로 긁기도 가능하다. 모두 물과 비눗물을 섞어 농도를 조절할 수 있으며, 아동들에게 진한 농도의 물감을 제공해야 할 경우 밀가루를 섞어 활용한다.

다양한 비정형매체는 유동성이 강하고, 이러한 특성으로 퇴행을 촉진시키는 데 유용하다.

- 모래, 색모래, 소금, 모양틀

소금과 여러 가지 색의 파스텔로 문지르기는 촉각적 경험을 통해 소근육운동을 활성화하고(박주연, 이병인, 2007), 기타 매체에 대한 호기심과 흥미를 유발하며, 색, 형태, 질감 등을 탐색할 수 있는 기회를 준다.

제2부

아동 미술치료기법

아동 미술치료기법 활용지침

1. 대상자 분류에 의한 촉진기법

이 미술치료기법 진행 시 전반적 발달장애나 정서 · 행동장애, 일반아동의 경우에는 대상자 분류에 의한 촉진기법을 활용한다. 자세한 내용은 『장애아동 미술치료』(이근매, 조용태, 2014)의 장애아동 미술치료 지도방법을 참조한다.

- 발달장애아동의 경우에는 발달수준에 따라 단계를 세분화해서 행동형성법으로 지도하고, 강화, 촉구법 등을 적극적으로 활용한다.
- 정서 · 행동장애나 비장애아동의 경우에는 수준에 따라 구체적으로 제시된 단계를 건너뛰어 실시해도 무방하다.

2. 미술치료기법 진행지침

이 미술치료기법의 구성은 모델링-모방-능동적 활동의 단계로 구성되었다.

- 도입 및 환경

도입 시에는 책상에 앉아서 시작하기를 권장한다. 특히 장애아동의 경우 비자발적일 수 있으므로 돌발행동 등을 고려하여 구조적으로 준비한다. 각 기법에 해당하는 준비물을 준비한다. 아동이 쉽게 따라 할 수 있도록 모델링할 각 기법별 완성된 작품을 미리 준비한다.

- 목표 및 활동내용

각 기법의 목표에 따라 실시한다. 아동이 기법별 목표에 따른 기대 효과와 성취경험을 느낄 수 있도록 진행하는 것이 중요하다. 치료사가 각 기법별 활동내용의 순서를 충분히 숙지한 후 진행한다. 작업과정에서 아동이 스스로 작품을 완성할 수 있도록 충분한 칭찬과 격려를 해 준다.

• 지도 및 활용방법

치료사는 모델링을 보여 주며 기법을 진행한 후 아동이 따라 할 수 있도록 한다. 그러나 아동 스스로 해당하는 기법 수행이 어려울 경우 치료사가 보조하여 실시하고, 수행행동을 강화하며 점차로 보조를 줄여 나간다. 세부적인 활동내용 및 지도방법에 따라 진행하며, **활동 TIP**에서는 활동에서 일어날 수 있는 상황에 따른 접근 방법과 활용 시 참고해야 할 사항들을 확인하여 실시한다.

• 문제행동 대처방법

미술치료를 실시하기 전에 아동의 문제행동을 미리 파악해 두어야 한다. 또한 미술치료 진행과정에서 문제행동이 발생할 때 대처방법도 사전에 준비해야 한다. 미술지도에 있어서 치료사와 아동은 바람직한 인간관계, 적절한 교육 관계, 신뢰감을 동반한 접근적인 관계, 즉 서로 상대의 행동에 강화인자를 주고받는 관계가 되어야 함은 말할 것도 없다. 이러한 인간관계를 유지하면서 부적절한 행동을 수정하고 나아가서 효과적인 미술지도를 하기 위해서는 치료기법의 적절한 선택이 필요하며 혐오자극이 동반되어서는 안 된다.

혐오자극을 사용하면 그 행동 자체는 억제되지만 벌을 받는 행동 이외의 행동까지도 위축되어 전체적으로 자발성이 저하될 뿐만 아니라 대인회피 경향이 일어날 수 있다. 그러므로 아동의 생명에 관계되거나 큰 사고를 동반하는 경우가 아닐 때는 기본적으로 벌의 사용을 피하고 가능한 한 적절한 행동에 강화인자를 주도록 해야 한다. 즉, 치료사와 아동의 친화관계도 유지하면서 부적절한 행동도 소거시킬 수 있는 하나의 방법으로 강화 절차를 활용할 수 있다.

제5장

평면표현기법

1. 건식매체를 이용한 그리기

1. 자유로이 그리기

목표

자유롭게 도화지에 그리기, 긴장 해소, 자발성 향상

준비물

크레파스 · 그림물감 · 색연필 · 사인펜 등 여러 가지 필기구, 도화지, 완성된 작품

✓check!
☐ 주변 정리는 하였나요?
☐ 준비물과 완성된 작품을 준비하였나요?

활동내용 및 지도방법

① 치료사는 아동에게 완성된 작품을 보여 주며 "오늘은 마음대로 그려 보자." 라고 말하고 종이와 크레파스를 제시한다.

② 먼저 치료사가 자유롭게 그리는 것을 보여 준다. 그 후 "○○도 그려 보자." 라고 지시한다. 아동이 그림을 자유롭게 그리면 간지르기나 쓰다듬기 등의 적극적인 강화를 한다.

③ 만약 스스로 그리지 못할 경우에는 치료사가 마음대로 그리는 것을 보여 주고 다시 지시한다. 그럼에도 불구하고 그리려고 하지 않을 때에는 아동의 손을 잡고 보조하여 실시하고 강화하며 점차로 보조를 줄여 나간다.

④ 치료사는 ②~③의 방법으로 반복 실시한 후에 언어지시만으로 수행할 수 있도록 지도한다. 아동이 치료사의 언어지시만으로 마음대로 그리면 칭찬한다.

활동 TIP

- 아동이 손힘이 없어서 크레파스의 필압이 약하다면 매직이나 사인펜 등과 같이 진하게 나오는 매체로 바꾸어도 무방하다.
- 흥미 유발을 위해 다른 필기구(색연필, 사인펜, 물감 등)를 이용하여 같은 방법으로 지도한다.

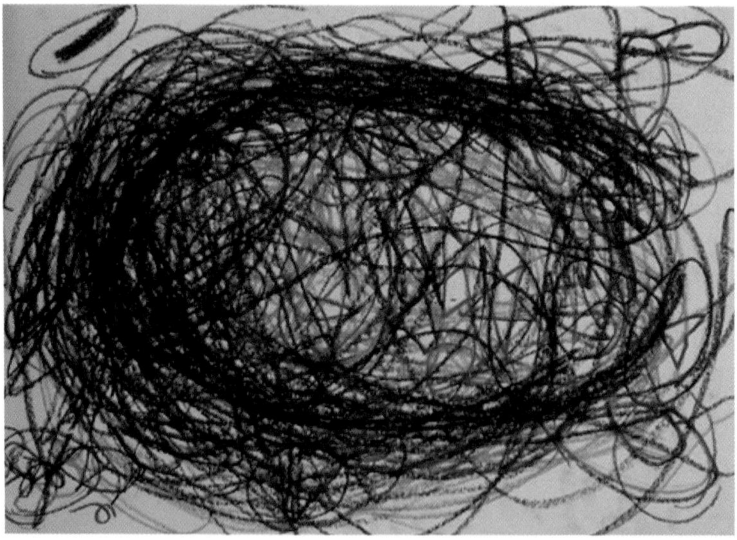

2. 두 손으로 그리기

목표

필기구를 두 손에 잡고 동시에 그리기, 균형감각 촉진, 흥미 유발

준비물

크레파스 · 색연필 · 사인펜 · 색볼펜 등 여러 가지 필기구, 도화지, 완성된 작품

✓check!

- ☐ 주변 정리는 하였나요?
- ☐ 준비물과 완성된 작품을 준비하였나요?

활동내용 및 지도방법

① 치료사는 아동에게 완성된 작품을 보여 주며 "오늘은 두 손으로 그려 보자." 라고 지시하며 도화지와 크레파스를 제시한다.

② 먼저 치료사가 두 손에 크레파스를 쥐고 그리는 것을 보여 준다. 아동에게 지시한 뒤 아동이 그대로 수행하면 적극적으로 칭찬한다.

③ 만약 아동이 수행하지 못하면 다시 시범을 보인다. 그래도 모방하지 못하면 아동의 손을 잡고 보조하여 지도하고 점차 보조를 줄여 나간다.

활동 TIP

- 앞의 방법을 반복 지도하여 아동이 어느 정도 숙달되면, 필기구를 다양하게 사용하거나 재미있는 모양이나 선을 구성하여 아동의 흥미를 유발시키는 것도 좋다.

왼손
오른손

2. 한 가지 색으로 줄 긋기

3. 한 가지 색으로 옆으로 줄 긋기

목표

한 가지 색으로 옆으로 줄 긋기, 주의집중력 및 눈 · 손 협응력 향상

준비물

크레파스 · 색연필 · 사인펜 · 연필 등의 여러 가지 필기구, 도화지, 완성된 작품

✓check!
- [ ] 주변 정리는 하였나요?
- [ ] 준비물과 완성된 작품을 준비하였나요?

활동내용 및 지도방법

① 치료사는 아동에게 완성된 작품을 보여 주며 “선을 옆으로 그어 보자.”라고 지시하고 크레파스와 종이를 제시한다.

② 먼저 치료사가 선을 옆으로 긋는 것을 보여 준다. 아동이 스스로 선을 옆으로 그으면 적극적으로 강화한다. 만약 아동이 스스로 선을 긋지 못하면, 치료사가 시범을 보여 주고 다시 지시한다.

③ 만약 치료사의 시범에도 아동이 그리지 못하면 아동의 손을 잡고 선을 옆으로 긋도록 보조하여 실시한다.

④ 점차 보조와 점의 크기를 줄여 나간다. 아동이 보조 없이 잘 수행하면 칭찬한다.

⑤ 앞의 방법으로 반복 실시하여 스스로 선을 옆으로 그을 수 있도록 지도한다.

활동 TIP

- 다양한 필기구를 사용하여 흥미를 유발시키면서 어느 정도 숙달될 때까지 반복 실시한다.
- 아동이 종점을 지나 도화지 밖으로 삐져 나가게 긋는다면 종점을 점으로 크게 표시하여 그곳에서 멈출 수 있도록 지도한다.

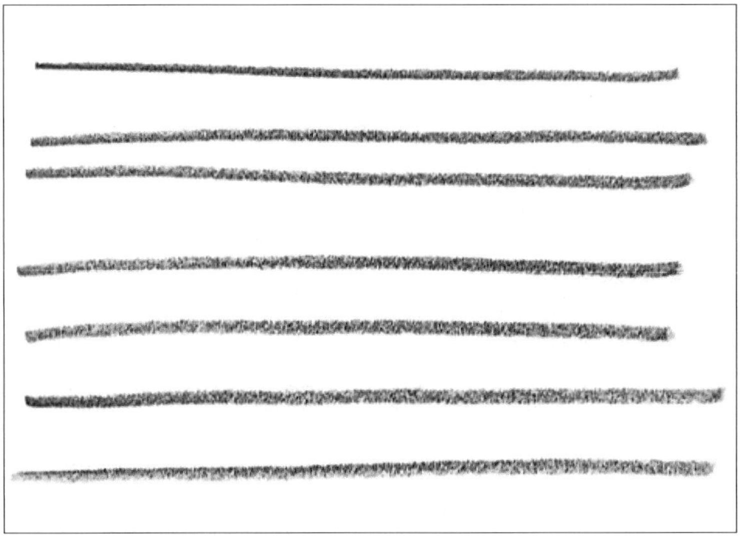

4. 한 가지 색으로 아래로 줄 긋기

목표

한 가지 색으로 아래로 줄 긋기, 주의집중력 및 눈 · 손 협응력 향상

준비물

크레파스 · 색연필 · 사인펜 · 연필 등의 여러 가지 필기구, 도화지, 완성된 작품

✓check!
- ☐ 주변 정리는 하였나요?
- ☐ 준비물과 완성된 작품을 준비하였나요?

활동내용 및 지도방법

① 치료사는 아동에게 완성된 작품을 보여 주며 "선을 아래로 그어 보자."라고 지시하고 크레파스와 종이를 제시한다.

② 먼저 치료사가 선을 아래로 긋는 것을 보여 준다. 아동이 스스로 선을 아래로 그으면 적극적으로 강화한다. 만약 아동이 스스로 선을 긋지 못하면, 치료사가 시범을 보여 주고 다시 지시한다.

③ 만약 치료사의 시범에도 아동이 그리지 못하면 아동의 손을 잡고 선을 아래로 긋도록 보조하여 실시한다.

④ 점차 보조와 점의 크기를 줄여 나간다. 아동이 보조 없이 잘 수행하면 칭찬한다.

⑤ 앞의 방법으로 반복 실시하여 스스로 선을 아래로 그을 수 있도록 지도한다.

활동 TIP

- 다양한 필기구를 사용하여 흥미를 유발시키면서 어느 정도 숙달될 때까지 반복 실시한다.
- 아동이 종점을 지나 도화지 밖으로 삐져 나가게 긋는다면 종점을 점으로 크게 표시하여 그곳에서 멈출 수 있도록 지도한다.

"선을 아래로
그어 보자."

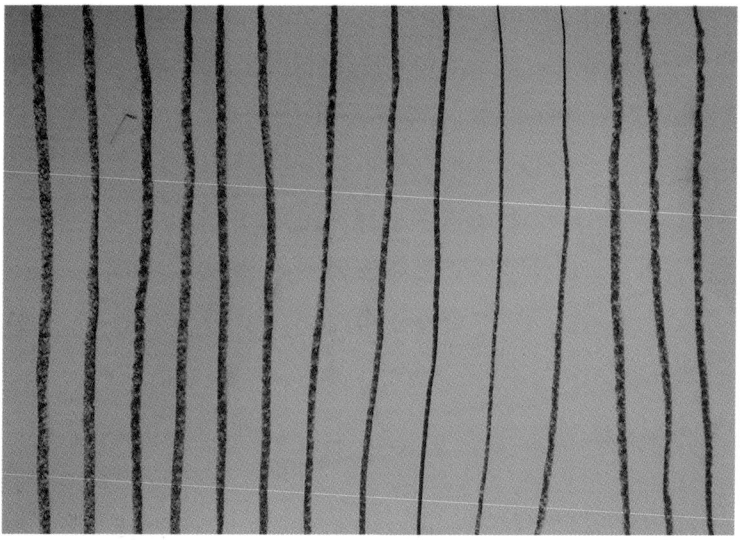

5. 한 가지 색으로 바둑판 만들기

목표

한 가지 색으로 옆으로, 아래로 줄 그어 바둑판 만들기, 주의집중력 및 눈·손 협응력 향상

준비물

크레파스·색연필·사인펜·연필 등의 여러 가지 필기구, 도화지, 완성된 작품

✓check!
☐ 주변 정리는 하였나요?
☐ 준비물과 완성된 작품을 준비하였나요?

활동내용 및 지도방법

① 치료사는 아동에게 완성된 작품을 보여 주며 "선을 옆으로, 아래로 그어서 바둑판을 만들어 보자."라고 지시하고 종이와 한 가지 색연필을 제시한다.

② 먼저 치료사가 선을 옆으로, 아래로 긋는 것을 보여 준다. 아동이 스스로 선을 옆으로, 아래로 그으면 적극적으로 강화한다. 만약 아동이 스스로 선을 긋지 못하면, 치료사가 시범을 보여 주고 다시 지시한다.

③ 만약 치료사의 시범에도 아동이 그리지 못하면 아동의 손을 잡고 선을 옆으로, 아래로 긋도록 보조하여 실시한다.

④ 점차 보조와 점의 크기를 줄여 나간다. 아동이 보조 없이 잘 수행하면 칭찬한다.

⑤ 앞의 방법으로 반복 실시하여 스스로 선을 옆으로, 아래로 그을 수 있도록 지도한다.

활동 TIP

- 다양한 필기구를 사용하여 흥미를 유발시키면서 어느 정도 숙달될 때까지 반복 실시한다.
- 아동이 종점을 지나 도화지 밖으로 삐져 나가게 긋는다면 종점을 점으로 크게 표시하여 그곳에서 멈출 수 있도록 지도한다.

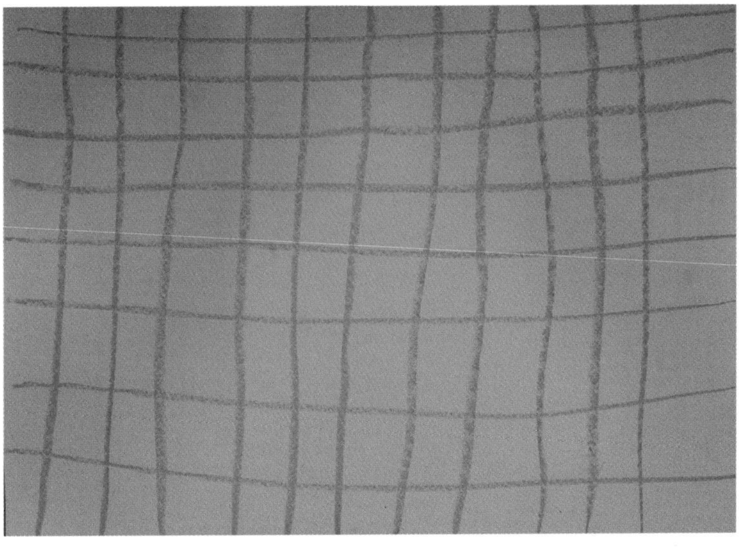

3. 여러 가지 색으로 줄 긋기

6. 여러 가지 색으로 옆으로 줄 긋기

목표

여러 가지 색을 사용하여 옆으로 줄 긋기, 주의집중력 및 눈 · 손 협응력 향상

준비물

크레파스 · 색연필 · 사인펜 · 연필 등의 여러 가지 필기구, 도화지, 완성된 작품

✓check!
- ☐ 주변 정리는 하였나요?
- ☐ 준비물과 완성된 작품을 준비하였나요?

활동내용 및 지도방법

① 치료사는 아동에게 완성된 작품을 보여 주며 "여러 가지 색으로 선을 옆으로 그어 보자."라고 지시하며 종이와 여러 가지 색연필을 제시한다.

② 먼저 치료사가 색을 바꾸어 가며 선을 옆으로 긋는 것을 보여 준다. 아동이 스스로 선을 옆으로 그으면 적극적으로 강화한다.

③ 만약 아동이 스스로 선을 긋지 못하면, 치료사가 다시 시범을 보인 후 아동에게 다시 지시하여 아동이 선을 긋도록 한다.

④ 치료사의 시범에도 아동이 선을 옆으로 긋지 못하면, 치료사는 아동의 손을 잡고 선을 옆으로 긋도록 보조하여 실시한 후 강화한다. 이때 아동이 색을 바꿔 가며 실시하지 못할 경우에는 색을 바꿔 가면서 실시하도록 유도한다.

⑤ 점차 보조를 줄여 나가며 아동이 스스로 선을 옆으로 긋도록 지도한다. 아동이 치료사의 언어지시만으로 수행하면 치료사는 적극적으로 칭찬한다.

⑥ 앞의 방법으로 반복 실시하여 스스로 선을 옆으로 그을 수 있도록 지도한다.

활동 TIP

- 아동의 흥미를 유발하기 위해서 질감이 다른 필기구를 사용하는 것도 좋은 방법이 될 수 있다.

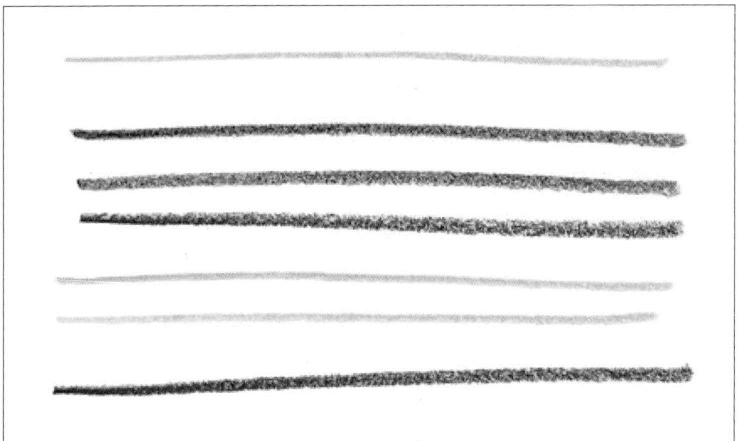

7. 여러 가지 색으로 아래로 줄 긋기

목표

여러 가지 색을 사용하여 아래로 줄 긋기, 주의집중력 및 눈·손 협응력 향상

준비물

크레파스·색연필·사인펜·연필 등의 여러 가지 필기구, 도화지, 완성된 작품

✓check!
- [ ] 주변 정리는 하였나요?
- [ ] 준비물과 완성된 작품을 준비하였나요?

활동내용 및 지도방법

① 치료사는 아동에게 완성된 작품을 보여 주며 "여러 가지 색으로 선을 아래로 그어 보자."라고 지시하며 종이와 여러 가지 색연필을 제시한다.

② 먼저 치료사가 색을 바꾸어 가며 선을 아래로 긋는 것을 보여 준다. 아동이 스스로 선을 아래로 그으면 적극적으로 강화한다.

③ 만약 아동이 스스로 선을 긋지 못하면, 치료사가 다시 시범을 보인 후 아동에게 다시 지시하여 아동이 선을 긋도록 한다.

④ 치료사의 시범에도 아동이 선을 아래로 긋지 못하면, 치료사는 아동의 손을 잡고 선을 아래로 긋도록 보조하여 실시한 후 강화한다. 이때 아동이 색을 바꿔 가며 실시하지 못할 경우에는 색을 바꿔 가면서 실시하도록 유도한다.

⑤ 점차 보조를 줄여 나가며 아동이 스스로 선을 아래로 긋도록 지도한다. 아동이 치료사의 언어지시만으로 수행하면 치료사는 적극적으로 칭찬한다.

⑥ 앞의 방법으로 반복 실시하여 스스로 선을 아래로 그을 수 있도록 지도한다.

활동 TIP

- 아동의 흥미를 유발하기 위해서 질감이 다른 필기구를 사용하는 것도 좋은 방법이 될 수 있다.

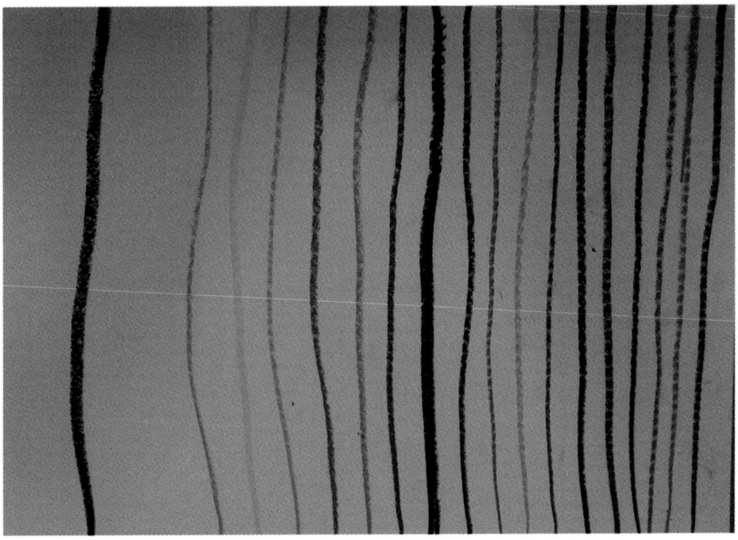

8. 여러 가지 색으로 바둑판 만들기

목표

여러 가지 색을 사용하여 옆으로, 아래로 줄 그어 바둑판 만들기, 주의집중력 및 눈 · 손 협응력 향상

준비물

크레파스 · 색연필 · 사인펜 · 연필 등의 여러 가지 필기구, 도화지, 완성된 작품

✓check!
- ☐ 주변 정리는 하였나요?
- ☐ 준비물과 완성된 작품을 준비하였나요?

활동내용 및 지도방법

① 치료사는 아동에게 완성된 작품을 보여 주며 "여러 가지 색으로 선을 옆으로, 아래로 그어서 바둑판을 만들어 보자."라고 지시하며 종이와 다양한 색상의 색연필을 제시한다.

② 먼저 치료사가 색을 바꾸어 가며 선을 옆으로, 아래로 긋는 것을 보여 준다. 아동이 스스로 선을 옆으로, 아래로 긋고 나면 적극적으로 강화한다.

③ 만약 아동이 스스로 선을 긋지 못하면, 치료사가 다시 시범을 보인 후 아동에게 다시 지시하여 아동이 선을 긋도록 한다.

④ 치료사의 시범에도 아동이 선을 긋지 못하면, 치료사는 아동의 손을 잡고 선을 긋도록 보조하여 실시한 후 강화한다. 이때 아동이 색을 바꿔 가며 실시하지 못할 경우에는 색을 바꿔 가면서 실시하도록 유도한다.

⑤ 점차 보조를 줄여 나가며 아동이 선을 옆으로, 아래로 그을 수 있도록 지도한다.

⑥ 앞의 방법으로 반복 실시하여 스스로 선을 옆으로, 아래로 그을 수 있도록 지도한다.

활동 TIP

- 아동의 흥미를 유발하기 위해서 질감이 다른 필기구를 사용하는 것도 좋은 방법이 될 수 있다. 이때 아동이 전체를 다 수행할 때까지 주의력이 흐트러지지 않도록 하고, 필요하면 신체적 · 언어적 촉구를 한다. 그리고 점차 촉구를 줄여 나간다.

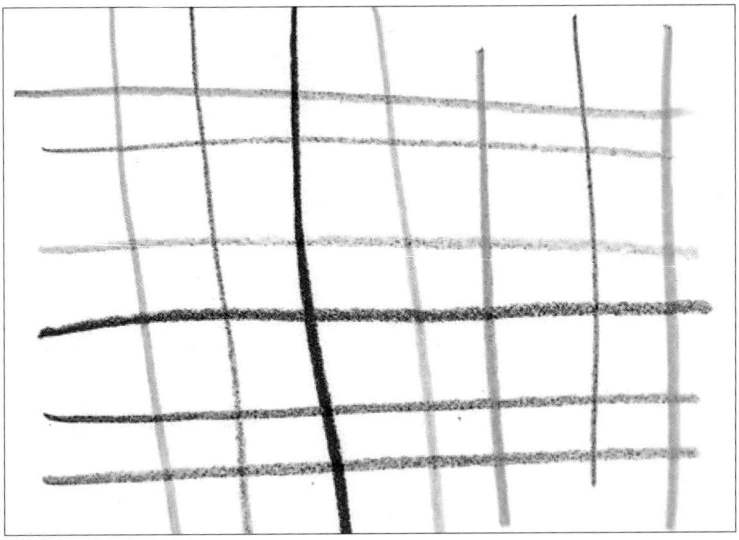

4. 동그라미 그리기

9. 동그라미를 보고 그리기

목표

동그라미를 보고 그리기, 인지능력 · 묘사능력 향상

준비물

크레파스 · 색연필 · 사인펜 · 연필 등의 여러 가지 필기구, 도화지, 완성된 작품

√check!
- ☐ 주변 정리는 하였나요?
- ☐ 준비물과 완성된 작품을 준비하였나요?

활동내용 및 지도방법

① 치료사는 아동에게 동그라미가 그려진 종이를 제시한 후, "동그라미를 그려 보자."라고 지시한다(그림 1).

② 아동이 동그라미를 보고 그리면 적극적으로 칭찬한다.

③ 만약 아동이 동그라미를 보고 그리지 못하면, 점선으로 동그라미가 그려진 종이를 제시하여 아동이 점선을 따라 동그라미를 그리도록 지도한다(그림 2). 이때 아동이 동그라미를 그리면 안아 주거나, 머리를 쓰다듬어 주는 등 적극적으로 칭찬한다.

④ 아동이 점선을 따라서 동그라미를 그리지 못하면 치료사가 아동의 손을 함께 잡고 점선을 따라 동그라미를 그리도록 지도한다. 신체적 보조와 점선 보조를 점차 줄여 나가면서 반복 실시하여 아동 스스로 동그라미를 보고 그릴 수 있도록 지도한다(그림 3). 이때 매번 "동그라미를 그려 보자."라는 언어지시도 같이 한다.

⑤ ④와 같이 반복 실시하여 아동이 마지막에 점선 보조 없이 동그라미를 보고 그리게 되면 적극적으로 강화한다.

활동 TIP

- 아동이 필기구를 쥐는 힘이 약할 때는 쉽고 진하게 나오는 사인펜을 사용하여 실시하고 점차 크레파스, 색연필, 연필 등으로 바꿔 가는 것도 좋은 방법이다.

그림 1

그림 2

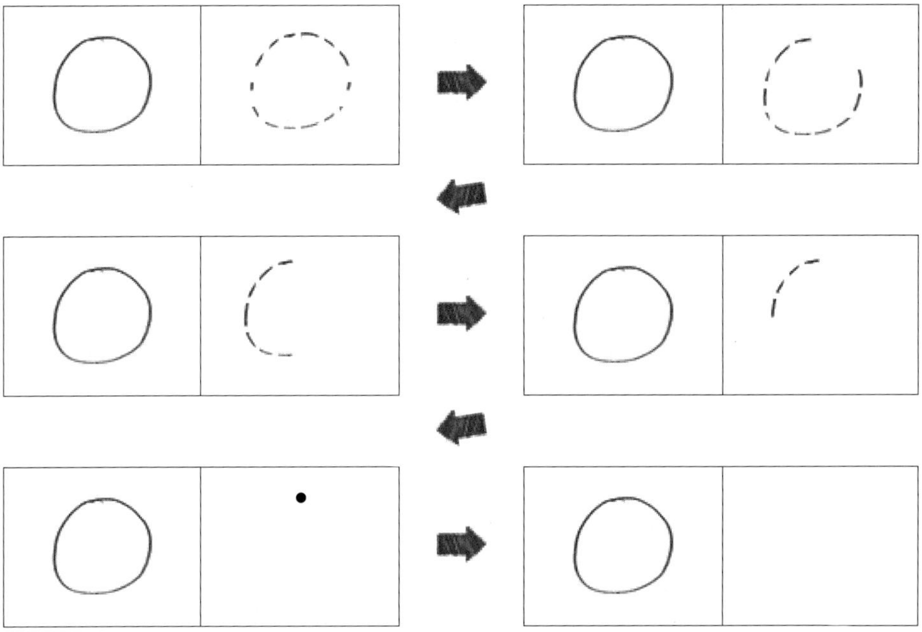

"동그라미를 그려 보자."

그림 3

10. 모델링에 따라 동그라미 그리기

목표

모델링에 따라 동그라미 그리기, 묘사능력 향상, 자기효능감 형성

준비물

크레파스 · 색연필 · 사인펜 · 연필 등의 여러 가지 필기구, 도화지, 완성된 작품

✓check!
- [ ] 주변 정리는 하였나요?
- [ ] 준비물과 완성된 작품을 준비하였나요?

활동내용 및 지도방법

① 치료사는 종이와 필기구를 제시하며 "선생님이 그리는 것을 잘 보고 동그라미를 그려 보자."라고 지시한다.

② 치료사가 먼저 동그라미를 그린 후 아동이 모델링에 따라 그리면 적극적으로 강화한다.

③ 아동이 동그라미를 보고 그리지 못할 경우에는 치료사가 손을 잡고 보조하여 지도하고 점차 보조를 줄여 나간다. 이때 점선 보조는 하지 않는다.

활동 TIP

- 아동의 흥미를 유발하기 위해서 동그라미의 크기를 달리하며, 다양한 필기구를 사용하여 실시하는 것도 좋은 방법이 될 수 있다.

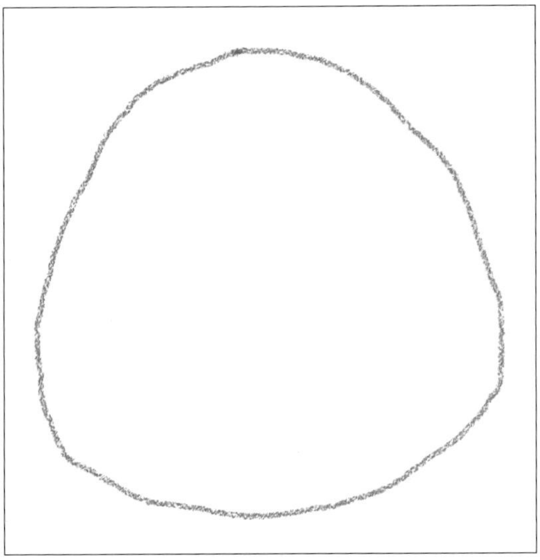

11. 언어지시에 따라 동그라미 그리기

목표

언어지시로 동그라미 그리기, 묘사능력 향상, 자기효능감 형성

준비물

크레파스 · 색연필 · 사인펜 · 연필 등의 여러 가지 필기구, 도화지

✓check!
- ☐ 주변 정리는 하였나요?
- ☐ 준비물과 완성된 작품을 준비하였나요?

활동내용 및 지도방법

① 아동이 모델링에 따라 동그라미를 그리면, "동그라미를 그려 보자."라고 지시하며 종이와 필기구를 제시한다.

② 아동이 치료사의 언어지시에 따라서 동그라미를 그리면 적극적으로 칭찬한다.

③ 만약 아동이 스스로 동그라미를 그리지 못하면, 치료사가 손을 잡고 보조하여 지도하고 점차 보조를 줄여 나간다.

④ 아동이 동그라미를 그리도록 반복 지도하고, 아동이 보조 없이 스스로 동그라미를 그리도록 한다. 아동이 치료사의 언어지시에 따라 스스로 동그라미를 그리면 적극적으로 칭찬한다.

활동 TIP

- 아동의 흥미를 유발하기 위해 다양한 필기구를 바꾸어 가며 실시하거나 아동이 그린 동그라미에 꼭지를 그려 사과가 되게 하는 등의 강화를 해 주는 것도 좋은 방법이 될 수 있다.

5. 세모 그리기

12. 세모를 보고 그리기

목표

세모를 보고 그리기, 인지능력 · 묘사능력 향상

준비물

크레파스 · 색연필 · 사인펜 · 연필 등의 여러 가지 필기구, 도화지, 완성된 작품

✓check!
☐ 주변 정리는 하였나요?
☐ 준비물과 완성된 작품을 준비하였나요?

활동내용 및 지도방법

① 치료사는 아동에게 세모가 그려진 종이를 제시한 후 "세모를 그려 보자."라고 지시한다(그림 1).

② 아동이 세모를 보고 그리면 적극적으로 칭찬한다.

③ 만약 아동이 세모를 보고 그리지 못하면, 점선으로 세모가 그려진 종이를 제시하여 아동이 점선을 따라 세모를 그리도록 지도한다(그림 2). 이때 아동이 세모를 그리면 안아 주거나, 머리를 쓰다듬어 주는 등 적극적으로 칭찬한다.

④ 아동이 점선을 따라서 세모를 그리지 못하면 치료사가 아동의 손을 함께 잡고 점선을 따라 세모를 그리도록 지도한다. 신체적 보조와 점선 보조를 점차 줄여 나가면서 반복 실시하여 아동 스스로 세모를 보고 그릴 수 있도록 지도한다(그림 3). 이때 매번 "세모를 그려 보자."라는 언어지시도 같이 한다.

⑤ ④와 같이 반복 실시하여 아동이 마지막에 점선 보조 없이 세모를 보고 그리게 되면 적극적으로 강화한다.

그림 1

그림 2

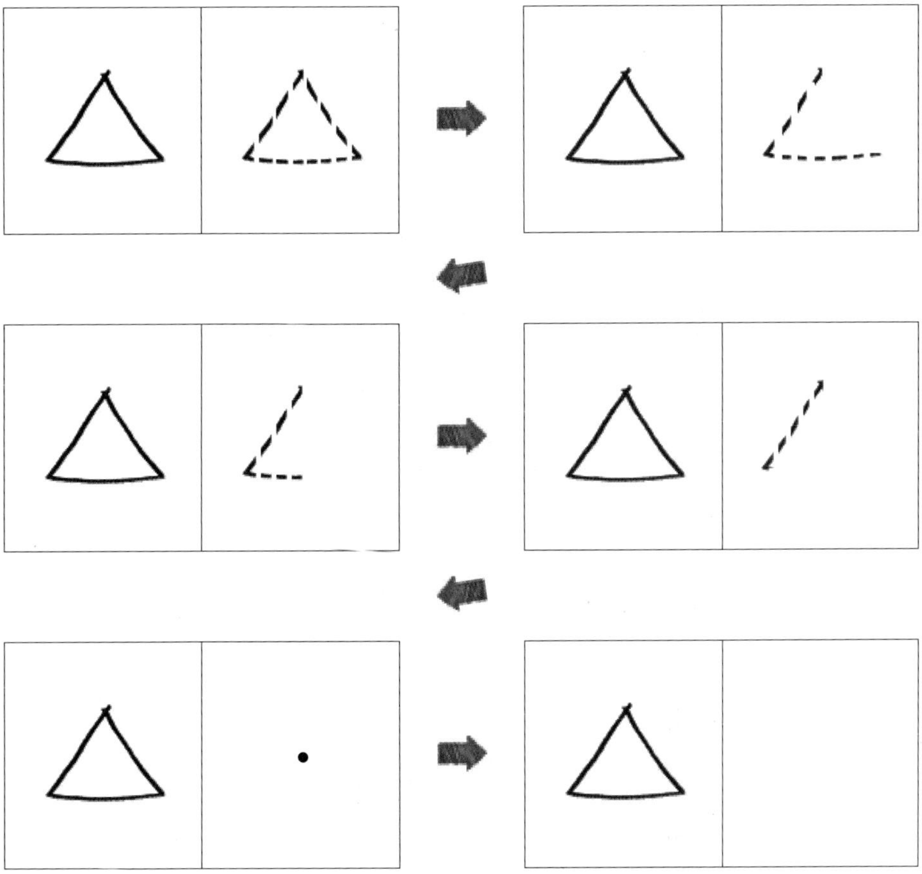
"세모를 그려 보자."

그림 3

13. 모델링에 따라 세모 그리기

목표

모델링에 따라 세모 그리기, 묘사능력 향상, 자기효능감 형성

준비물

크레파스 · 색연필 · 사인펜 · 연필 등의 여러 가지 필기구, 도화지, 완성된 작품

✓check!
- ☐ 주변 정리는 하였나요?
- ☐ 준비물과 완성된 작품을 준비하였나요?

활동내용 및 지도방법

① 치료사는 종이와 필기구를 제시하며 "선생님이 그리는 것을 잘 보고 세모를 그려 보자."라고 지시한다.

② 치료사가 먼저 세모를 그린 후 아동이 모델링에 따라 그리면 적극적으로 강화한다.

③ 아동이 세모를 보고 그리지 못할 경우에는 치료사가 손을 잡고 보조하여 그리도록 지도하고 점차 보조를 줄여 나간다. 이때 점선 보조는 하지 않는다.

활동 TIP

- 아동의 흥미를 유발하기 위해서 세모의 크기를 달리하며, 다양한 필기구를 사용하여 실시하는 것도 좋은 방법이 될 수 있다.

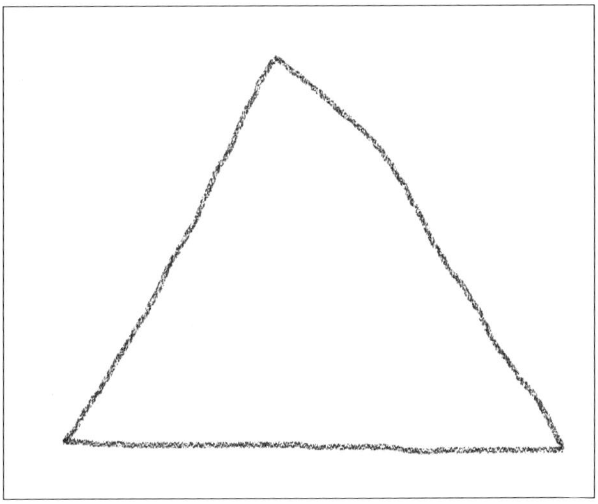

14. 언어지시에 따라 세모 그리기

목표

언어지시로 세모 그리기, 묘사능력 향상, 자기효능감 형성

준비물

크레파스 · 색연필 · 사인펜 · 연필 등의 여러 가지 필기구, 도화지

✓check!
- [ ] 주변 정리는 하였나요?
- [ ] 준비물과 완성된 작품을 준비하였나요?

활동내용 및 지도방법

① 아동이 모델링에 따라 세모를 그리면, "세모를 그려 보자."라고 지시하며 종이와 필기구를 제시한다.

② 아동이 치료사의 언어지시에 따라서 세모를 그리면 적극적으로 칭찬한다.

③ 만약 아동이 스스로 세모를 그리지 못하면, 치료사가 손을 잡고 보조하여지도하고 점차 보조를 줄여 나간다.

④ 아동이 세모를 그리도록 반복 지도하고, 아동이 보조 없이 스스로 세모를 그리도록 한다. 아동이 치료사의 언어지시에 따라 스스로 세모를 그리면 적극적으로 칭찬한다.

활동 TIP

- 아동의 흥미를 유발하기 위해 다양한 필기구를 바꾸어 가며 실시하거나 아동이 그린 세모에 방울을 그려 모자로 만들어 주는 등의 강화를 해 주는 것도 좋은 방법이 될 수 있다.

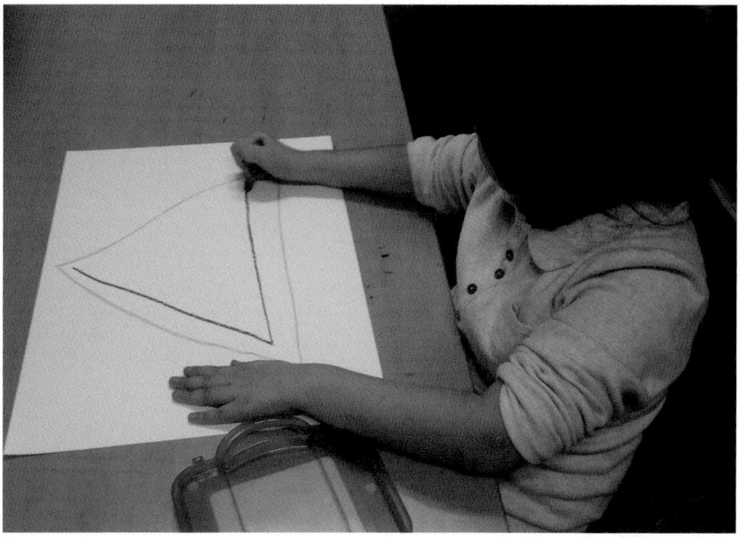

6. 네모 그리기

15. 네모를 보고 그리기

목표

네모를 보고 그리기, 인지능력 · 묘사능력 향상

준비물

크레파스 · 색연필 · 사인펜 · 연필 등의 여러 가지 필기구, 도화지, 완성된 작품

√check!
- [ ] 주변 정리는 하였나요?
- [ ] 준비물과 완성된 작품을 준비하였나요?

활동내용 및 지도방법

① 치료사는 아동에게 네모가 그려진 종이를 제시한 후 "네모를 그려 보자."라고 지시한다(그림 1).

② 아동이 네모를 보고 그리면 적극적으로 칭찬한다.

③ 만약 아동이 네모를 보고 그리지 못하면, 점선으로 네모가 그려진 종이를 제시하여 아동이 점선을 따라 네모를 그리도록 지도한다(그림 2). 이때 아동이 네모를 그리면 안아 주거나, 머리를 쓰다듬어 주는 등 적극적으로 칭찬한다.

④ 아동이 점선을 따라서 네모를 그리지 못하면 치료사가 아동의 손을 함께 잡고 점선을 따라 네모를 그리도록 지도한다. 신체적 보조와 점선 보조를 점차 줄여 나가면서 반복 실시하여 아동 스스로 네모를 보고 그릴 수 있도록 지도한다(그림 3). 이때 매번 "네모를 그려 보자."라는 언어지시도 같이 한다.

⑤ ④와 같이 반복 실시하여 아동이 마지막에 점선 보조 없이 네모를 보고 그리게 되면 적극적으로 강화한다.

그림 1

그림 2

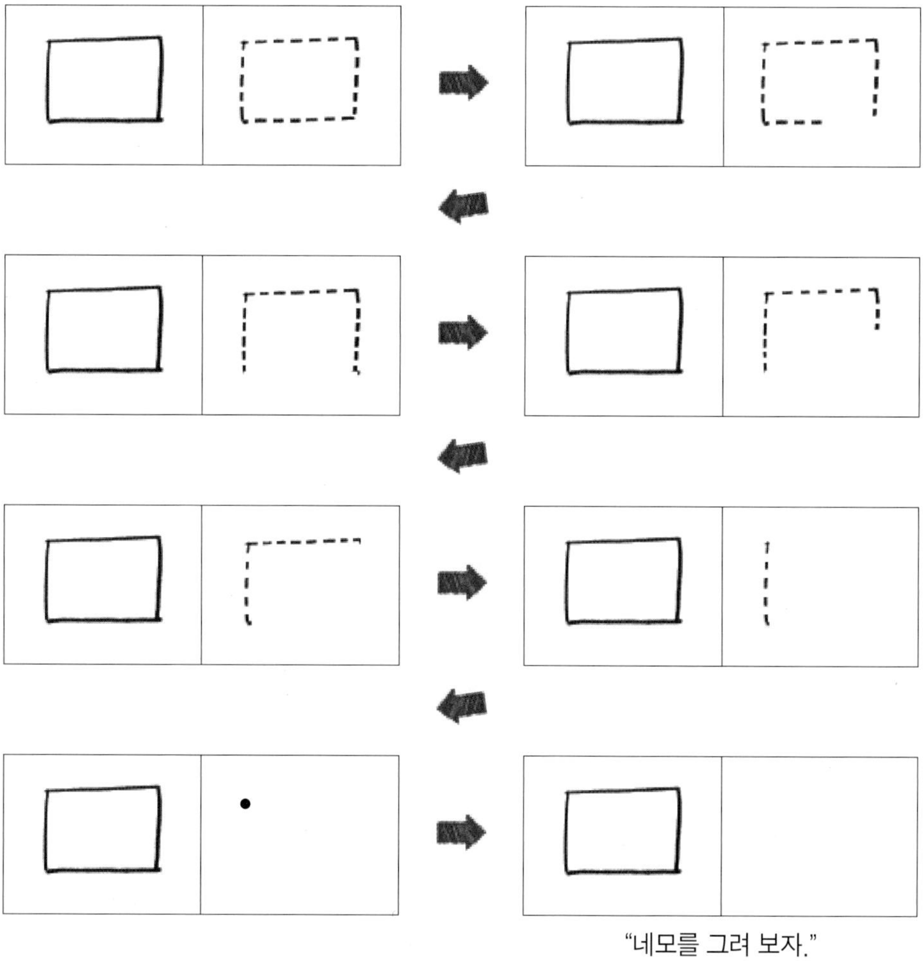

"네모를 그려 보자."

그림 3

16. 모델링에 따라 네모 그리기

목표

모델링에 따라 네모 그리기, 묘사능력 향상, 자기효능감 형성

준비물

크레파스 · 색연필 · 사인펜 · 연필 등의 여러 가지 필기구, 도화지, 완성된 작품

✓check!

- ☐ 주변 정리는 하였나요?
- ☐ 준비물과 완성된 작품을 준비하였나요?

활동내용 및 지도방법

① 치료사는 종이와 필기구를 제시하며 "선생님이 그리는 것을 잘 보고 네모를 그려 보자."라고 지시한다.

② 치료사가 먼저 네모를 그린 후 아동이 모델링에 따라 그리면 적극적으로 강화한다.

③ 아동이 네모를 보고 그리지 못할 경우에는 치료사가 손을 잡고 보조하여 그리도록 지도하고 점차 보조를 줄여 나간다. 이때 점선 보조는 하지 않는다.

활동 TIP

- 아동의 흥미를 유발하기 위해서 네모의 크기를 달리하며, 다양한 필기구를 사용하여 실시하는 것도 좋은 방법이 될 수 있다.

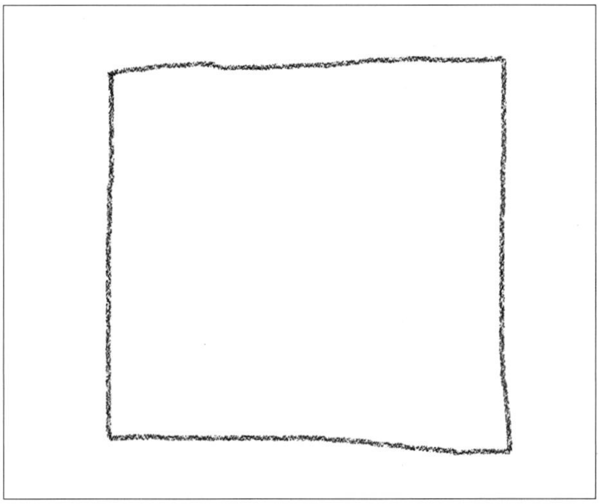

17. 언어지시에 따라 네모 그리기

목표

언어지시로 네모 그리기, 묘사능력 향상, 자기효능감 형성

준비물

크레파스 · 색연필 · 사인펜 · 연필 등의 여러 가지 필기구, 도화지

✓check!
- ☐ 주변 정리는 하였나요?
- ☐ 준비물과 완성된 작품을 준비하였나요?

활동내용 및 지도방법

① 아동이 모델링에 따라 네모를 그리면, "네모를 그려 보자."라고 지시하며 종이와 필기구를 제시한다.

② 아동이 치료사의 언어지시에 따라서 네모를 그리면 적극적으로 칭찬한다.

③ 만약 아동이 스스로 네모를 그리지 못하면, 치료사가 손을 잡고 보조하여 지도하고 점차 보조를 줄여 나간다.

④ 아동이 네모를 그리도록 반복 지도하고, 아동이 보조 없이 스스로 네모를 그리도록 한다. 아동이 치료사의 언어지시에 따라 스스로 네모를 그리면 적극적으로 칭찬한다.

활동 TIP

- 아동의 흥미를 유발하기 위해 다양한 필기구를 바꾸어 가며 실시하거나 아동이 그린 네모에 바퀴를 그려 자동차가 되게 하는 등의 강화를 해 주는 것도 좋은 방법이 될 수 있다.

7. 동그라미를 이용하여 그리기

18. 동그라미를 이용하여 풍선 그리기

목표

동그라미를 이용하여 풍선 그리기, 기억력 촉진, 인지능력 · 묘사능력 향상

준비물

크레파스 · 색연필 · 그림물감 · 사인펜 · 연필 등의 필기구, 도화지, 완성된 작품

✓check!
- ☐ 주변 정리는 하였나요?
- ☐ 준비물과 완성된 작품을 준비하였나요?

활동내용 및 지도방법

① 치료사는 아동에게 완성된 작품을 보여 주며 “풍선을 그려 보자.”라고 지시하고, 동그라미를 이용하여 풍선을 그려 보인다.

② 치료사가 그린 종이를 치운 뒤, 아동에게 “풍선을 그려 보자.”라고 지시한다. 아동이 풍선을 그리면 적극적으로 칭찬한다.

③ 만약 아동이 풍선을 그리지 못할 경우에는 치료사가 풍선을 그린 후 치료사의 그림을 보고 풍선을 그리도록 지시한다. 이때 치료사의 그림을 보고 스스로 풍선을 그리면 칭찬하고, 언어지시로 수행하도록 지도한다(그림 1).

④ 만약 치료사의 실연을 보고도 풍선을 그리지 못할 경우에는 치료사가 그린 풍선 옆에 점선으로 풍선을 그려 주고 아동이 점선을 따라 풍선을 그리도록 지도한다. 아동이 점선으로 된 풍선 그림을 그리면 칭찬한다. 점선 보조를 점차 줄여 나가면서 풍선을 그리도록 지도한다(그림 2).

⑤ 치료사는 ①~④의 방법으로 반복하여 연습한 후에 “풍선을 그려 보자.”라고 언어지시만을 한다.

⑥ 아동이 언어지시만으로 풍선을 그리지 못하면 모델 없이 점선을 그려 주고

풍선을 따라 그리도록 한다. 점차 보조를 줄여 마지막에는 아동 스스로 언어지시만으로 그리도록 한다. 아동이 언어지시만으로 풍선을 그리게 되면 적극적으로 칭찬한다(그림 3).

활동 TIP

- 강화로 풍선을 예쁘게 색칠하거나 자르기를 할 수도 있다.

그림 1

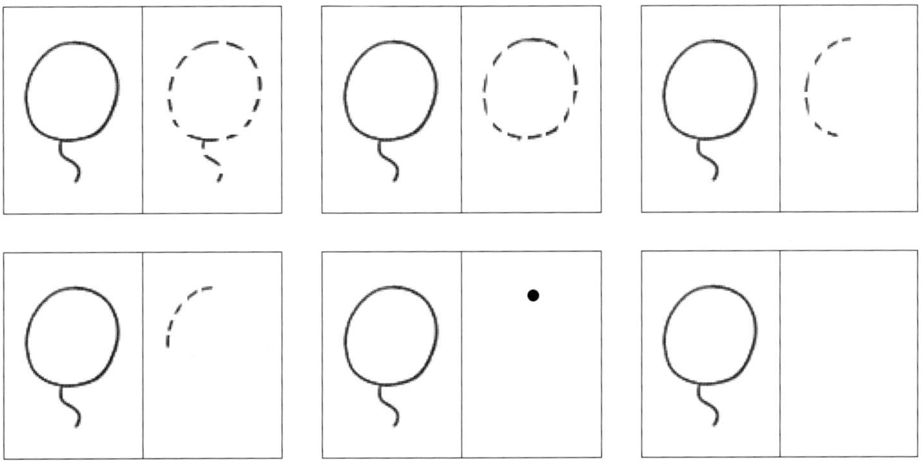

“풍선을 그려 보자.”

그림 2

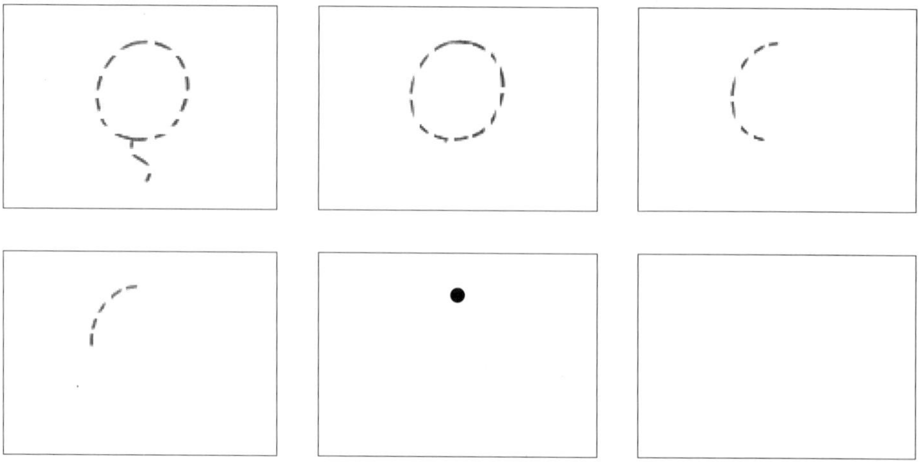

“풍선을 그려 보자.”

그림 3

19. 동그라미를 이용하여 사과 그리기

목표

동그라미를 이용하여 사과 그리기, 기억력 촉진, 인지능력 · 묘사능력 향상

준비물

크레파스 · 색연필 · 그림물감 · 사인펜 · 연필 등의 필기구, 도화지, 완성된 작품

✓check!
- ☐ 주변 정리는 하였나요?
- ☐ 준비물과 완성된 작품을 준비하였나요?

활동내용 및 지도방법

① 치료사는 아동에게 완성된 작품을 보여 주며 “사과를 그려 보자.”라고 지시하고 동그라미를 이용하여 사과를 그려 보인다.

② 치료사가 그린 종이를 치운 뒤, 아동에게 “사과를 그려 보자.”라고 지시한다. 아동이 사과를 그리면 적극적으로 칭찬한다.

③ 만약 아동이 사과를 그리지 못할 경우에는 치료사가 사과를 그린 후 치료사의 그림을 보고 사과를 그리도록 지시한다. 이때 치료사의 그림을 보고 스스로 사과를 그리면 칭찬하고, 언어지시로 수행하도록 지도한다(그림 1).

④ 만약 치료사의 실연을 보고도 사과를 그리지 못할 경우에는 치료사가 그린 사과 옆에 점선으로 사과를 그려 주고 아동이 점선을 따라 사과를 그리도록 지도한다. 아동이 점선으로 된 사과 그림을 그리면 칭찬한다. 점선 보조를 점차 줄여 나가면서 사과를 그리도록 지도한다(그림 2).

⑤ 치료사는 ①~④의 방법으로 반복하여 연습한 후에 “사과를 그려 보자.”라고 언어지시만을 한다.

⑥ 아동이 언어지시만으로 사과를 그리지 못하면 모델 없이 점선을 그려 주고 사과를 따라 그리도록 한다. 점차 보조를 줄여 마지막에는 아동 스스로 언어지시만으로 그리도록 한다. 아동이 언어지시만으로 사과를 그리게 되면 적극적으로 칭찬한다(그림 3).

활동 TIP

• 강화로 사과를 예쁘게 색칠하거나 자르기를 할 수도 있다.

그림 1

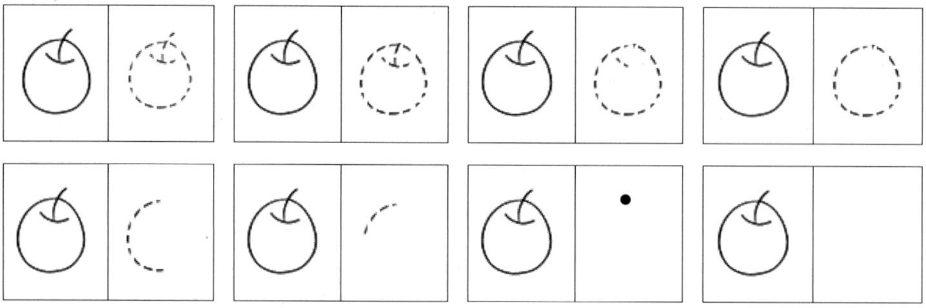

"사과를 그려 보자."

그림 2

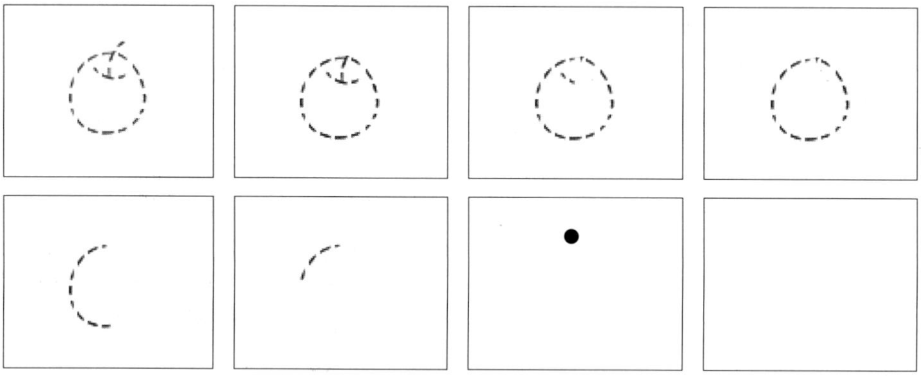

"사과를 그려 보자."

그림 3

20. 동그라미를 이용하여 사탕 그리기

목표

동그라미를 이용하여 사탕 그리기, 기억력 촉진, 인지능력 · 묘사능력 향상

준비물

크레파스 · 색연필 · 그림물감 · 사인펜 · 연필 등의 필기구, 도화지, 완성된 작품

√check!
- ☐ 주변 정리는 하였나요?
- ☐ 준비물과 완성된 작품을 준비하였나요?

활동내용 및 지도방법

① 치료사는 아동에게 완성된 작품을 보여 주며 "사탕을 그려 보자."라고 지시하고 동그라미를 이용하여 사탕을 그려 보인다.

② 치료사가 그린 종이를 치운 뒤, 아동에게 "사탕을 그려 보자."라고 지시한다. 아동이 사탕을 그리면 적극적으로 칭찬한다.

③ 만약 아동이 사탕을 그리지 못할 경우에는 치료사가 사탕을 그린 후 치료사의 그림을 보고 사탕을 그리도록 지시한다. 이때 치료사의 그림을 보고 스스로 사탕을 그리면 칭찬하고, 언어지시로 수행하도록 지도한다(그림 1).

④ 만약 치료사의 실연을 보고도 사탕을 그리지 못할 경우에는 치료사가 그린 사탕 옆에 점선으로 사탕을 그려 주고 아동이 점선을 따라 사탕을 그리도록 지도한다. 아동이 점선으로 된 사탕 그림을 그리면 칭찬한다. 점선 보조를 점차 줄여 나가면서 사탕을 그리도록 지도한다(그림 2).

⑤ 치료사는 ①~④의 방법으로 반복하여 연습한 후에 "사탕을 그려 보자."라고 언어지시만을 한다.

⑥ 아동이 언어지시만으로 사탕을 그리지 못하면 모델 없이 점선을 그려 주고 사탕을 따라 그리도록 한다. 점차 보조를 줄여 마지막에는 아동 스스로 언어지시만으로 그리도록 한다. 아동이 언어지시만으로 사탕을 그리게 되면 적극적으로 칭찬한다(그림 3).

활동 TIP

- 강화로 사탕을 예쁘게 색칠하거나 자르기를 할 수도 있다.

그림 1

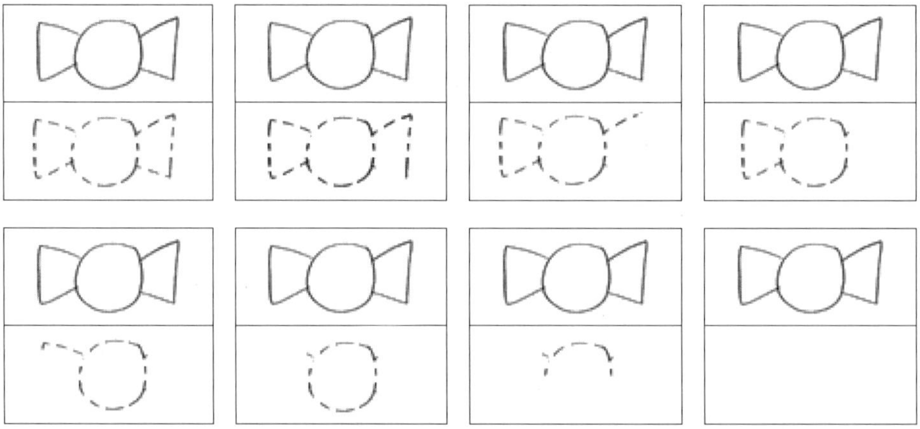

"사탕을 그려 보자."

그림 2

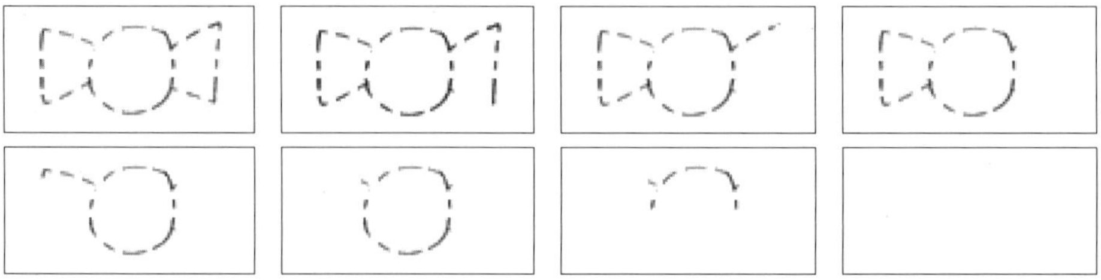

"사탕을 그려 보자."

그림 3

21. 동그라미를 이용하여 나무 그리기

목표

동그라미를 이용하여 나무 그리기, 기억력 촉진, 인지능력 · 묘사능력 향상

준비물

크레파스 · 색연필 · 그림물감 · 사인펜 · 연필 등의 필기구, 도화지, 완성된 작품

✓check!
- [ ] 주변 정리는 하였나요?
- [ ] 준비물과 완성된 작품을 준비하였나요?

활동내용 및 지도방법

① 치료사는 아동에게 완성된 작품을 보여 주며 "나무를 그려 보자."라고 지시하며 동그라미를 이용하여 나무를 그려 보인다.

② 치료사가 그린 종이를 치운 뒤, 아동에게 "나무를 그려 보자."라고 지시한다. 아동이 나무를 그리면 적극적으로 칭찬한다.

③ 만약 아동이 나무를 그리지 못할 경우에는 치료사가 나무를 그린 후 치료사의 그림을 보고 나무를 그리도록 지시한다. 이때 치료사의 그림을 보고 스스로 나무를 그리면 칭찬하고, 언어지시로 수행하도록 지도한다(그림 1).

④ 만약 치료사의 실연을 보고도 나무를 그리지 못할 경우에는 치료사가 그린 나무 옆에 점선으로 나무를 그려 주고 아동이 점선을 따라 나무를 그리도록 지도한다. 아동이 점선으로 된 나무 그림을 그리면 칭찬한다. 점선 보조를 점차 줄여 나가면서 나무를 그리도록 지도한다(그림 2).

⑤ 치료사는 ①~④의 방법으로 반복하여 연습한 후에 "나무를 그려 보자."라고 언어지시만을 한다.

⑥ 아동이 언어지시만으로 나무를 그리지 못하면 모델 없이 점선을 그려 주고 나무를 따라 그리도록 한다. 점차 보조를 줄여 마지막에는 아동 스스로 언어지시만으로 그리도록 한다. 아동이 언어지시만으로 나무를 그리게 되면 적극적으로 칭찬한다(그림 3).

활동 TIP

• 강화로 나무를 예쁘게 색칠하거나 자르기를 할 수도 있다.

그림 1

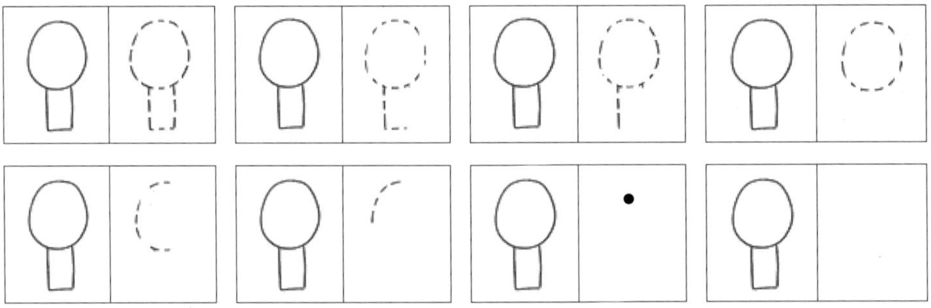

"나무를 그려 보자."

그림 2

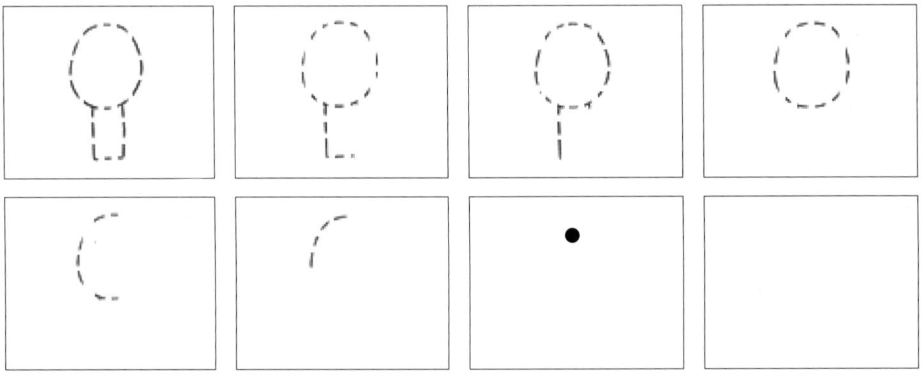

"나무를 그려 보자."

그림 3

22. 동그라미를 이용하여 포도 그리기

목표

동그라미를 이용하여 포도 그리기, 기억력 촉진, 인지능력 · 묘사능력 향상

준비물

크레파스 · 색연필 · 그림물감 · 사인펜 · 연필 등의 필기구, 도화지, 완성된 작품

✓check!
☐ 주변 정리는 하였나요?
☐ 준비물과 완성된 작품을 준비하였나요?

활동내용 및 지도방법

① 치료사는 아동에게 완성된 작품을 보여 주며 "포도를 그려 보자."라고 지시하며 동그라미를 이용하여 포도를 그려 보인다.

② 치료사가 그린 종이를 치운 뒤, 아동에게 "포도를 그려 보자."라고 지시한다. 아동이 포도를 그리면 적극적으로 칭찬한다.

③ 만약 아동이 포도를 그리지 못할 경우에는 치료사가 포도를 그린 후 치료사의 그림을 보고 포도를 그리도록 지시한다. 이때 치료사의 그림을 보고 스스로 포도를 그리면 칭찬하고, 언어지시로 수행하도록 지도한다(그림 1).

④ 만약 치료사의 실연을 보고도 포도를 그리지 못할 경우에는 치료사가 그린 포도 옆에 점선으로 포도를 그려 주고 아동이 점선을 따라 포도를 그리도록 지도한다. 아동이 점선으로 된 포도 그림을 그리면 칭찬한다. 점선 보조를 점차 줄여 나가면서 포도를 그리도록 지도한다(그림 2).

⑤ 치료사는 ①~④의 방법으로 반복하여 연습한 후에 "포도를 그려 보자."라고 언어지시만을 한다.

⑥ 아동이 언어지시만으로 포도를 그리지 못하면 모델 없이 점선을 그려 주고 포도를 따라 그리도록 한다. 점차 보조를 줄여 마지막에는 아동 스스로 언어지시만으로 그리도록 한다. 아동이 언어지시만으로 포도를 그리게 되면 적극적으로 칭찬한다(그림 3).

활동 TIP

- 강화로 포도를 예쁘게 색칠하거나 자르기를 할 수도 있다.

그림 1

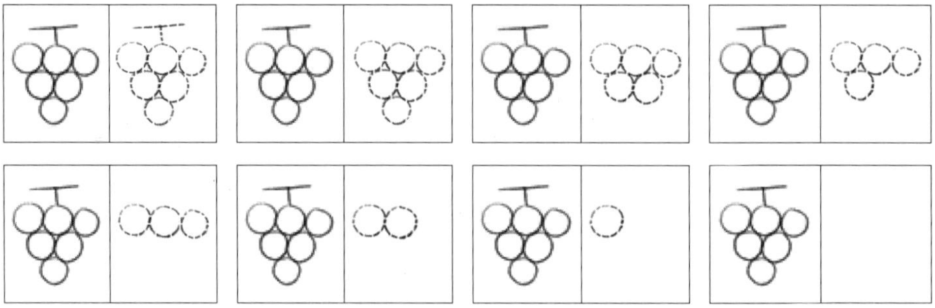

"포도를 그려 보자."

그림 2

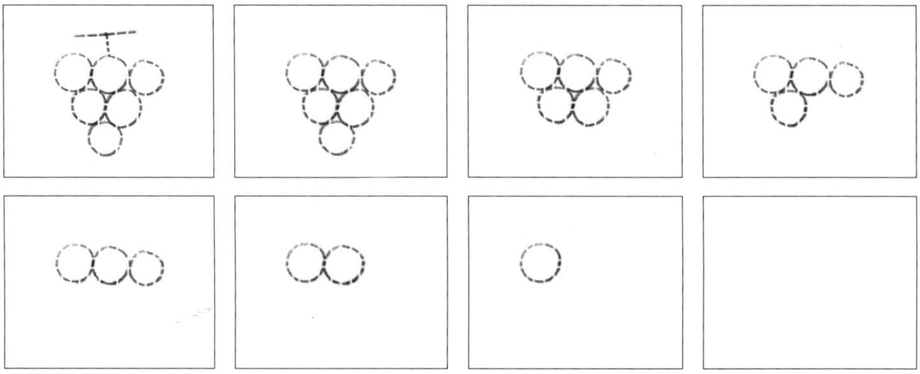

"포도를 그려 보자."

그림 3

8. 세모를 이용하여 그리기

23. 세모를 이용하여 사탕 그리기

목표

세모를 이용하여 사탕 그리기, 기억력 촉진, 인지능력 · 묘사능력 향상

준비물

크레파스 · 색연필 · 그림물감 · 사인펜 · 연필 등의 필기구, 도화지, 완성된 작품

✓check!
☐ 주변 정리는 하였나요?
☐ 준비물과 완성된 작품을 준비하였나요?

활동내용 및 지도방법

① 치료사는 아동에게 완성된 작품을 보여 주며 “사탕을 그려 보자.”라고 지시하며 세모를 이용하여 사탕을 그려 보인다.

② 치료사가 그린 종이를 치운 뒤, 아동에게 “사탕을 그려 보자.”라고 지시한다. 아동이 사탕을 그리면 적극적으로 칭찬한다.

③ 만약 아동이 사탕을 그리지 못할 경우에는 치료사가 사탕을 그린 후 치료사의 그림을 보고 사탕을 그리도록 지시한다. 이때 치료사의 그림을 보고 스스로 사탕을 그리면 칭찬하고, 언어지시로 수행하도록 지도한다(그림 1).

④ 만약 치료사의 실연을 보고도 사탕을 그리지 못할 경우에는 치료사가 그린 사탕 옆에 점선으로 사탕을 그려 주고 아동이 점선을 따라 사탕을 그리도록 지도한다. 아동이 점선으로 된 사탕 그림을 그리면 칭찬한다. 점선 보조를 점차 줄여 나가면서 사탕을 그리도록 지도한다(그림 2).

⑤ 치료사는 ①~④의 방법으로 반복하여 연습한 후에 “사탕을 그려 보자.”라고 언어지시만을 한다.

⑥ 아동이 언어지시만으로 사탕을 그리지 못하면 모델 없이 점선을 그려 주고

사탕을 따라 그리도록 한다. 점차 보조를 줄여 마지막에는 아동 스스로 언어지시만으로 그리도록 한다. 아동이 언어지시만으로 사탕을 그리게 되면 적극적으로 칭찬한다(그림 3).

활동 TIP

- 강화로 사탕을 예쁘게 색칠하거나 자르기를 할 수도 있다.

그림 1

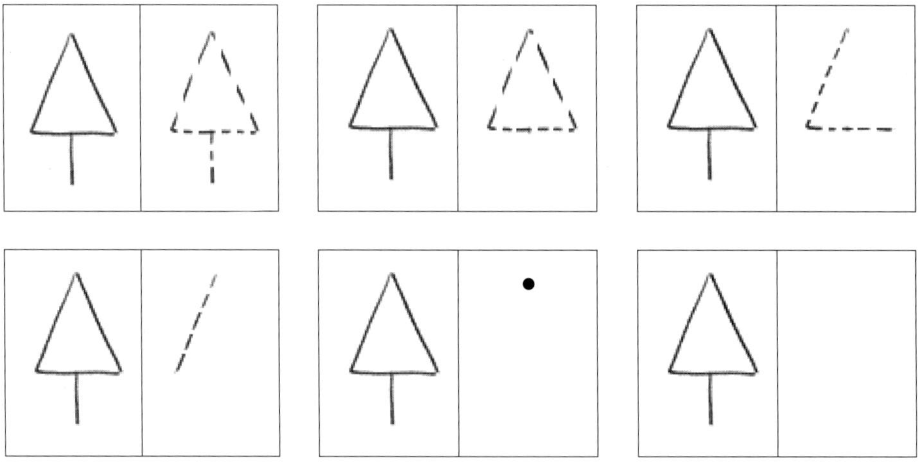

“사탕을 그려 보자.”

그림 2

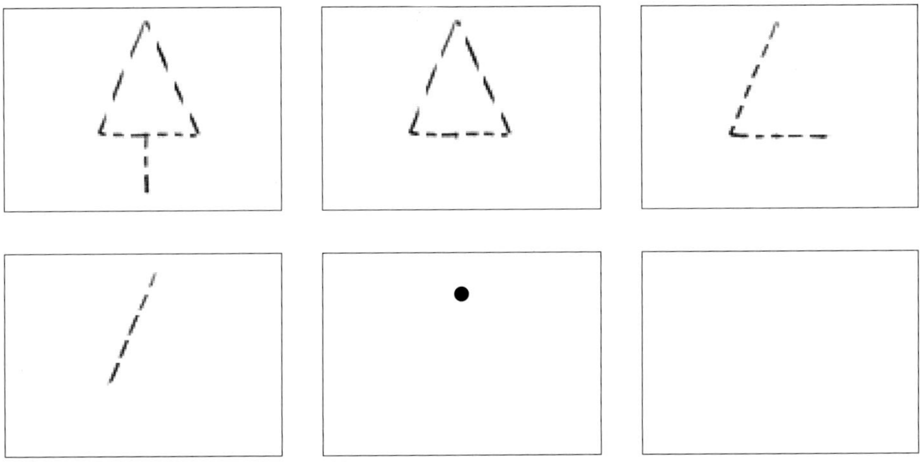

"사탕을 그려 보자."

그림 3

24. 세모를 이용하여 집 그리기

목표

세모를 이용하여 집 그리기, 기억력 촉진, 인지능력 · 묘사능력 향상

준비물

크레파스 · 색연필 · 그림물감 · 사인펜 · 연필 등의 필기구, 도화지, 완성된 작품

√check!
☐ 주변 정리는 하였나요?
☐ 준비물과 완성된 작품을 준비하였나요?

활동내용 및 지도방법

① 치료사는 아동에게 완성된 작품을 보여 주며 "집을 그려 보자."라고 지시하며 세모를 이용하여 집을 그려 보인다.

② 치료사가 그린 종이를 치운 뒤, 아동에게 "집을 그려 보자."라고 지시한다. 아동이 집을 그리면 적극적으로 칭찬한다.

③ 만약 아동이 집을 그리지 못할 경우에는 치료사가 집을 그린 후 치료사의 그림을 보고 집을 그리도록 지시한다. 이때 치료사의 그림을 보고 스스로 집을 그리면 칭찬하고, 언어지시로 수행하도록 지도한다(그림 1).

④ 만약 치료사의 실연을 보고도 집을 그리지 못할 경우에는 치료사가 그린 집 옆에 점선으로 집을 그려 주고 아동이 점선을 따라 집을 그리도록 지도한다. 아동이 점선으로 된 집 그림을 그리면 칭찬한다. 점선 보조를 점차 줄여 나가면서 집을 그리도록 지도한다(그림 2).

⑤ 치료사는 ①~④의 방법으로 반복하여 연습한 후에 "집을 그려 보자."라고 언어지시만을 한다.

⑥ 아동이 언어지시만으로 집을 그리지 못하면 모델 없이 점선을 그려 주고 집을 따라 그리도록 한다. 점차 보조를 줄여 마지막에는 아동 스스로 언어지시만으로 그리도록 한다. 아동이 언어지시만으로 집을 그리게 되면 적극적으로 칭찬한다(그림 3).

활동 TIP

- 강화로 집을 예쁘게 색칠하거나 자르기를 할 수도 있다.

그림 1

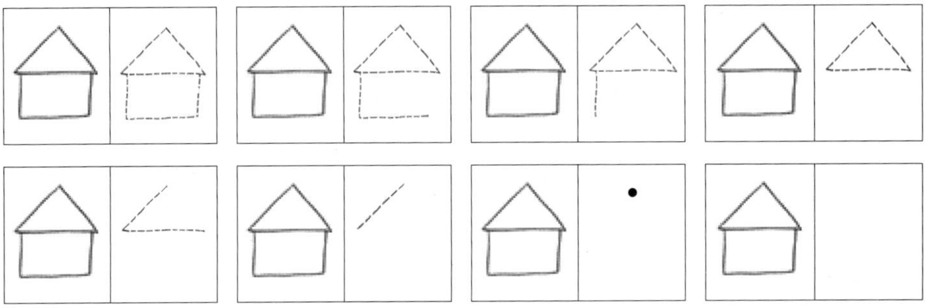

"집을 그려 보자."

그림 2

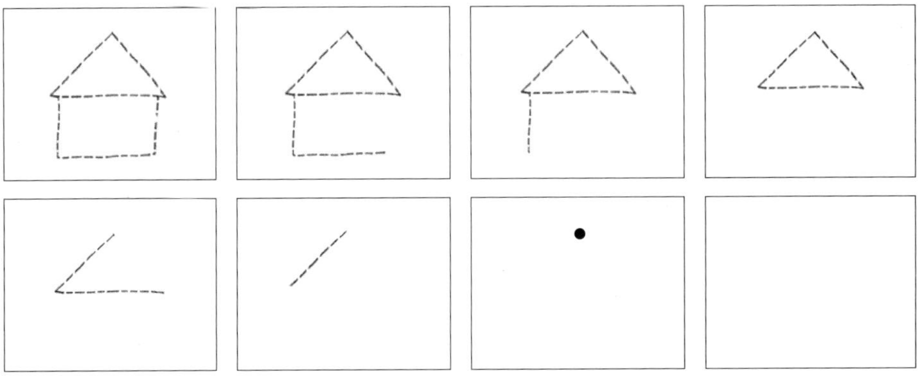

"집을 그려 보자."

그림 3

25. 세모를 이용하여 수박 그리기

목표

세모를 이용하여 수박 그리기, 기억력 촉진, 인지능력 · 묘사능력 향상

준비물

크레파스 · 색연필 · 그림물감 · 사인펜 · 연필 등의 필기구, 도화지, 완성된 작품

✓check!
- ☐ 주변 정리는 하였나요?
- ☐ 준비물과 완성된 작품을 준비하였나요?

활동내용 및 지도방법

① 치료사는 아동에게 완성된 작품을 보여 주며 "수박을 그려 보자."라고 지시하며 세모를 이용하여 수박을 그려 보인다.

② 치료사가 그린 종이를 치운 뒤, 아동에게 "수박을 그려 보자."라고 지시한다. 아동이 수박을 그리면 적극적으로 칭찬한다.

③ 만약 아동이 수박을 그리지 못할 경우에는 치료사가 수박을 그린 후 치료사의 그림을 보고 수박을 그리도록 지시한다. 이때 치료사의 그림을 보고 스스로 수박을 그리면 칭찬하고, 언어지시로 수행하도록 지도한다(그림 1).

④ 만약 치료사의 실연을 보고도 수박을 그리지 못할 경우에는 치료사가 그린 수박 옆에 점선으로 수박을 그려 주고 아동이 점선을 따라 수박을 그리도록 지도한다. 아동이 점선으로 된 수박 그림을 그리면 칭찬한다. 점선 보조를 점차 줄여 나가면서 수박을 그리도록 지도한다(그림 2).

⑤ 치료사는 ①~④의 방법으로 반복하여 연습한 후에 "수박을 그려 보자."라고 언어지시만을 한다.

⑥ 아동이 언어지시만으로 수박을 그리지 못하면 모델 없이 점선을 그려 주고 수박을 따라 그리도록 한다. 점차 보조를 줄여 마지막에는 아동 스스로 언어지시만으로 그리도록 한다. 아동이 언어지시만으로 수박을 그리게 되면 적극적으로 칭찬한다(그림 3).

활동 TIP

- 강화로 수박을 예쁘게 색칠하거나 자르기를 할 수도 있다.

그림 1

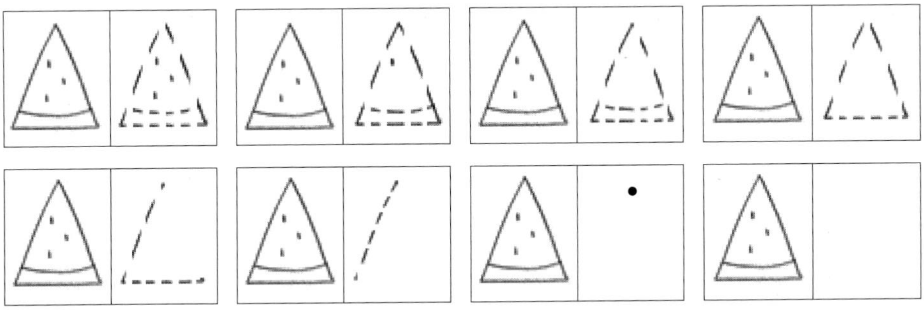

"수박을 그려 보자."

그림 2

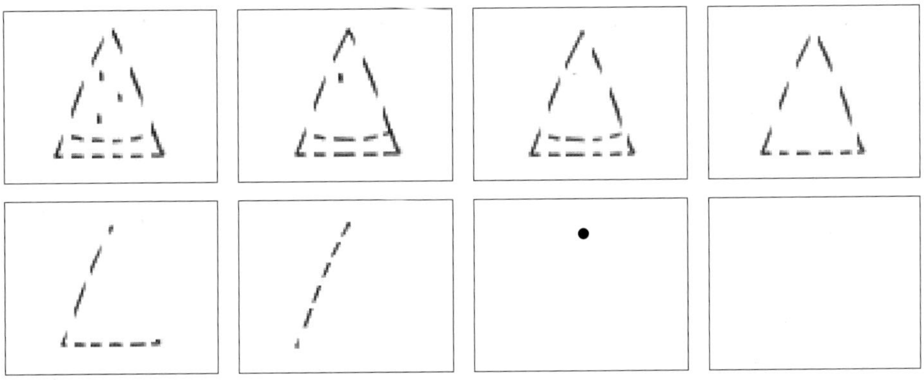

"수박을 그려 보자."

그림 3

26. 세모를 이용하여 산 그리기

목표

세모를 이용하여 산 그리기, 기억력 촉진, 인지능력 · 묘사능력 향상

준비물

크레파스 · 색연필 · 그림물감 · 사인펜 · 연필 등의 필기구, 도화지, 완성된 작품

√check!
- [ ] 주변 정리는 하였나요?
- [ ] 준비물과 완성된 작품을 준비하였나요?

활동내용 및 지도방법

① 치료사는 아동에게 완성된 작품을 보여 주며 "산을 그려 보자."라고 지시하며 세모를 이용하여 산을 그려 보인다.

② 치료사가 그린 종이를 치운 뒤, 아동에게 "산을 그려 보자."라고 지시한다. 아동이 산을 그리면 적극적으로 칭찬한다.

③ 만약 아동이 산을 그리지 못할 경우에는 치료사가 산을 그린 후 치료사의 그림을 보고 산을 그리도록 지시한다. 이때 치료사의 그림을 보고 스스로 산을 그리면 칭찬하고, 언어지시로 수행하도록 지도한다(그림 1).

④ 만약 치료사의 실연을 보고도 산을 그리지 못할 경우에는 치료사가 그린 산 옆에 점선으로 산을 그려 주고 아동이 점선을 따라 산을 그리도록 지도한다. 아동이 점선으로 된 산 그림을 그리면 칭찬한다. 점선 보조를 점차 줄여 나가면서 산을 그리도록 지도한다(그림 2).

⑤ 치료사는 ①~④의 방법으로 반복하여 연습한 후에 "산을 그려 보자."라고 언어지시만을 한다.

⑥ 아동이 언어지시만으로 산을 그리지 못하면 모델 없이 점선을 그려 주고 산을 따라 그리도록 한다. 점차 보조를 줄여 마지막에는 아동 스스로 언어지시만으로 그리도록 한다. 아동이 언어지시만으로 산을 그리게 되면 적극적으로 칭찬한다(그림 3).

활동 TIP
- 강화로 산을 예쁘게 색칠하거나 자르기를 할 수도 있다.

그림 1

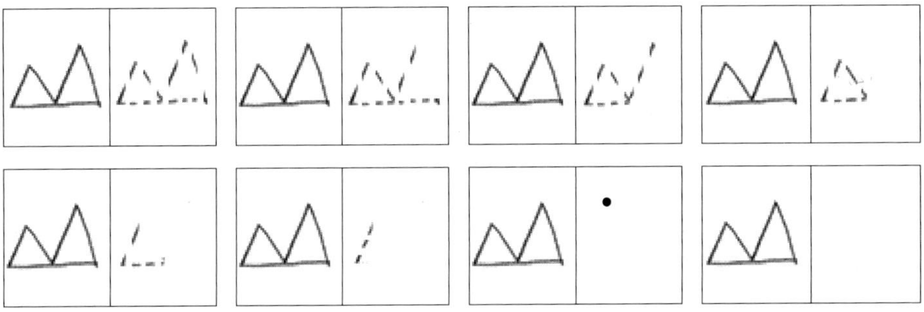

"산을 그려 보자."

그림 2

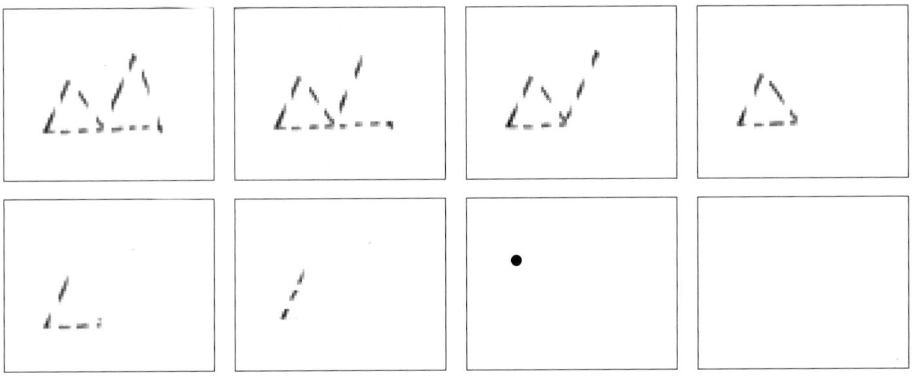

"산을 그려 보자."

그림 3

27. 세모를 이용하여 슬리퍼 그리기

목표

세모를 이용하여 슬리퍼 그리기, 기억력 촉진, 인지능력 · 묘사능력 향상

준비물

크레파스 · 색연필 · 그림물감 · 사인펜 · 연필 등의 필기구, 도화지, 완성된 작품

✓check!
- [ ] 주변 정리는 하였나요?
- [ ] 준비물과 완성된 작품을 준비하였나요?

활동내용 및 지도방법

① 치료사는 아동에게 완성된 작품을 보여 주며 "슬리퍼를 그려 보자."라고 지시하며 세모를 이용하여 슬리퍼를 그려 보인다.

② 치료사가 그린 종이를 치운 뒤, 아동에게 "슬리퍼를 그려 보자."라고 지시한다. 아동이 슬리퍼를 그리면 적극적으로 칭찬한다.

③ 만약 아동이 슬리퍼를 그리지 못할 경우에는 치료사가 슬리퍼를 그린 후 치료사의 그림을 보고 슬리퍼를 그리도록 지시한다. 이때 치료사의 그림을 보고 스스로 슬리퍼를 그리면 칭찬하고, 언어지시로 수행하도록 지도한다(그림 1).

④ 만약 치료사의 실연을 보고도 슬리퍼를 그리지 못할 경우에는 치료사가 그린 슬리퍼 옆에 점선으로 슬리퍼를 그려 주고 아동이 점선을 따라 슬리퍼를 그리도록 지도한다. 아동이 점선으로 된 슬리퍼 그림을 그리면 칭찬한다. 점선 보조를 점차 줄여 나가면서 슬리퍼를 그리도록 지도한다(그림 2).

⑤ 치료사는 ①~④의 방법으로 반복하여 연습한 후에 "슬리퍼를 그려 보자."라고 언어지시만을 한다.

⑥ 아동이 언어지시만으로 슬리퍼를 그리지 못하면 모델 없이 점선을 그려 주고 슬리퍼를 따라 그리도록 한다. 점차 보조를 줄여 마지막에는 아동 스스로 언어지시만으로 그리도록 한다. 아동이 언어지시만으로 슬리퍼를 그리게 되면 적극적으로 칭찬한다(그림 3).

활동 TIP

• 강화로 슬리퍼를 예쁘게 색칠하거나 자르기를 할 수도 있다.

그림 1

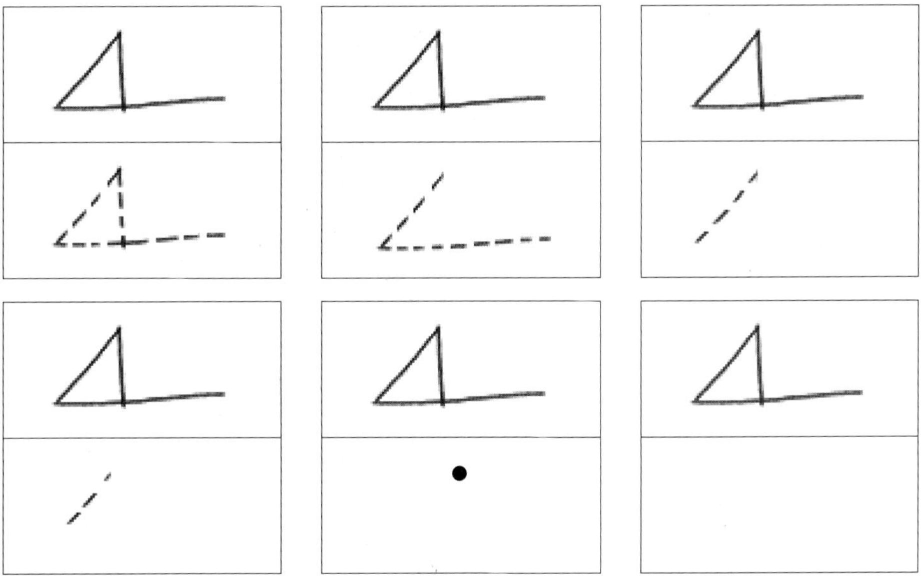

"슬리퍼를 그려 보자."

그림 2

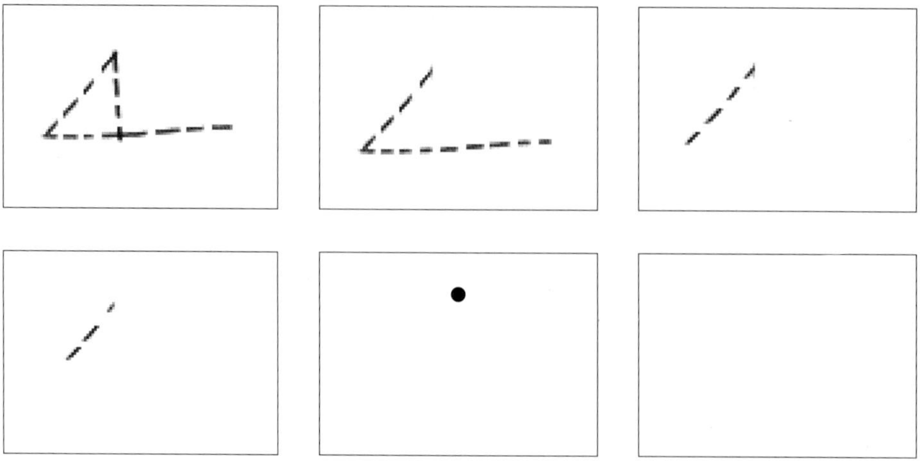

"슬리퍼를 그려 보자."

그림 3

9. 네모를 이용하여 그리기

28. 네모를 이용하여 텔레비전 그리기

목표

네모를 이용하여 텔레비전 그리기, 기억력 촉진, 인지능력 · 묘사능력 향상

준비물

크레파스 · 색연필 · 그림물감 · 사인펜 · 연필 등의 필기구, 도화지, 완성된 작품

√check!
- [ ] 주변 정리는 하였나요?
- [ ] 준비물과 완성된 작품을 준비하였나요?

활동내용 및 지도방법

① 치료사는 아동에게 완성된 작품을 보여 주며 “텔레비전을 그려 보자.”라고 지시하며 네모를 이용하여 텔레비전을 그려 보인다.

② 치료사가 그린 종이를 치운 뒤, 아동에게 “텔레비전을 그려 보자.”라고 지시한다. 아동이 텔레비전을 그리면 적극적으로 칭찬한다.

③ 만약 아동이 텔레비전을 그리지 못할 경우에는 치료사가 텔레비전을 그린 후 치료사의 그림을 보고 텔레비전을 그리도록 지시한다. 이때 치료사의 그림을 보고 스스로 텔레비전을 그리면 칭찬하고, 언어지시로 수행하도록 지도한다(그림 1).

④ 만약 치료사의 실연을 보고도 텔레비전을 그리지 못할 경우에는 치료사가 그린 텔레비전 옆에 점선으로 텔레비전을 그려 주고 아동이 점선을 따라 텔레비전을 그리도록 지도한다. 아동이 점선으로 된 텔레비전 그림을 그리면 칭찬한다. 점선 보조를 점차 줄여 나가면서 텔레비전을 그리도록 지도한다(그림 2).

⑤ 치료사는 ①~④의 방법으로 반복하여 연습한 후에 “텔레비전을 그려 보자.”

라고 언어지시만을 한다.

⑥ 아동이 언어지시만으로 텔레비전을 그리지 못하면 모델 없이 점선을 그려 주고 텔레비전을 따라 그리도록 한다. 점차 보조를 줄여 마지막에는 아동 스스로 언어지시만으로 그리도록 한다. 아동이 언어지시만으로 텔레비전을 그리게 되면 적극적으로 칭찬한다(그림 3).

활동 TIP

- 강화로 텔레비전을 예쁘게 색칠하거나 자르기를 할 수도 있다.

그림 1

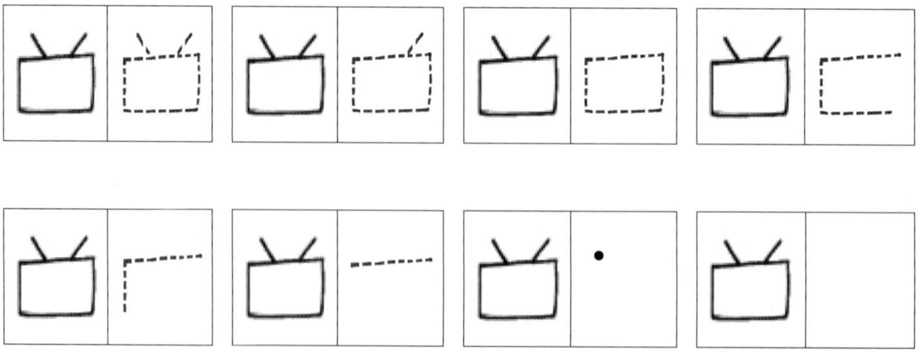

"텔레비전을 그려 보자."

그림 2

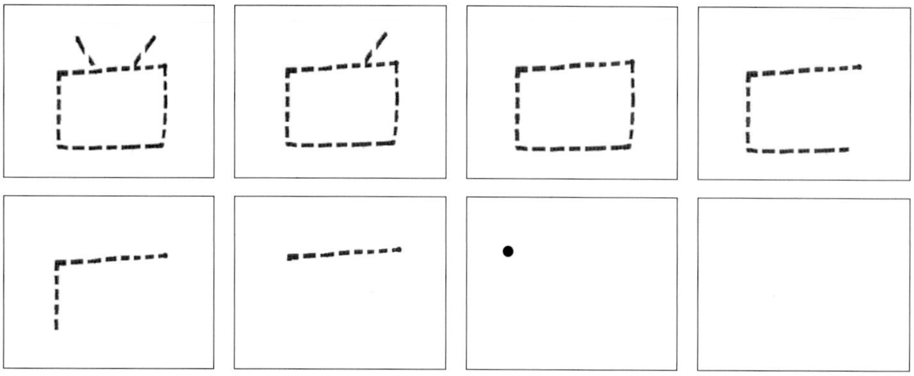

"텔레비전을 그려 보자."

그림 3

29. 네모를 이용하여 자동차 그리기

목표

네모를 이용하여 자동차 그리기, 기억력 촉진, 인지능력 · 묘사능력 향상

준비물

크레파스 · 색연필 · 그림물감 · 사인펜 · 연필 등의 필기구, 도화지, 완성된 작품

√check!
- ☐ 주변 정리는 하였나요?
- ☐ 준비물과 완성된 작품을 준비하였나요?

활동내용 및 지도방법

① 치료사는 아동에게 완성된 작품을 보여 주며 "자동차를 그려 보자."라고 지시하며 네모를 이용하여 자동차를 그려 보인다.

② 치료사가 그린 종이를 치운 뒤, 아동에게 "자동차를 그려 보자."라고 지시한다. 아동이 자동차를 그리면 적극적으로 칭찬한다.

③ 만약 아동이 자동차를 그리지 못할 경우에는 치료사가 자동차를 그린 후 치료사의 그림을 보고 자동차를 그리도록 지시한다. 이때 치료사의 그림을 보고 스스로 자동차를 그리면 칭찬하고, 언어지시로 수행하도록 지도한다(그림 1).

④ 만약 치료사의 실연을 보고도 자동차를 그리지 못할 경우에는 치료사가 그린 자동차 옆에 점선으로 자동차를 그려 주고 아동이 점선을 따라 자동차를 그리도록 지도한다. 아동이 점선으로 된 자동차 그림을 그리면 칭찬한다. 점선 보조를 점차 줄여 나가면서 자동차를 그리도록 지도한다(그림 2).

⑤ 치료사는 ①~④의 방법으로 반복하여 연습한 후에 "자동차를 그려 보자."라고 언어지시만을 한다.

⑥ 아동이 언어지시만으로 자동차를 그리지 못하면 모델 없이 점선을 그려 주고 자동차를 따라 그리도록 한다. 점차 보조를 줄여 마지막에는 아동 스스로 언어지시만으로 그리도록 한다. 아동이 언어지시만으로 자동차를 그리게 되면 적극적으로 칭찬한다(그림 3).

활동 TIP

- 강화로 자동차를 예쁘게 색칠하거나 자르기를 할 수도 있다.

그림 1

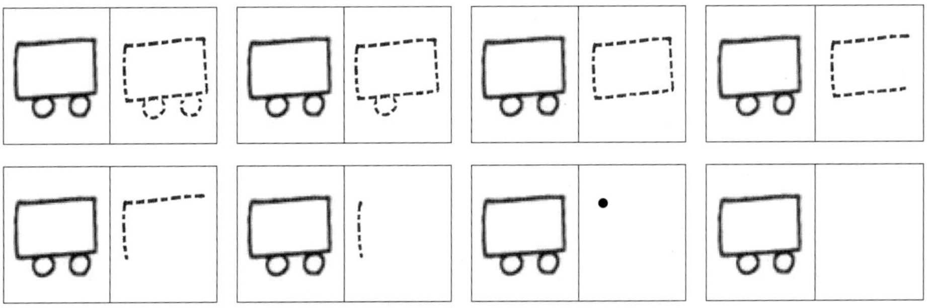

"자동차를 그려 보자."

그림 2

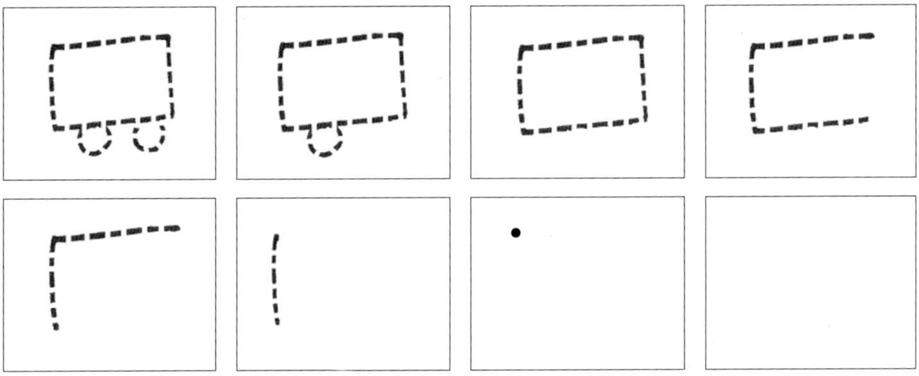

"자동차를 그려 보자."

그림 3

30. 네모를 이용하여 기차 그리기

목표

네모를 이용하여 기차 그리기, 기억력 촉진, 인지능력 · 묘사능력 향상

준비물

크레파스 · 색연필 · 그림물감 · 사인펜 · 연필 등의 필기구, 도화지, 완성된 작품

✓check!
- ☐ 주변 정리는 하였나요?
- ☐ 준비물과 완성된 작품을 준비하였나요?

활동내용 및 지도방법

① 치료사는 아동에게 완성된 작품을 보여 주며 "기차를 그려 보자."라고 지시하며 네모를 이용하여 기차를 그려 보인다.

② 치료사가 그린 종이를 치운 뒤, 아동에게 "기차를 그려 보자."라고 지시한다. 아동이 기차를 그리면 적극적으로 칭찬한다.

③ 만약 아동이 기차를 그리지 못할 경우에는 치료사가 기차를 그린 후 치료사의 그림을 보고 기차를 그리도록 지시한다. 이때 치료사의 그림을 보고 스스로 기차를 그리면 칭찬하고, 언어지시로 수행하도록 지도한다(그림 1).

④ 만약 치료사의 실연을 보고도 기차를 그리지 못할 경우에는 치료사가 그린 기차 옆에 점선으로 기차를 그려 주고 아동이 점선을 따라 기차를 그리도록 지도한다. 아동이 점선으로 된 기차 그림을 그리면 칭찬한다. 점선 보조를 점차 줄여 나가면서 기차를 그리도록 지도한다(그림 2).

⑤ 치료사는 ①~④의 방법으로 반복하여 연습한 후에 "기차를 그려 보자."라고 언어지시만을 한다.

⑥ 아동이 언어지시만으로 기차를 그리지 못하면 모델 없이 점선을 그려 주고 기차를 따라 그리도록 한다. 점차 보조를 줄여 마지막에는 아동 스스로 언어지시만으로 그리도록 한다. 아동이 언어지시만으로 기차를 그리게 되면 적극적으로 칭찬한다(그림 3).

활동 TIP

• 강화로 기차를 예쁘게 색칠하거나 자르기를 할 수도 있다.

그림 1

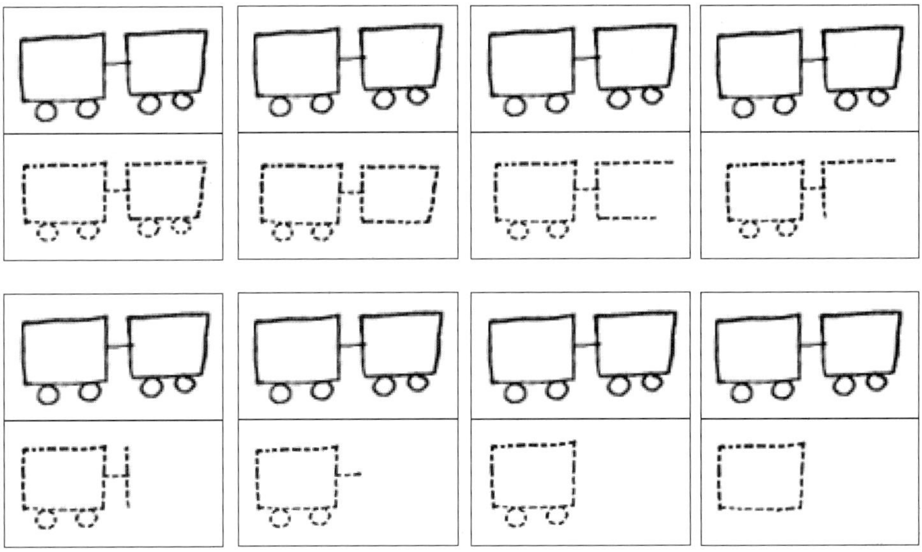

"기차를 그려 보자."

그림 2

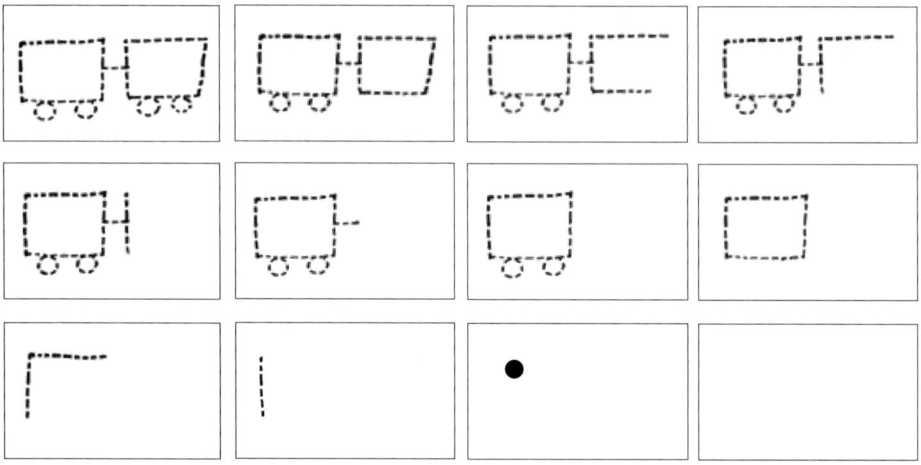

"기차를 그려 보자."

그림 3

31. 네모를 이용하여 망치 그리기

목표

네모를 이용하여 망치 그리기, 기억력 촉진, 인지능력 · 묘사능력 향상

준비물

크레파스 · 색연필 · 그림물감 · 사인펜 · 연필 등의 필기구, 도화지, 완성된 작품

√check!
☐ 주변 정리는 하였나요?
☐ 준비물과 완성된 작품을 준비하였나요?

활동내용 및 지도방법

① 치료사는 아동에게 완성된 작품을 보여 주며 "망치를 그려 보자."라고 지시하며 네모를 이용하여 망치를 그려 보인다.

② 치료사가 그린 종이를 치운 뒤, 아동에게 "망치를 그려 보자."라고 지시한다. 아동이 망치를 그리면 적극적으로 칭찬한다.

③ 만약 아동이 망치를 그리지 못할 경우에는 치료사가 망치를 그린 후 치료사의 그림을 보고 망치를 그리도록 지시한다. 이때 치료사의 그림을 보고 스스로 망치를 그리면 칭찬하고, 언어지시로 수행하도록 지도한다(그림 1).

④ 만약 치료사의 실연을 보고도 망치를 그리지 못할 경우에는 치료사가 그린 망치 옆에 점선으로 망치를 그려 주고 아동이 점선을 따라 망치를 그리도록 지도한다. 아동이 점선으로 된 망치 그림을 그리면 칭찬한다. 점선 보조를 점차 줄여 나가면서 망치를 그리도록 지도한다(그림 2).

⑤ 치료사는 ①~④의 방법으로 반복하여 연습한 후에 "망치를 그려 보자."라고 언어지시만을 한다.

⑥ 아동이 언어지시만으로 망치를 그리지 못하면 모델 없이 점선을 그려 주고 망치를 따라 그리도록 한다. 점차 보조를 줄여 마지막에는 아동 스스로 언어지시만으로 그리도록 한다. 아동이 언어지시만으로 망치를 그리게 되면 적극적으로 칭찬한다(그림 3).

활동 TIP

• 강화로 망치를 예쁘게 색칠하거나 자르기를 할 수도 있다.

그림 1

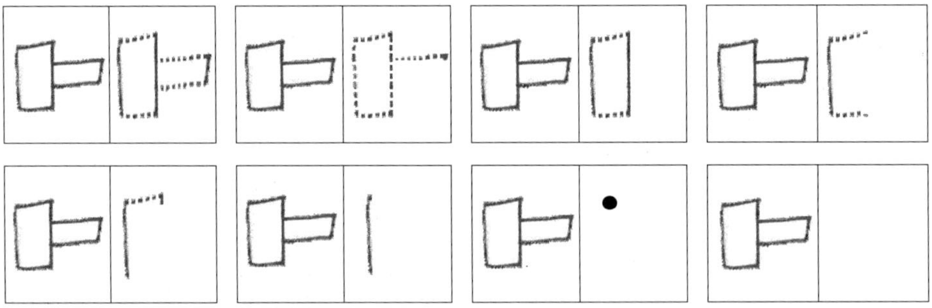

"망치를 그려 보자."

그림 2

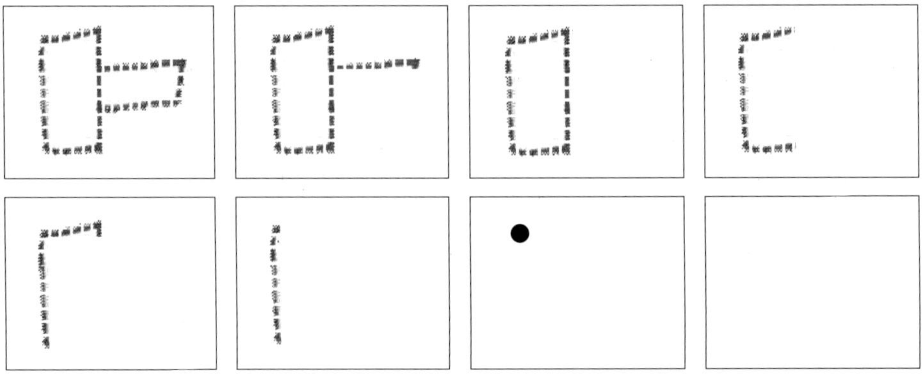

"망치를 그려 보자."

그림 3

10. 사람 그리기

32. 사람 얼굴 그리기

목표

사람 얼굴 그리기, 인지능력 향상, 신체개념 인지

준비물

크레파스 · 색연필 · 그림물감 · 사인펜 · 연필 등의 필기구, 도화지, 완성된 작품

✓check!
- ☐ 주변 정리는 하였나요?
- ☐ 준비물과 완성된 작품을 준비하였나요?

활동내용 및 지도방법

① 치료사가 아동에게 완성된 작품을 보여 주고 "얼굴을 그려 보자."라고 지시한다. 아동이 얼굴을 스스로 정확하게 그리면 적극적으로 칭찬한다.

② 만약 아동이 얼굴을 그리지 못할 때에는 치료사가 얼굴을 그려 주고, 치료사가 그려 준 얼굴 그림을 보고 모방해서 그리게 한다. 그림이 완성되었을 때 적극적으로 칭찬한다(그림 1).

③ 만약 보고 그리기가 되지 않으면 점선으로 얼굴을 다시 그려 주어 아동이 점선을 따라 얼굴을 그리도록 지도하며, 아동이 점선을 따라 얼굴을 그리면 칭찬한다. 점선 보조는 점차 줄여 나간다(그림 2).

④ 치료사는 ①~③의 방법으로 반복하여 연습한 후에 "얼굴을 그려 보자."라며 지시한다.

⑤ 아동이 언어지시만으로 얼굴을 그리면 안아 주거나 간지럽히는 등 적극적으로 칭찬한다.

활동 TIP

- 치료사는 활동의 도입 부분에서 아동과 함께 흥미 유발을 위해 얼굴 부위를 가리켜 본다(예: "눈 어디 있지?" 하며 눈을 가리키기). 또는 〈사과 같은 내 얼굴〉 등을 이용한 유희를 한다.

그림 1

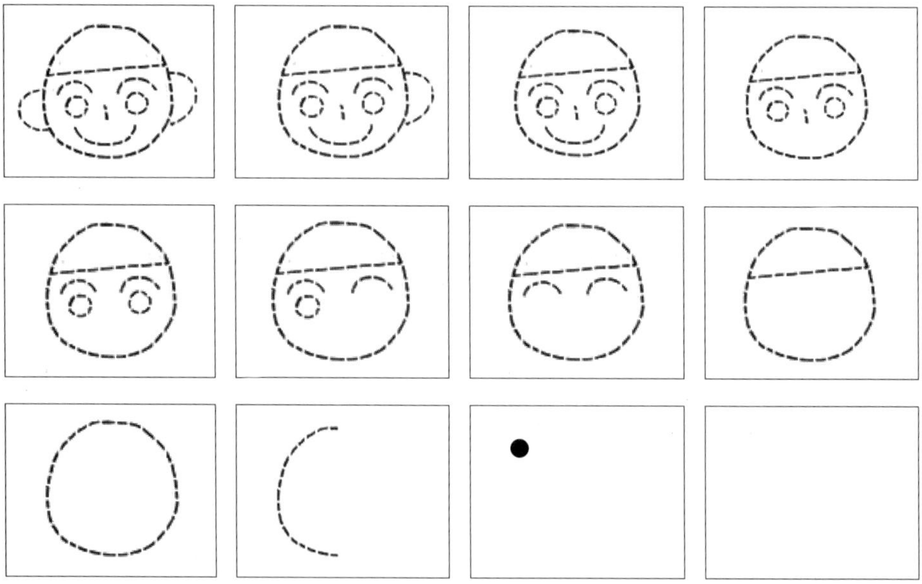

"얼굴을 그려 보자."

그림 2

33. 사람 몸 그리기

목표

사람 몸 그리기, 인지능력 향상, 신체개념 인지

준비물

크레파스 · 색연필 · 그림물감 · 사인펜 · 연필 등의 필기구, 도화지, 완성된 작품

√check!
☐ 주변 정리는 하였나요?
☐ 준비물과 완성된 작품을 준비하였나요?

활동내용 및 지도방법

① 치료사가 얼굴을 그릴 수 있는 아동에게 얼굴을 그리고 나서 완성된 작품을 보여 주고 "몸을 그려 보자."라고 지시한다. 아동이 몸을 스스로 정확하게 그리면 적극적으로 칭찬한다.

② 만약 아동이 몸을 그리지 못할 때에는 치료사가 몸을 그려 주고, 치료사가 그려 준 몸 그림을 보고 모방해서 그리게 한다. 그림이 완성되었을 때 적극적으로 칭찬한다(그림 1).

③ 만약 보고 그리기가 되지 않으면 점선으로 몸을 다시 그려 주어 아동이 점선을 따라 몸을 그리도록 지도하며, 아동이 점선을 따라 몸을 그리면 칭찬한다. 점선 보조는 점차 줄여 나간다(그림 2).

④ 치료사는 ①~③의 방법으로 반복하여 연습한 후에 "몸을 그려 보자."라며 지시한다.

⑤ 아동이 언어지시만으로 몸을 그리면 안아 주거나 간지럽히는 등 적극적으로 칭찬한다.

활동 TIP

• 치료사는 활동의 도입 부분에서 "몸을 그려 보자. 몸은 어떻게 생겼지? 몸은 어디에 있어?" 등의 질문을 하여 손으로 몸을 가리키며 아동의 주의를 모으고 흥미를 유발한다.

그림 1

"몸을 그려 보자."

그림 2

34. 사람 팔과 손 그리기

목표

사람 팔과 손 그리기, 인지능력 향상, 신체개념 인지

준비물

크레파스 · 색연필 · 그림물감 · 사인펜 · 연필 등의 필기구, 도화지, 완성된 작품

✓check!
☐ 주변 정리는 하였나요?
☐ 준비물과 완성된 작품을 준비하였나요?

활동내용 및 지도방법

① 치료사는 얼굴과 몸을 그릴 수 있는 아동에게 얼굴과 몸을 그리고 나서 완성된 작품을 보여 주고 "팔과 손을 그려 보자."라고 지시한다. 아동이 팔과 손을 스스로 정확하게 그리면 적극적으로 칭찬한다.

② 만약 아동이 팔과 손을 그리지 못할 때에는 치료사가 팔과 손을 그려 주고, 치료사가 그려 준 팔과 손 그림을 보고 모방해서 그리게 한다. 그림이 완성되었을 때 적극적으로 칭찬한다(그림 1).

③ 만약 보고 그리기가 되지 않으면 점선으로 팔과 손을 다시 그려 주어 아동이 점선을 따라 팔과 손을 그리도록 지도하며, 아동이 점선을 따라 팔과 손을 그리면 칭찬한다. 점선 보조는 점차 줄여 나간다(그림 2).

④ 치료사는 ①~③의 방법으로 반복하여 연습한 후에 "팔과 손을 그려 보자."라며 지시한다.

⑤ 아동이 언어지시만으로 팔과 손을 그리면 안아 주거나 간지럽히는 등 적극적으로 칭찬한다.

활동 TIP

- 치료사는 활동의 도입 부분에서 "팔과 손을 그려 보자. 팔은 어디에 있어? 손은 어디 있어?" 등의 질문을 하여 팔과 손을 가리키며 아동의 주의를 모으고 흥미를 잃지 않도록 한다.

그림 1

"팔과 손을 그려 보자."

그림 2

35. 사람 다리와 발 그리기

목표

사람 다리와 발 그리기, 인지능력 향상, 신체개념 인지

준비물

크레파스 · 색연필 · 그림물감 · 사인펜 · 연필 등의 필기구, 도화지, 완성된 작품

✓check!
- ☐ 주변 정리는 하였나요?
- ☐ 준비물과 완성된 작품을 준비하였나요?

활동내용 및 지도방법

① 치료사는 얼굴과 몸을 그릴 수 있는 아동에게 얼굴과 몸을 그리고 나서 완성된 작품을 보여 주고 "다리와 발을 그려 보자."라고 지시한다. 아동이 다리와 발을 스스로 정확하게 그리면 적극적으로 칭찬한다.

② 만약 아동이 다리와 발을 그리지 못할 때에는 치료사가 다리와 발을 그려 주고, 치료사가 그려 준 다리와 발 그림을 보고 모방해서 그리게 한다. 그림이 완성되었을 때 적극적으로 칭찬한다.

③ 만약 보고 그리기가 되지 않으면 점선으로 다리와 발을 다시 그려 주어 아동이 점선을 따라 다리와 발을 그리도록 지도하며, 아동이 점선을 따라 다리와 발을 그리면 칭찬한다. 점선 보조는 점차 줄여 나간다(그림 1).

④ 치료사는 ①~③의 방법으로 반복하여 연습한 후에 "다리와 발을 그려 보자."라며 지시한다.

⑤ 아동이 언어지시만으로 다리와 발을 그리면 안아 주거나 간지럽히는 등 적극적으로 칭찬한다.

활동 TIP

- 치료사는 활동의 도입 부분에서 "다리와 발을 그려 보자. 다리는 어디에 있어? 발은 어디 있어?" 등의 질문을 하여 손으로 다리와 발을 가리키며 아동의 주의를 모으고 흥미를 잃지 않도록 한다.

"다리와 발을 그려 보자."

그림 1

36. 사람 전신상 그리기

목표

사람 전신상 그리기, 인지능력 향상, 신체상 형성

준비물

크레파스 · 색연필 · 그림물감 · 사인펜 · 연필 등의 필기구, 도화지, 완성된 작품

√check!
- ☐ 주변 정리는 하였나요?
- ☐ 준비물과 완성된 작품을 준비하였나요?

활동내용 및 지도방법

① 치료사는 아동에게 완성된 작품을 보여 주고 "사람을 그려 보자."라고 지시한다. 아동이 사람을 스스로 정확하게 그리면 적극적으로 칭찬한다.

② 만약 아동이 사람을 그리지 못할 때에는 치료사가 사람을 그려 주고, 치료사가 그려 준 사람 그림을 보고 모방해서 그리게 한다. 그림이 완성되었을 때 적극적으로 칭찬한다.

③ 만약 보고 그리기가 되지 않으면 점선으로 사람을 다시 그려 주어 아동이 점선을 따라 사람을 그리도록 지도하며, 아동이 점선을 따라 사람을 그리면 칭찬한다. 점선 보조는 점차 줄여 나간다(그림 1).

④ 치료사는 ①~③의 방법으로 반복하여 연습한 후에 "사람을 그려 보자."라며 지시한다.

⑤ 아동이 언어지시만으로 사람을 그리면 안아 주거나 간지럽히는 등 적극적으로 칭찬한다.

활동 TIP

- 치료사는 활동의 도입 부분에서 아동에게 신체부위를 손으로 가리키며 흥미를 유발시킨다. 이때 신체부위를 짚을 수 있는 〈머리 어깨 무릎 발〉과 같은 유희를 실시하여도 좋다.

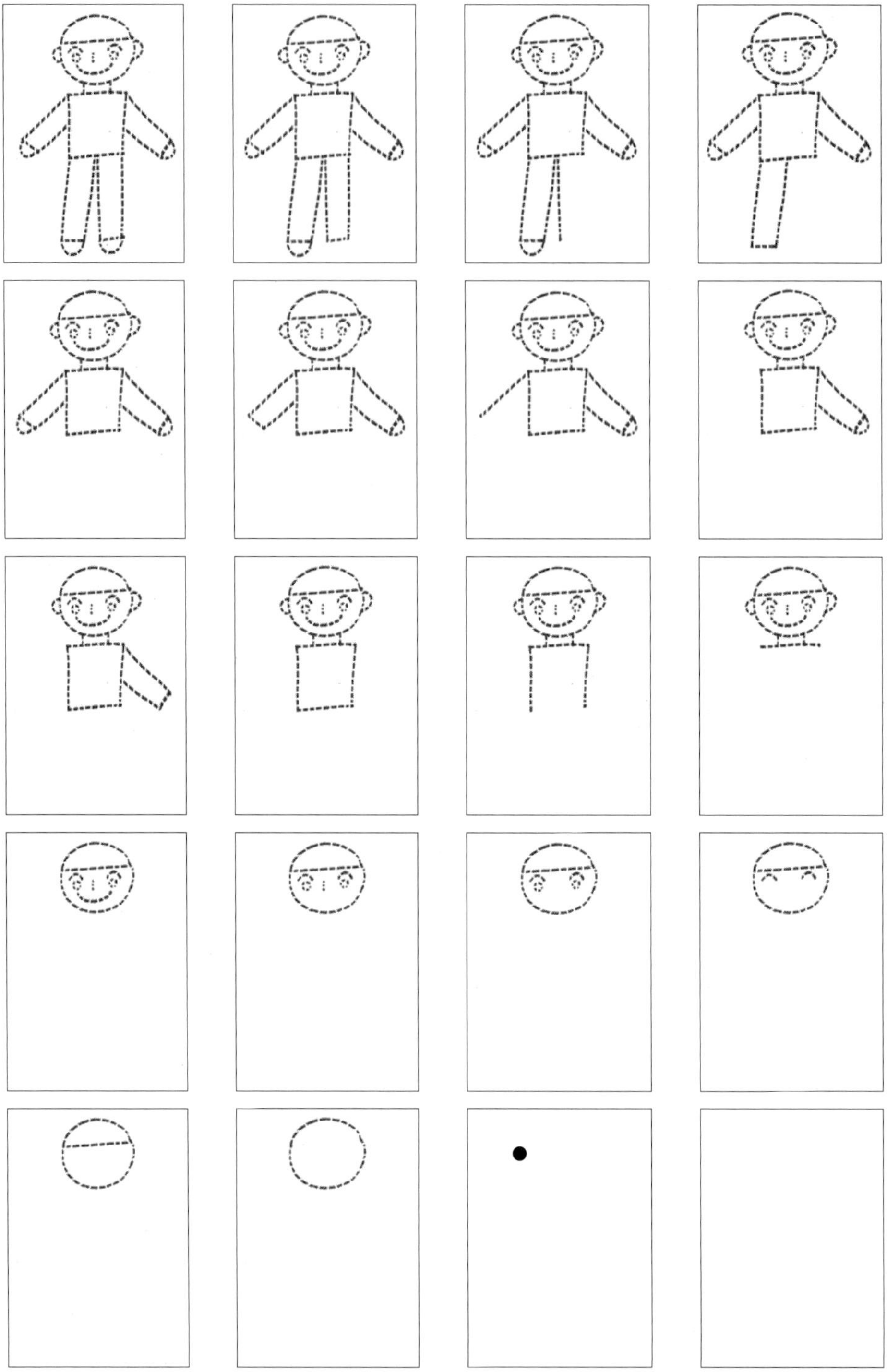

"사람을 그려 보자."

그림 1

37. 동작 그리기

목표

사람의 다양한 동작 그리기, 묘사능력 향상, 신체상 형성

준비물

8절 도화지, 연필, 지우개, 완성된 작품

√check!
- ☐ 주변 정리는 하였나요?
- ☐ 준비물과 완성된 작품을 준비하였나요?

활동내용 및 지도방법

① 치료사는 아동에게 "선생님을 따라 해 보자."라고 말하고 한 팔을 들고 있는 동작을 취해 본다.

② 아동이 따라 하면 적극적으로 칭찬해 준다. 그리고 그 동작을 그림으로 그리도록 지시한다.

③ 아동이 한 팔을 들고 있는 동작을 그리면 칭찬해 준다. 만약 아동이 그리기 힘들어 한다면 치료사가 먼저 그림으로 그려 준 후 보고 그리도록 하고 반복 연습한다.

④ 반복 연습 후에 아동이 치료사의 언어지시만으로 지시한 동작(한 팔을 들고 있는 모습)을 그리면 적극적으로 칭찬해 준다.

⑤ 그 외의 동작(예: 만세 하고 있는 모습, 서 있는 모습, 달리기 하는 모습, 밥 먹는 모습, 잠자는 모습 등)도 동일한 방법으로 지도한다.

치료사 그림

아동 그림

38. 사람 그림에서 빠진 부분 그리기

목표

사람의 전신상 중에서 빠진 부분을 그리기, 인지능력 향상, 신체상 형성

준비물

크레파스 · 색연필 · 사인펜 · 연필 등의 필기구,
도화지, 신체부위 중 일부가 빠진 그림

√check!
- ☐ 주변 정리는 하였나요?
- ☐ 준비물과 완성된 작품을 준비하였나요?

활동내용 및 지도방법

① 치료사는 아동에게 신체부위 중 일부가 빠져 있는 그림을 제시한다(그림 1).

② "어디가 빠졌지?" 혹은 "무엇이 빠졌지?"와 같이 질문하여 아동이 빠진 부위를 지적하면서 언어로 표현하도록 한다. 스스로 표현하지 못할 때에는 치료사가 빠진 부위를 지적하며 표현하여 아동이 모방하여 표현하도록 하며, 아동이 표현하면 적극적으로 칭찬한다.

③ "빠진 곳 그려 보자."라고 지시하여 아동이 바르게 그리도록 하고 수행하면 적극적으로 칭찬하며 강화한다. 만약 그리지 못할 때에는 치료사가 점선으로 빠진 부위를 그려 주어 아동이 점선을 따라 그리도록 지도하며(그림 2), 사람을 그리면 칭찬한다.

④ 점선 보조를 점차 줄이면서 반복하여 연습한 후에 "무엇이 빠졌지? 빠진 곳을 그려 보자."와 같이 지시를 하여 아동 스스로가 빠진 부위를 찾아서 그려 넣도록 지도한다.

⑤ 아동이 언어지시에 스스로 빠진 부위를 찾아서 그리면 칭찬한다.

⑥ 앞의 지도방법으로 다른 부위에 대해서도 빠진 곳을 찾아 그릴 수 있도록 지도한다(그림 3).

활동 TIP

- 치료사는 활동의 도입 부분에서 아동에게 신체부위를 하나씩 손으로 짚으면서 아동이 흥미를 가지도록 한다. 신체부위를 가리킬 수 있는 유희를 실시하는 것도 좋은 방법이다.

그림 1

그림 2

그림 3

11. 과일 그리기

39. 과일을 보고 그리기

목표

모델을 보고 과일 그리기, 인지능력 향상, 분류개념 형성

준비물

크레파스, 색연필, 종이, 모델그림(종류: 사과, 딸기 등)

✓check!
- ☐ 주변 정리는 하였나요?
- ☐ 준비물과 완성된 작품을 준비하였나요?

활동내용 및 지도방법

① 치료사는 아동에게 “사과를 그려 보자. 이것을 보고 그리자.”라고 지시하며 사과가 그려진 종이를 제시한다(그림 1).

② 아동이 사과 그림을 보고 스스로 그리면 칭찬한다. 만약 아동이 수행하지 못하면, 아동의 손을 잡고 같이 그려 준다(그림 2).

③ ①~②의 방법으로 반복 연습한 후 “사과를 그려 보자.”라고 언어지시만을 한다.

④ 아동이 언어지시로 사과를 그리면 칭찬한다.

⑤ 다른 과일도 ①~④의 방법으로 지도한다(그림 3).

⑥ ⑤가 가능하면 “사과와 딸기를 그려 보자.”라고 지시하여 여러 가지 과일을 그리도록 지도한다.

그림 1

그림 2

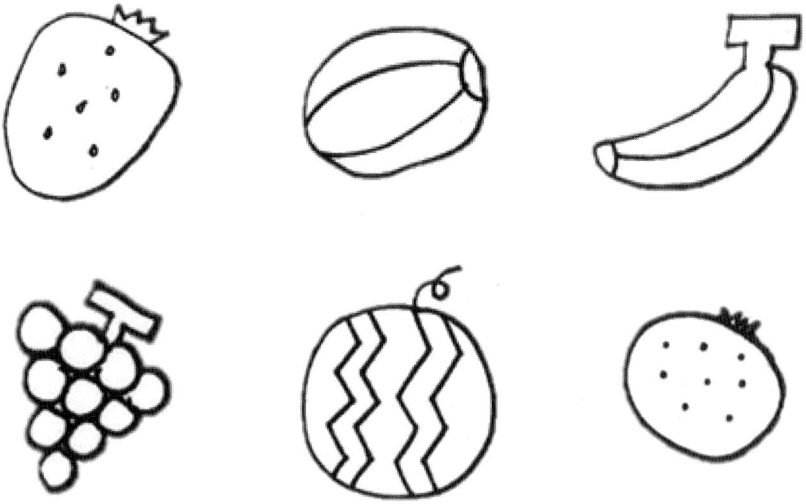

그림 3

40. 점선 용암에 따라 과일 그리기

목표

점선 용암에 따라 과일 그리기, 인지능력 향상, 분류개념 형성

준비물

크레파스, 색연필, 종이, 모델그림(종류: 사과, 수박, 바나나, 포도, 귤, 딸기, 참외 등)

✓check!
- ☐ 주변 정리는 하였나요?
- ☐ 준비물과 완성된 작품을 준비하였나요?

활동내용 및 지도방법

① 치료사는 아동에게 “사과를 그려 보자.”라고 지시하며 점선으로 사과를 그린 종이를 제시한다(그림 1).

② 아동이 점선을 따라서 사과 그림을 완성하면 칭찬한다. 만약 수행하지 못하면, 아동의 손을 잡고 같이 그려 준다. 점차 점선 보조를 줄여 나간다.

③ 치료사는 ①보다 점선 보조를 줄인 그림을 아동에게 제시하며 “사과를 그려 보자.”라고 지시한다.

④ 아동이 점선에 따라 수행하면 계속 점선 보조를 줄인 그림을 제시한다(그림 2).

⑤ 치료사는 언어지시로 “사과를 그려 보자.”라고 지시하며 백지를 제시한다.

⑥ 아동이 언어지시로 사과를 그리면 칭찬한다.

⑦ 다른 과일도 ①~⑥의 방법으로 지도한다.

⑧ ⑦이 가능하면 “사과와 딸기를 그려 보자.”라고 지시하여 여러 가지 과일을 그리도록 지도한다.

그림 1

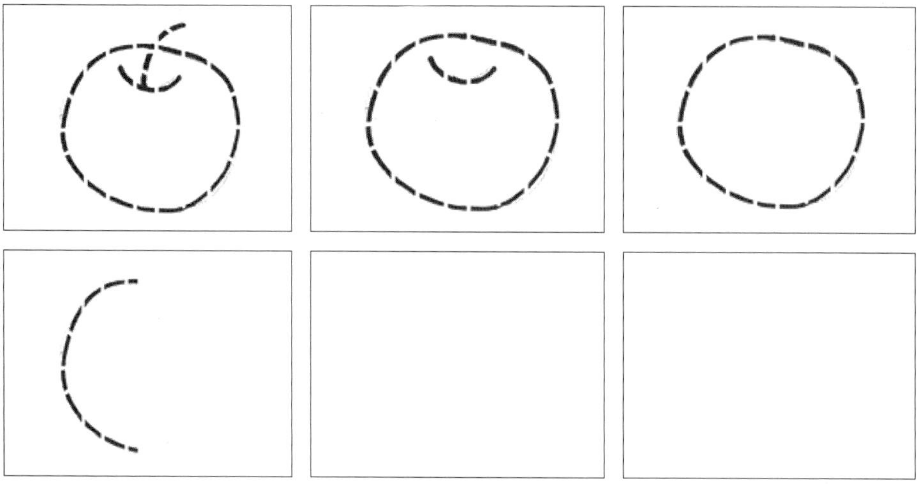

"사과를 그려 보자."   "사과와 딸기를 그려 보자."

그림 2

12. 동물 그리기

41. 동물을 보고 그리기

목표

모델을 보고 동물 그리기, 인지능력 향상, 분류개념 형성

준비물

크레파스, 색연필, 종이, 모델그림(종류: 돼지, 토끼, 기린, 코끼리, 사자, 고양이 등)

√check!
- ☐ 주변 정리는 하였나요?
- ☐ 준비물과 완성된 작품을 준비하였나요?

활동내용 및 지도방법

① 치료사는 아동에게 "돼지를 그려 보자. 이것을 보고 그리자."라고 지시하며 돼지가 그려진 종이를 제시한다(그림 1).

② 아동이 돼지 그림을 보고 스스로 그리면 칭찬한다. 만약에 아동이 수행하지 못하면, 아동의 손을 잡고 같이 그려 준다(그림 2).

③ ①~②의 방법으로 반복 연습한 후 "돼지를 그려 보자."라고 언어지시만을 한다.

④ 아동이 언어지시로 돼지를 그리면 칭찬한다.

⑤ 다른 동물도 ①~④의 방법으로 지도한다(그림 3).

⑥ ⑤가 가능하면 "돼지와 토끼를 그려 보자."라고 지시하여 여러 가지 동물을 그리도록 지도한다.

그림 1

그림 2

그림 3

42. 점선 용암에 따라 동물 그리기

목표

점선 용암에 따라 동물 그리기, 인지능력 향상, 분류개념 형성

준비물

크레파스, 색연필, 종이, 모델그림(종류: 돼지, 토끼, 기린, 코끼리, 사자, 고양이 등)

√check!
- ☐ 주변 정리는 하였나요?
- ☐ 준비물과 완성된 작품을 준비하였나요?

활동내용 및 지도방법

① 치료사는 아동에게 "토끼를 그려 보자."라고 지시하며 점선으로 토끼를 그린 종이를 제시한다(그림 1).

② 아동이 점선을 따라서 토끼 그림을 완성하면 칭찬한다. 만약에 수행하지 못하면, 아동의 손을 잡고 같이 그려 준다. 점차 보조를 줄여 나간다.

③ 치료사는 ①보다 점선 보조를 줄인 그림을 아동에게 제시하며 "토끼를 그려 보자."라고 지시한다.

④ 아동이 점선에 따라 수행하면 계속 점선 보조를 줄인 그림을 제시한다(그림 2).

⑤ 치료사는 언어지시로 "토끼를 그려 보자."라고 지시하며 백지를 제시한다.

⑥ 아동이 언어지시로 토끼를 그리면 칭찬한다.

⑦ 다른 과일도 ①~⑥의 방법으로 지도한다.

⑧ ⑦이 가능하면 "토끼와 돼지를 그려 보자."라고 지시하여 여러 가지 동물을 그리도록 지도한다.

그림 1

“토끼를 그려 보자.” “토끼와 돼지를 그려 보자.”

그림 2

13. 탈것 그리기

43. 탈것을 보고 그리기

목표

모델을 보고 탈것 그리기, 인지능력 향상, 분류개념 형성

준비물

크레파스, 색연필, 종이, 모델그림(종류: 자동차, 자전거, 기차, 배, 비행기, 트럭 등)

√check!
- ☐ 주변 정리는 하였나요?
- ☐ 준비물과 완성된 작품을 준비하였나요?

활동내용 및 지도방법

① 치료사는 아동에게 "자동차를 그려 보자. 이것을 보고 그리자."라고 지시하며 자동차가 그려진 종이를 제시한다(그림 1).

② 아동이 자동차 그림을 보고 스스로 그리면 칭찬한다. 만약 아동이 수행하지 못하면, 아동의 손을 잡고 같이 그려 준다(그림 2).

③ ①~②의 방법으로 반복 연습한 후 "자동차를 그려 보자."라고 언어지시만을 한다.

④ 아동이 언어지시로 자동차를 그리면 칭찬한다.

⑤ 다른 탈것도 ①~④의 방법으로 지도한다(그림 3).

⑥ ⑤가 가능하면 "자동차와 트럭을 그려 보자."라고 지시하여 여러 가지 탈것을 그리도록 지도한다.

그림 1

그림 2

그림 3

44. 점선 용암에 따라 탈것 그리기

목표

점선 용암에 따라 탈것 그리기, 인지능력 향상, 분류개념 형성

준비물

크레파스, 색연필, 종이, 모델그림(종류: 자동차, 자전거, 기차, 배, 비행기, 트럭 등)

√check!
☐ 주변 정리는 하였나요?
☐ 준비물과 완성된 작품을 준비하였나요?

활동내용 및 지도방법

① 치료사는 아동에게 "자동차를 그려 보자."라고 지시하며 점선으로 자동차를 그린 종이를 제시한다(그림 1).

② 아동이 점선을 따라서 자동차 그림을 완성하면 칭찬한다. 만약 수행하지 못하면, 아동의 손을 잡고 같이 그려 준다. 점차 보조를 줄여 나간다.

③ 치료사는 ①보다 점선 보조를 줄인 그림을 아동에게 제시하며 "자동차를 그려 보자."라고 지시한다.

④ 아동이 점선에 따라 수행하면 계속 점선 보조를 줄인 그림을 제시한다(그림 2).

⑤ 치료사는 언어지시로 "자동차를 그려 보자."라고 지시하며 백지를 제시한다.

⑥ 아동이 언어지시로 자동차를 그리면 칭찬한다.

⑦ 다른 과일도 ①~⑥의 방법으로 지도한다.

⑧ ⑦이 가능하면 "자동차와 기차를 그려 보자."라고 지시하여 여러 가지 탈것을 그리도록 지도한다.

그림 1

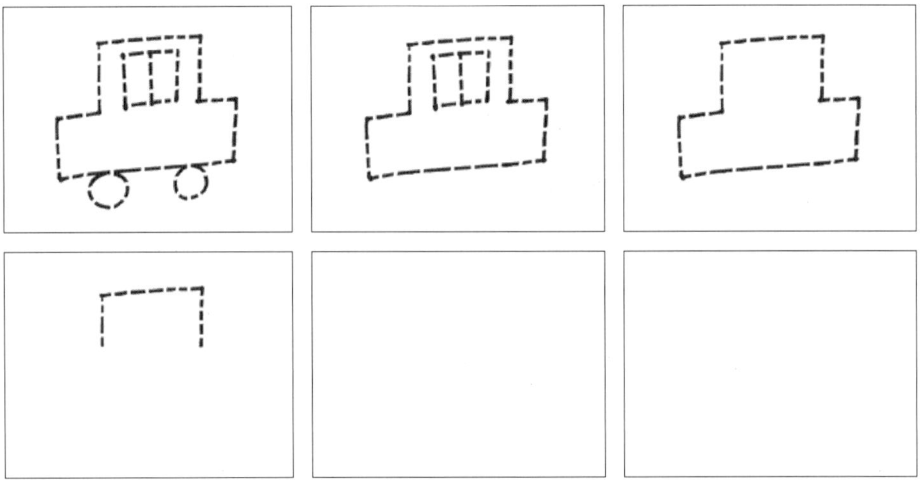

"자동차를 그려 보자."

"자동차와 기차를 그려 보자."

그림 2

14. 물속에 사는 동물 그리기

45. 물속에 사는 동물을 보고 그리기

목표

모델을 보고 물속에 사는 동물 그리기, 인지능력 향상, 분류개념 형성

준비물

크레파스, 색연필, 종이, 모델그림(종류: 불가사리, 물고기, 문어, 오징어, 거북이, 조개, 상어 등)

✓check!
- ☐ 주변 정리는 하였나요?
- ☐ 준비물과 완성된 작품을 준비하였나요?

활동내용 및 지도방법

① 치료사는 아동에게 "물고기를 그려 보자. 이것을 보고 그리자."라고 지시하며 물고기가 그려진 종이를 제시한다(그림 1).

② 아동이 물고기 그림을 보고 스스로 그리면 칭찬한다. 만약 아동이 수행하지 못하면, 아동의 손을 잡고 같이 그려 준다(그림 2).

③ ①~②의 방법으로 반복 연습한 후 "물고기를 그려 보자."라고 언어지시만을 한다.

④ 아동이 언어지시로 물고기를 그리면 칭찬한다.

⑤ 물속에 사는 다른 동물도 ①~④의 방법으로 지도한다(그림 3).

⑥ ⑤가 가능하면 "물고기와 거북이를 그려 보자."라고 지시하여 여러 가지 물속에 사는 동물을 그리도록 지도한다.

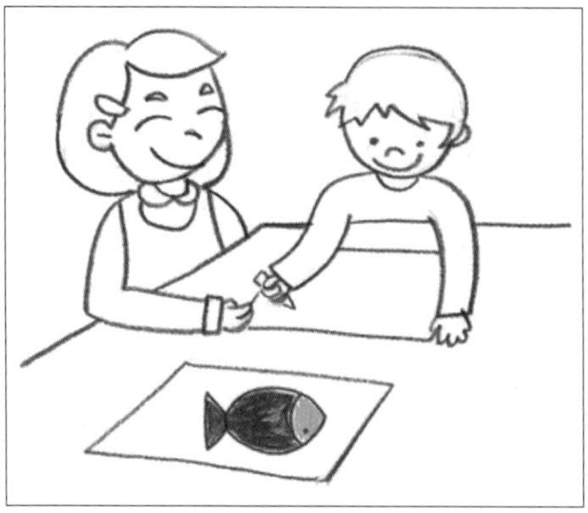

그림 1

그림 2

그림 3

46. 점선 용암에 따라 물속에 사는 동물 그리기

목표

점선 용암에 따라 물속에 사는 동물 그리기, 인지능력 향상, 분류개념 형성

준비물

크레파스, 색연필, 종이, 모델그림(종류: 불가사리, 물고기, 문어, 오징어, 거북이, 조개, 상어 등)

✓check!
- [ ] 주변 정리는 하였나요?
- [ ] 준비물과 완성된 작품을 준비하였나요?

활동내용 및 지도방법

① 치료사는 아동에게 "물고기를 그려 보자."라고 지시하며 점선으로 물고기를 그린 종이를 제시한다(그림 1).

② 아동이 점선을 따라서 물고기 그림을 완성하면 칭찬한다. 만약 수행하지 못하면, 아동의 손을 잡고 같이 그려 준다. 점차 보조를 줄여 나간다.

③ 치료사는 ①보다 점선 보조를 줄인 그림을 아동에게 제시하며 "물고기를 그려 보자."라고 지시한다.

④ 아동이 점선에 따라 수행하면 계속 점선 보조를 줄인 그림을 제시한다(그림 2).

⑤ 치료사는 언어지시로 "물고기를 그려 보자."라고 지시하며 백지를 제시한다.

⑥ 아동이 언어지시로 물고기를 그리면 칭찬한다.

⑦ 물속에 사는 다른 동물도 ①~⑥의 방법으로 지도한다.

⑧ ⑦이 가능하면 "물고기와 거북이를 그려 보자."라고 지시하여 여러 가지 물속에 사는 동물을 그리도록 지도한다.

그림 1

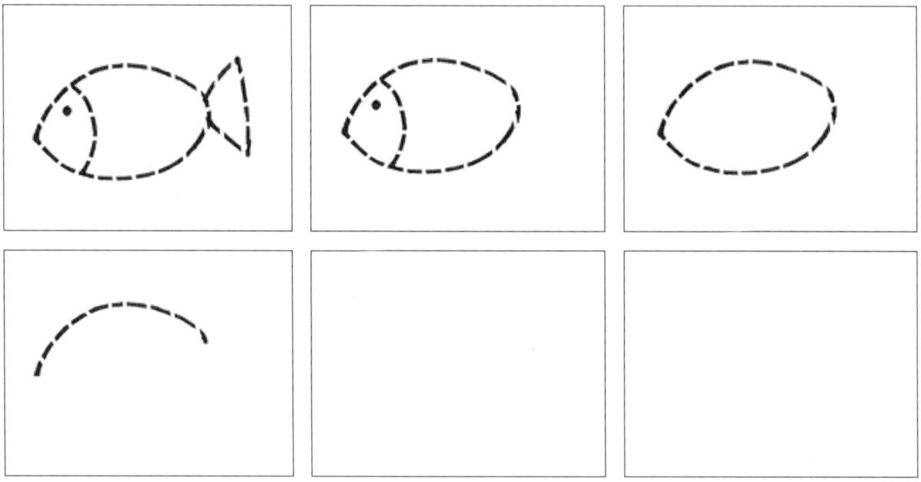

"물고기를 그려 보자."

"물고기와 거북이를 그려 보자."

그림 2

15. 여러 가지 모양 그리기

47. 여러 가지 모양으로 집 그리기

목표

언어지시에 따라 여러 종류의 집 그리기, 인지능력 향상, 창의성 개발

준비물

크레파스, 색연필, 종이, 모델그림(종류: 초가집, 아파트, 기와집, 굴뚝집, 벽돌집, 나무집 등)

✓check!
☐ 주변 정리는 하였나요?
☐ 준비물과 완성된 작품을 준비하였나요?

활동내용 및 지도방법

① 아동에게 "집을 그려 보자."라고 언어지시를 한다.

② 수행하면 칭찬한다. 수행하지 못하면 보고 그리기나, 점선 용암의 지도방법으로 집을 그리도록 지도한다.

③ 아동이 그린 집 그림을 다시 아동에게 보여 주며 "○○야, 이번에는 다른 집을 그려 볼까?"라고 지시한다.

④ 아동이 다른 집을 그리면 칭찬한다.

⑤ 수행하지 못하면, 치료사는 아동에게 "집에는 어떤 집이 있지?"라고 질문한다. 아동이 대답하면 칭찬하고, 대답하지 못하면 "초가집, 아파트, 기와집, 굴뚝집, 나무집 등이 있지."라고 대답해 준다. 그리고 여러 장의 집 모델그림을 제시하고 아동이 고르도록 한다. 아동이 언어로 대답하더라도 다른 집을 연상하여 표현하지 못할 경우에도 여러 장의 다양한 집 모델그림을 제시한다.

⑥ 치료사는 아동에게 "○○가 그리고 싶은 집 그림을 찾아보자."라고 지시한다.

⑦ 아동이 고른 집 그림을 보고 그리기나 점선 용암의 방법으로 그리기를 실시한다.

⑧ 반복 연습 후에 치료사는 언어지시만으로 "다른 집을 그려 보자."라고 지시한다.

⑨ ⑧이 가능하면 다양한 집 그림 그리기를 ①~⑧의 방법으로 지도한다.

48. 여러 가지 모양으로 나무 그리기

목표

언어지시에 따라 여러 종류의 나무 그리기, 인지능력 향상, 창의성 개발

준비물

크레파스, 색연필, 종이, 모델그림(종류: 소나무, 동그란 나무, 세모난 나무, 구름나무, 나뭇잎이 없는 나무, 키 작은 나무, 키 큰 나무, 열매나무 등)

√check!
- ☐ 주변 정리는 하였나요?
- ☐ 준비물과 완성된 작품을 준비하였나요?

활동내용 및 지도방법

① 아동에게 "나무를 그려 보자."라고 언어지시를 한다.

② 수행하면 칭찬한다. 수행하지 못하면 보고 그리기나, 점선 용암의 지도방법으로 나무를 그리도록 지도한다.

③ 아동이 그린 나무 그림을 다시 아동에게 보이면 "○○야, 이번에는 다른 나무를 그려 볼까?"라고 지시한다.

④ 아동이 다른 나무를 그리면 칭찬한다.

⑤ 수행하지 못하면, 치료사는 아동에게 "나무에는 어떤 나무가 있지?"라고 질문한다. 아동이 대답하면 칭찬하고, 대답하지 못하면 "소나무, 구름나무, 키 작은 나무, 나뭇잎이 없는 나무 등이 있지."라고 대답해 준다. 그리고 여러 장의 나무 모델그림을 제시하고 아동이 고르도록 한다. 아동이 언어로 대답하더라도 다른 나무를 연상하여 표현하지 못할 경우에도 여러 장의 다양한 나무 모델그림을 제시한다.

⑥ 치료사는 아동에게 "○○가 그리고 싶은 나무 그림을 찾아보자."라고 지시한다.

⑦ 아동이 고른 나무 그림을 보고 그리기나 점선 용암의 방법으로 그리기를 실시한다.

⑧ 반복 연습 후에 치료사는 언어지시만으로 "다른 나무를 그려 보자."라고 지

시한다.

⑨ ⑧이 가능하면 다양한 나무 그림 그리기를 ①~⑧의 방법으로 지도한다.

49. 여러 가지 모양으로 꽃 그리기

목표

언어지시에 따라 여러 종류의 꽃 그리기, 인지능력 향상, 창의성 개발

준비물

크레파스, 색연필, 종이, 모델그림(종류: 해바라기, 나팔꽃, 코스모스, 채송화, 장미, 튤립 등)

√check!
- ☐ 주변 정리는 하였나요?
- ☐ 준비물과 완성된 작품을 준비하였나요?

활동내용 및 지도방법

① 아동에게 "꽃을 그려 보자."라고 언어지시를 한다.

② 수행하면 칭찬한다. 수행하지 못하면 보고 그리기나, 점선 용암의 지도방법으로 꽃을 그리도록 지도한다.

③ 아동이 그린 꽃 그림을 다시 아동에게 보이면 "○○야, 이번에는 다른 꽃을 그려 볼까?"라고 지시한다.

④ 아동이 다른 꽃을 그리면 칭찬한다.

⑤ 수행하지 못하면, 치료사는 아동에게 "꽃에는 어떤 꽃이 있지?"라고 질문한다. 아동이 대답하면 칭찬하고, 대답하지 못하면 "해바라기, 나팔꽃, 코스모스, 튤립 등이 있지."라고 대답해 준다. 그리고 여러 장의 꽃 모델그림을 을 제시하고 아동이 고르도록 한다. 아동이 언어로 대답하더라도 다른 꽃을 연상하여 표현하지 못할 경우에도 여러 장의 다양한 모델그림을 제시한다.

⑥ 치료사는 아동에게 "○○가 그리고 싶은 꽃 그림을 찾아보자."라고 지시한다.

⑦ 아동이 고른 꽃 그림을 보고 그리기나 점선 용암의 방법으로 그리기를 실시한다.

⑧ 반복 연습 후에 치료사는 언어지시만으로 "다른 꽃을 그려 보자."라고 지시한다.

⑨ ⑧이 가능하면 다양한 꽃 그림 그리기를 ①~⑧의 방법으로 지도한다.

50. 여러 가지 모양으로 잘린 과일 단면 그리기

목표

언어지시에 따라 여러 종류의 과일 잘린 단면 그리기, 인지능력 향상, 창의성 개발

준비물

크레파스, 색연필, 종이, 모델그림(종류: 사과의 잘린 단면, 바나나의 잘린 단면, 수박의 잘린 단면, 귤의 잘린 단면)

✓check!
- ☐ 주변 정리는 하였나요?
- ☐ 준비물과 완성된 작품을 준비하였나요?

활동내용 및 지도방법

① 실물 사과를 들고 아동에게 "사과를 반으로 잘라 보자."라고 지시한다.
② 사과를 반으로 자른 후에 "사과 좀 봐. 신기하게 생겼네. 씨도 있네."라고 말을 하면서 아동이 반으로 잘린 사과에 집중하도록 주의한다.
③ 치료사는 "우리 사과 반쪽을 그려 볼까?"라고 지시한다.
④ 실물 사과의 잘린 단면을 보고 그리면 칭찬하고, 수행하지 못하면 미리 준비한 사과 반쪽의 모델그림을 아동에게 제시한다.
⑤ 반복 연습 후 실물 사과나 모델그림 없이 치료사는 언어지시로 "사과의 잘린 단면을 그려 보자."라고 지시한다.
⑥ 수행하면 칭찬한다.
⑦ 다양한 과일의 잘린 단면을 그리도록 ①~⑥의 방법으로 지도한다.

16. 채색하기

51. 자유롭게 채색하기

목표

언어지시에 따라 자유롭게 채색하기, 자발성 향상, 긴장 해소

준비물

크레파스, 종이

√check!
- [ ] 주변 정리는 하였나요?
- [ ] 준비물과 완성된 작품을 준비하였나요?

활동내용 및 지도방법

① 치료사는 아동에게 “자유롭게 색칠하자.”라고 지시하며 아동에게 크레파스를 제시한다.

② 치료사가 크레파스를 들고 자유롭게 색칠하는 시범을 보이며 아동이 자유롭게 색칠하도록 한다.

③ 아동이 수행하면 칭찬하고, 수행하지 않으면 치료사가 아동의 손을 잡고 같이 색칠한다. 점차 보조를 줄여 아동이 스스로 수행하도록 한다.

④ “자유롭게 색칠하자.” 라고 언어지시를 한다.

⑤ 아동이 수행하면 칭찬한다.

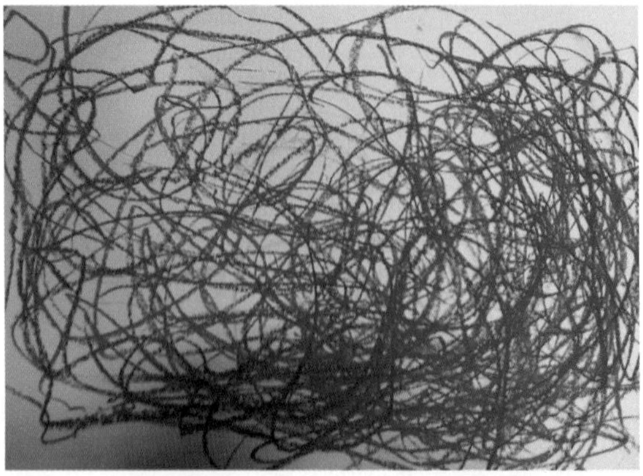

52. 테두리 안에 채색하기

목표

언어지시에 따라 테두리 안에 채색하기, 주의집중력 향상

준비물

크레파스, 종이

√check!
- [ ] 주변 정리는 하였나요?
- [ ] 준비물과 완성된 작품을 준비하였나요?

활동내용 및 지도방법

① 치료사는 테두리를 진하고 굵게 칠한 원을 아동에게 제시한다.

② 치료사는 아동에게 크레파스를 주며 "테두리 안에 색칠하자."라고 지시한다.

③ 아동이 테두리 밖에 칠하면, 치료사가 테두리 안을 가리키며 "테두리 안에 색칠해야지."라고 말하며 아동이 테두리 밖에 색칠하지 않도록 치료사의 손으로 막는다.

④ 아동이 수행하면 칭찬한다.

⑤ 점차 테두리의 선을 가늘고 연하게 그려서 아동에게 제시한다.

⑥ "테두리 안에 색칠하자."라고 언어지시를 한다.

⑦ 아동이 수행하면 칭찬한다.

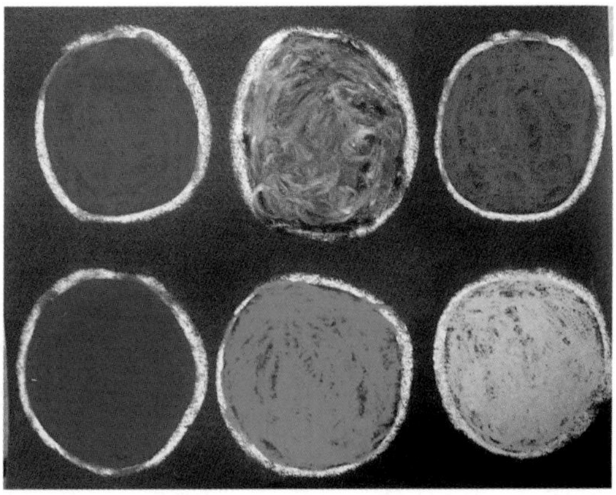

53. 똑같이 채색하기

목표

언어지시에 따라 모델그림과 똑같이 채색하기, 인지능력 향상

준비물

크레파스, 종이, 모델그림(종류: 한 가지 색, 두 가지 색, 세 가지 색, 네 가지 색, 다섯 가지 색, 여섯 가지 색 이상이 채색된 그림)

✓check!
- ☐ 주변 정리는 하였나요?
- ☐ 준비물과 완성된 작품을 준비하였나요?

활동내용 및 지도방법

① 치료사와 아동은 마주 앉는다.
② 아동에게 채색된 그림과 크레파스를 제시한다.
③ 치료사는 아동에게 "○○야, 여기에 있는 그림과 같이 색칠해 보자."라고 지시한다.
④ 아동이 모델그림과 같게 수행하면 칭찬한다.
⑤ "이것과 똑같이 색칠해 보자."라고 지시한다.
⑥ 아동이 모델그림에 맞게 적절히 색을 고르면 칭찬하고, 적절한 색을 고르지 못하면 크레파스 전체를 제시하지 말고 채색할 색을 포함하여 2~3개만 제시하여 아동이 고르도록 한다.

활동 TIP

- 채색된 색을 두 가지 색, 세 가지 색 등으로 늘리면서 단계를 높여 갈 수 있다.
- 색을 두 가지 색, 세 가지 색 등으로 늘릴 때 모델그림과 같은 위치에 같은 색을 칠하지 못하는 경우가 발생한다. 이때는 치료사가 "파란색은 어디에 색칠해야 하지? 여기지."라고 언어지시를 하며 동시에 치료사의 손가락으로 채색해야 할 위치를 가르쳐 준다. 점차 손가락 보조는 줄여 나간다.

54. 숨은 그림을 찾아 채색하기

목표

그림 속에 숨어 있는 사물을 스스로 찾아서 채색하기, 관찰능력 · 시지각능력 향상

준비물

크레파스, 색연필, 종이, 간단한 사물이 숨어 있는 그림

√check!
- [ ] 주변 정리는 하였나요?
- [ ] 준비물과 완성된 작품을 준비하였나요?

활동내용 및 지도방법

① 간단한 사물이 숨어 있는 그림을 아동에게 제시한다.

② 치료사는 아동에게 "모자가 어디 있니? 빗은 어디 있니?"라고 지시한다.

③ 아동이 치료사가 지시하는 것을 찾으면 칭찬하고, 수행하지 못하면 아동의 손을 잡고 "모자는 여기에 있지. 빗은 여기에 있지."라고 지시하며 숨은 그림을 찾는다.

④ 치료사는 아동에게 "모자와 빗을 찾아서 색칠하자."라고 지시하며, 아동에게 크레파스, 색연필 등을 제시한다.

⑤ 아동이 숨은 사물을 찾아 채색하면 칭찬한다.

활동 TIP

- 점차 더 복잡한 그림 속에서 숨은 사물을 찾도록 한다.

숨 은 그 림 찾 기
가지, 눈사람, 밤, 삼각자

55. 상호 색채 분할법

목표

관계 형성 및 거부감 감소, 흥미 유발, 활동의 촉진

준비물

사인펜, 크레파스, 다양한 크기의 도화지

✓check!
☐ 주변 정리는 하였나요?
☐ 준비물과 완성된 작품을 준비하였나요?

활동내용 및 지도방법

① 치료사는 아동에게 가장자리에 테두리가 그려진 도화지를 제시하면서 “선생님 하고 같이 선을 그려서 색칠해 보자.”라고 말한다.

② 치료사가 “먼저 선을 한 번 그어 볼까?” 하며 직선(혹은 곡선)을 한 줄 그린 다음, 아동에게 “○○도 그려 볼래?” 하고 지시한다. 아동이 선을 자연스럽게 그리면 칭찬해 준다.

③ 치료사와 아동이 번갈아 가며 몇 개의 선을 더 그려 넣는다.

④ 아동에게 크레파스를 제시하고 원하는 색을 골라서 원하는 부분에 채색하도록 한다.

⑤ 아동이 채색을 하고 나면 치료사가 채색을 한다. 치료사와 아동이 번갈아 가며 채색을 하여 다 완성하도록 한다.

활동 TIP

- 활동 시 아동이 한 번에 한 칸씩 칠하지 않고 두세 칸을 칠해도 원하는 대로 하게 해 준다. 채색을 잘하는 것이 목적이 아니고 신뢰관계를 형성하는 것이 목적이므로 아동이 원하는 방식으로 잘 맞추어 주는 것이 치료사의 초기 역할이라고 할 수 있다.

56. 역할 교환법

목표

라포 형성, 거부감 감소, 흥미 유발, 협동성 함양

준비물

크레파스, 물감, 연필, 도화지, 색종이

√check!
- ☐ 주변 정리는 하였나요?
- ☐ 준비물과 완성된 작품을 준비하였나요?

활동내용 및 지도방법

① 치료사가 도화지에 원 또는 큰 네모를 그려 준다.

② 원 또는 네모 속에 선을 그어 나누어 준다.

③ 각 칸에 채색하게 한다.

④ 치료사와 아동이 번갈아 가면서 한 칸에 한 번씩 채색을 하여 서로의 역할을 번갈아 가면서 실시하며 작품을 완성한다.

활동 TIP

- 크레파스나 물감, 색종이 등 다양한 재료를 사용할 수 있다.
- 채색이나 콜라주, 난화, 그림 그리기 등의 활동을 할 때, 치료사와 아동이 서로 번갈아 가며 작품을 제작한다. 화면분할법(한 장의 종이에 적당한 선을 그어 나누어 활동하는 방법)과 같이 사용하기도 한다.
- 주의집중 시간이 짧은 아동에게는 미리 완성된 작품을 보여 준다.

57. 스타트기법

목표

그림 그리기에 대한 거부감 · 부담감 · 수줍음 등 감소, 그림 그리기 자극 및 촉진

준비물

사진 또는 잡지, 풀, 크레파스, 크레용, 도화지

√check!
- ☐ 주변 정리는 하였나요?
- ☐ 준비물과 완성된 작품을 준비하였나요?

활동내용 및 지도방법

① 치료사가 먼저 종이 위에 사진(또는 잡지)에서 얼굴사진 또는 다른 사물의 일부분을 오려 종이에 붙여 주거나 그려 준다.

② 그 뒤 치료사는 아동에게 "이 그림의 나머지 부분은 직접 그려 보자."라고 하며 그림을 완성하도록 지시한다.

활동 TIP

- 발달지체 아동이나 정신질환자에게 모두 사용할 수 있다.

17. 난화 그리기

58. 상호 난화 그리기

목표

라포 형성, 거부감 감소, 자발성 · 협동성 향상, 흥미 유발

준비물

크레파스 또는 색연필, 연필, 도화지

✓check!
☐ 주변 정리는 하였나요?
☐ 준비물과 완성된 작품을 준비하였나요?

활동내용 및 지도방법

① 치료사가 도화지를 책상 위에 올려놓고 치료사는 아동에게 "오늘은 마음대로 선을 그어 보자."라고 말한 뒤, 각각 한 가지 색의 크레파스를 선택한다.

② 아동이 지시에 따라서 도화지 위에 마음대로 선을 그으면 적극적으로 칭찬한다. 만약 아동이 선을 긋지 못할 경우에는 치료사가 먼저 마음대로 선을 긋는 것을 보여 준다.

③ 치료사는 아동과 함께 도화지 전체를 메울 때까지 마음대로 긁적거린다.

59. 난화 이야기 만들기

목표

심상 형성, 이야기 만들기, 상호관계 촉진

준비물

크레파스, 연필, 색연필, A4용지

✓check!

☐ 주변 정리는 하였나요?

☐ 준비물과 완성된 작품을 준비하였나요?

활동내용 및 지도방법

① 치료사가 먼저 한 장의 A4용지에 난화를 그려 아동에게 건네준다.

② 아동도 다른 한 장의 A4용지에 난화를 그려서 치료사에게 건네준다.

③ 치료사와 아동은 각자가 받은 난화를 사용하여 심상을 형성한 뒤 난화를 이용하여 그림을 그린다.

활동 TIP

- 그림을 다 그린 후 "우리 이것을 가지고 이야기를 꾸며 볼까?"라고 하면서 이야기를 만들어 볼 수 있다(치료사가 먼저 했다면 아동이 다시 이야기를 만들도록 지시한다).
- 난화법과 이야기법을 종합하여 응용한 방법이다.

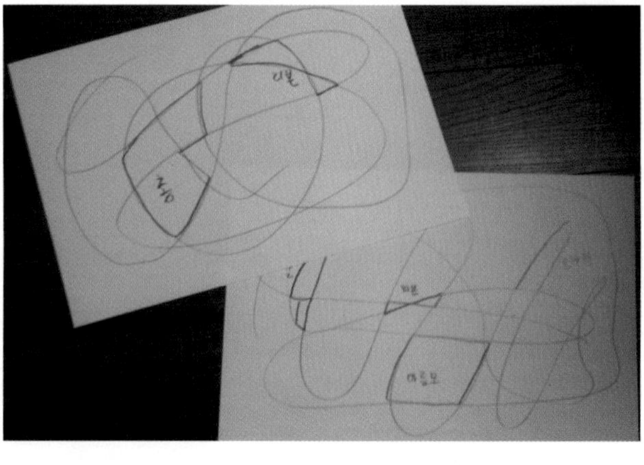

60. 자유화 그리기

목표

자유롭게 그리고 싶은 것 그리기, 자발성 향상

준비물

크레파스, 물감 등, 다양한 크기의 도화지

√check!
- [ ] 주변 정리는 하였나요?
- [ ] 준비물과 완성된 작품을 준비하였나요?

활동내용 및 지도방법

① 치료사는 아동에게 "오늘은 그리고 싶은 대로 그리기를 할 거야." 하고 말한다.

② 아동이 지시에 따라 자유롭게 그리기를 시작하면 칭찬해 준다.

③ 다 그린 후에는 그림에 대한 이야기를 나누고 가능하면 느낌도 서로 이야기 한다.

61. 주제화 그리기

목표

주어진 주제에 맞추어 그리기, 구성력 향상

준비물

크레파스, 물감 등, 8절 도화지

✓check!
☐ 주변 정리는 하였나요?
☐ 준비물과 완성된 작품을 준비하였나요?

활동내용 및 지도방법

① 치료사는 아동과 어제(혹은 주말) 있었던 일에 대해서 질문하고 아동이 과거를 회상해서 답할 수 있게 한다.

② 어제(혹은 주말) 있었던 일 중 특징적인 것(예: 생일잔치, 소풍, 시장 보기 등)으로 주제를 잡아 그리기를 실시한다.

③ 주제에 따라 아동이 잘 표현하지 못하면 치료사가 대화의 내용을 다시 기억해 내게끔 유도하여 무엇을 그려야 할지를 인식하도록 도와준다.

④ 아동이 다 수행하고 나면 적극적으로 칭찬해 준다.

활동 TIP

- 치료사는 아동의 보호자와 먼저 상담하여 있었던 일의 내용을 자세히 알고 있어야 한다. 왜냐하면 아동이 적합하지 않은 내용을 그리더라도 수정해 줄 수가 있기 때문이다. 또한 글을 아는 아동이라면 초기에는 그릴 내용을 글로 목록화하여 그것에 따라서 그리기를 하는 것을 도와줄 수가 있다. 물론 점차 목록이 없이도 기억하여 그리도록 지도해야 한다.

18. 다양한 활동하기

62. 스크래치

목표

표현 증가, 성취감 향상, 흥미 유발, 매체 경험

준비물

크레파스, 조각도, 칼, 못, 도화지, 완성된 작품

✓check!
☐ 주변 정리는 하였나요?
☐ 준비물과 완성된 작품을 준비하였나요?

활동내용 및 지도방법

① 치료사는 아동에게 완성된 작품을 보여 주며 "오늘은 스크래치를 해 보자." 라고 말하며 도화지와 크레파스를 제시한다.

② 치료사가 밝은 색으로 칠하는 것을 보여 주고 "○○도 같이 밝은 색으로 칠해 보자."라고 지시한다. 아동이 따라서 수행하면 적극적으로 칭찬한다. 이때 아동이 밝은 색으로 칠할 수 있도록 지도하는데, 마구 칠해도 좋고 모양(예: 나비, 사과 등)을 그려서 칠하여도 좋다.

③ ②를 수행한 뒤 치료사는 어두운 색으로 칠하는 것을 보여 주고 "○○야, 이번에는 이 위에다 어두운 색으로 칠하자."라고 지시한다. 아동이 지시에 따르면 적극적으로 칭찬한다. 아동이 계속하여 어두운 색을 전체에 칠하도록 지도한다.

④ ③을 수행한 뒤, 치료사는 준비된 조각도, 칼이나 못으로 어두운 색을 긁어 보인다. "○○도 선생님처럼 긁어 보자."라고 지시한 뒤 아동이 지시에 따르면 적극적으로 칭찬한다.

활동 TIP

- 다양한 선을 구성해도 좋고 풍경을 그려도 좋다. 아동의 수준에 따라 실시하여 흥미를 유발시키는 것이 좋다.

63. 만다라

목표

정서 안정, 구성력 · 표현력 · 성취감 향상, 스스로 완성하기

준비물

만다라 도안이 있는 종이, 색연필

✓check!
- ☐ 주변 정리는 하였나요?
- ☐ 준비물과 완성된 작품을 준비하였나요?

활동내용 및 지도방법

① 치료사는 아동에게 "오늘은 원 안에 색칠해 보자."라고 말하며 종이와 색연필를 제시한다.

② 치료사가 먼저 도안에 색칠을 한다. 아동이 따라서 수행하면 적극적으로 칭찬한다.

③ 아동이 계속 다양한 색을 이용하여 전체를 칠하고 완성하도록 지도한다.

④ 언어표현이 가능한 경우 완성된 작품에 제목을 정하도록 한다.

활동 TIP

- 그림 표현이 가능한 경우 원만 그려진 종이에 자유롭게 그림을 그리게 할 수도 있다.

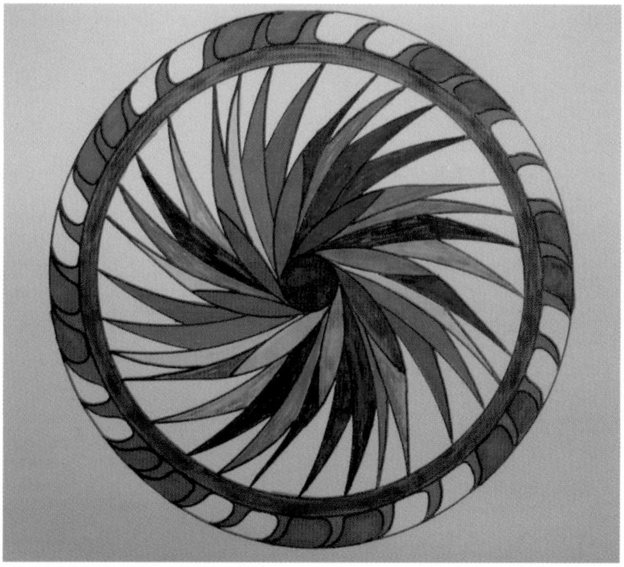

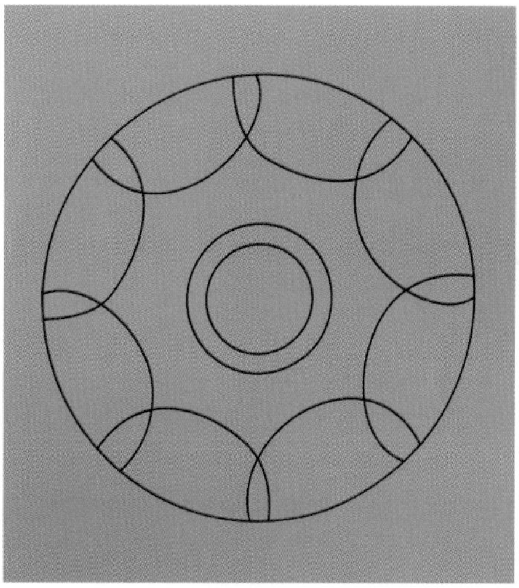

64. 손 본뜨기

목표

손 본뜨기, 손가락에 강점화하여 나타내기

준비물

색연필이나 크레파스, 도화지

✓check!
- ☐ 주변 정리는 하였나요?
- ☐ 준비물과 완성된 작품을 준비하였나요?

활동내용 및 지도방법

① 치료사는 아동에게 "오늘은 손 본뜨기를 해 보자."라고 말한다.

② 치료사가 손바닥을 도화지에 대고 손가락을 따라 손을 그려 보인다.

③ 아동이 스스로 수행하면 칭찬한다. 수행하지 못하면 다시 "손을 그려 보자." 라고 말하며 보조로 수행하도록 하고, 보조는 점차 줄인다.

④ 손이 완성되면, "손가락에 나의 장점을 써 보자."라고 하여 강점화한다.

활동 TIP

- 선물, 자신의 장단점, 희망 등을 나타내게 할 수도 있다.

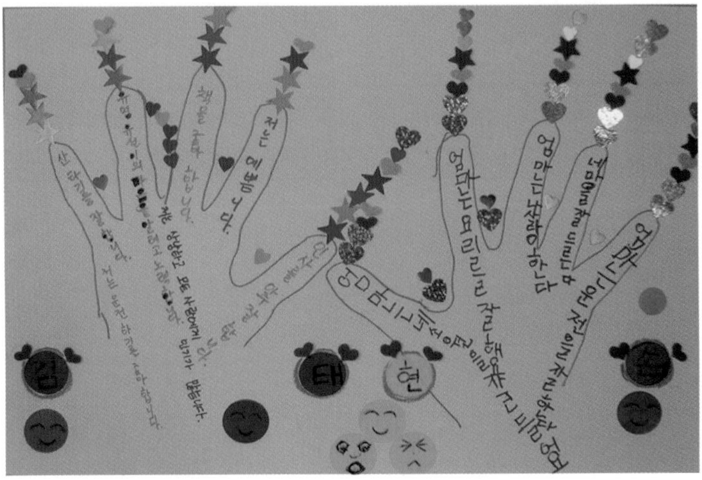

65. 은박지 위에 매직으로 그림 그리기

목표

표현 증가, 성취감 향상, 흥미 유발, 매체 경험

준비물

은박지, 다양한 색의 매직, 한 면 손 코팅지, 완성된 작품

✓check!
- ☐ 주변 정리는 하였나요?
- ☐ 준비물과 완성된 작품을 준비하였나요?

활동내용 및 지도방법

① 치료사는 아동에게 완성된 작품을 보여 주며 "오늘은 매직으로 은박지에 그림을 그려 보자."라고 말하며 은박지와 손 코팅지를 제시한다.

② 치료사가 먼저 손 코팅지에 은박지를 붙이는 것을 보여 준다. 아동이 따라서 수행하면 적극적으로 칭찬한다. 이때 은박지를 붙이는 것이 어려운 대상일 경우 미리 붙여 놓은 은박지를 제시한다.

③ 치료사가 먼저 은박지에 매직으로 그림을 그리는 것을 보여 준다. 아동이 따라서 수행하면 적극적으로 칭찬한다.

④ 다양한 색의 매직을 이용하여 그림을 그리거나 색칠하도록 하고, 언어표현이 가능한 경우 제목을 붙여 본다.

활동 TIP

- 아동의 수준에 따라 미리 붙여 놓은 은박지에 도안을 주어 색칠하도록 하거나, 매직으로 그림을 그린 후 스티커로 붙여 완성도를 높여 주어도 좋다.

19. 습식매체를 이용한 그리기

66. 자유롭게 칠하기

목표

자발성 향상, 흥미 유발

준비물

물감, 붓, 팔레트, 물, 도화지(4절, 8절), 완성된 작품

✓check!
☐ 주변 정리는 하였나요?
☐ 준비물과 완성된 작품을 준비하였나요?

활동내용 및 지도방법

① 치료사는 아동에게 완성된 작품을 보여 주며 "오늘은 물감을 마음대로 칠해 보자."라고 지시하고 도화지와 물감, 붓, 팔레트를 제시한다. 만약 아동이 제시된 것 중 특정한 사물에만 관심을 보여서 활동에 방해가 되거나, 마구 사용하려고 한다면 써야 할 도구만을 제시하여 실시하도록 한다.

② ①의 지시대로 아동이 자유롭게 색칠을 하면 적극적으로 칭찬하다. 만약 아동이 스스로 수행하지 못하면 치료사가 칠하는 것을 직접 보여 준다. 치료사의 시범을 보고 모방하면 칭찬한다.

③ ②를 실시하고 나서 아동이 스스로 물감칠을 할 수 있으면 적극적으로 칭찬해 주며 작품을 마무리한다.

활동 TIP

- 여러 가지 색깔을 이용하여 반복해서 실시하거나 도화지의 재질(예: 셀로판지, 화선지, 골판지 등)을 바꾸어 가며 실시하여 아동의 흥미를 유발시킨다.
- 물감을 자유롭게 칠하는 것이 목표이므로, 부수적인 활동, 즉 물감 짜기, 물 묻히기, 붓 사용하기 등은 보조로 실시하여도 무방하다. 그리고 아동의 상태를 고려하여 종이의 크기를 선택하여 제시한다.

67. 테두리 안에 칠하기

목표

주어진 원 안에 스스로 칠하기, 형태 인지, 주의집중력 향상

준비물

테두리(예: 지름 10cm, 5cm, 3cm 등의 원)가 그려진 도화지 (4절, 8절), 물감, 붓, 팔레트, 물, 완성된 작품

√check!
- ☐ 주변 정리는 하였나요?
- ☐ 준비물과 완성된 작품을 준비하였나요?

활동내용 및 지도방법

① 치료사는 아동에게 완성된 작품을 보여 주며 "오늘은 원 안에 물감칠을 해 보자."라고 지시한다. 이어서 원이 그려진 종이와 물감, 붓을 제시한다.

② ①의 지시대로 아동이 잘 수행하면 적극적으로 칭찬한다. 만약 아동이 수행하지 못하면 (물감으로 장난을 치거나, 테두리 원을 인식하지 못하고 마구 칠할 경우) 치료사가 직접 칠하는 것을 보여 준다. 아동이 치료사의 시범을 보고서 모방하여 수행하면 칭찬한다.

③ 치료사의 시범에도 불구하고 수행하지 못하면, 아동의 손을 잡고 보조를 한다. 그리고 점차 보조를 줄여 나간다.

④ ③을 잘 수행하면 적극적으로 칭찬해 주며 작품을 마무리한다.

활동 TIP

- 다양한 색깔과 형태(예: △, □, ◇, ▽, ☆, ♡, ♤, ◒ 등)를 이용해 반복하여 실시하면서 아동의 흥미를 유발시킨다.
- 아동의 상태를 고려하여, 활동성이 많은 아이에게는 큰 동그라미, 활동성이 적은 아이에게는 작은 동그라미를 제시하여 테두리가 아동에게 부족하거나 부담이 되지 않도록 배려한다. 또 테두리를 잘 인식하지 못하는 아이는 처음에는 테두리를 진하고 두껍게 그려서 제시하고, 점차 두께와 진하기를 줄여 나간다.

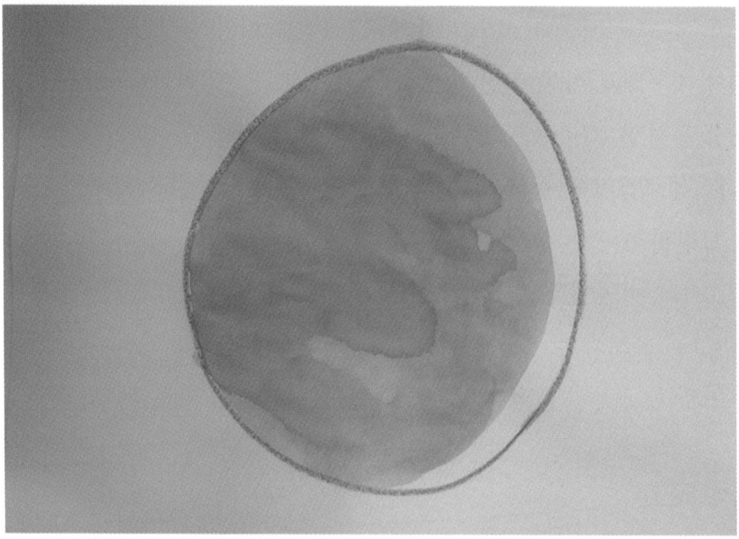

68. 칸 나누어 칠하기

목표

치료사와 교대로 색칠하기, 협동성 함양

준비물

크레파스, 물감, 붓, 팔레트, 연필, 도화지, 완성된 작품

√check!
- ☐ 주변 정리는 하였나요?
- ☐ 준비물과 완성된 작품을 준비하였나요?

활동내용 및 지도방법

① 치료사가 아동에게 완성된 작품을 보여 주며 "오늘은 서로 번갈아 가며 색칠하자."라고 지시한다.

② 치료사가 도화지에 원 또는 큰 네모를 그려 준다.

③ 치료사가 ②의 형태 속에 선을 그어 나누어 준다.

④ 치료사가 아동에게 "각 칸에 색칠하자."라고 지시를 하고서, 치료사와 아동이 번갈아 가면서 한 칸에 한 가지 색을 칠한다.

⑤ ④가 가능하면 앞의 역할을 치료사와 아동이 바꾸어서 실시한다(아동이 선을 나누고서 서로 번갈아 가며 칠한다). 이때 칸이나 색을 스스로 선택하기, 상대에게 칸이나 색깔을 선택해 주고 칠하기 등으로 다양한 놀이를 생각하여 실시하는 것도 아주 유익하다.

⑥ 앞의 절차가 다 수행되면 다양한 재질의 종이, 다양한 채색 도구를 사용하여 실시하도록 한다.

활동 TIP

- 아동이 색칠을 할 때 칸 밖으로 벗어나더라도 통제하지 않는다.
- 채색이나 콜라주, 난화, 그림 그리기 등의 활동을 할 때, 아동과 치료사가 서로 번갈아 가며 작품을 제작할 수 있다. 화면 분할법(한 장의 종이에 적당한 선을 그어 나누어 활동하는 방법)과 같이 사용하기도 한다.

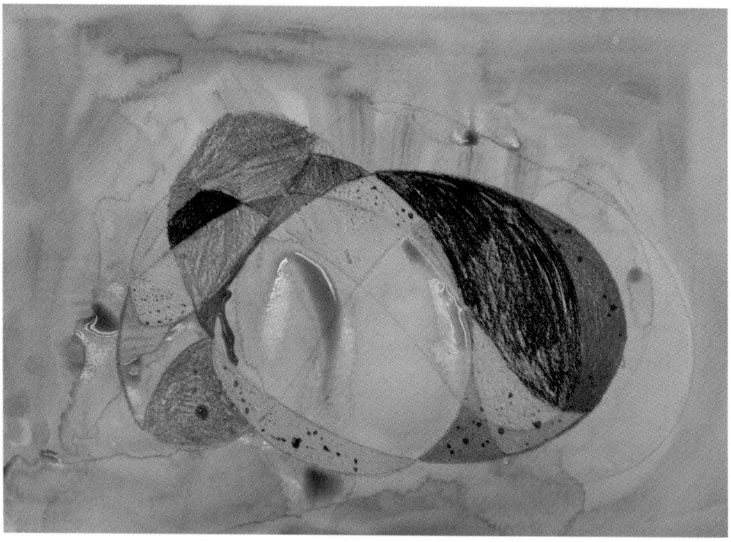

69. 물감 뿌리기

목표

물감 뿌리기, 창의성 · 자발성 향상

준비물

물감, 붓, 팔레트, 물, 신문지, 도화지(4절, 8절), 완성된 작품

> ✓check!
> ☐ 주변 정리는 하였나요?
> ☐ 준비물과 완성된 작품을 준비하였나요?

활동내용 및 지도방법

① 치료사가 아동에게 완성된 작품을 보여 주며 "오늘은 물감 뿌리기를 하자." 라고 지시한다. 그리고 신문지를 깔고 그 위에 도화지를 놓고 물감 등의 매체를 제시한다.

② 아동이 ①의 지시대로 완성된 작품과 같이 수행을 하면 적극적으로 칭찬한다. 만약 아동이 수행하지 못하고 있으면, 치료사가 물감 뿌리는 것을 보여준다. 아동이 치료사의 시범을 보고서 모방하여 수행하면 칭찬한다.

③ 치료사의 시범을 보고서도 수행하지 못하면, 치료사가 아동의 손을 잡고 보조하여 물감을 묻히고, 팔의 힘을 통제하여 보조로 실시한다. 그리고 점차 보조를 줄여 나간다.

④ 아동이 스스로 뿌리게 되면 적극적으로 칭찬한다.

활동 TIP

- 아동이 뿌리기를 할 수 있게 되면, 흥미를 유발시킬 수 있도록 다른 색의 물감, 다양한 재질의 종이를 사용하여 실시한다. 벽에 도화지를 붙이고 뿌리거나, 분무기를 이용하여 응용 지도할 수 있다.
- 아동에 따라 물감을 뿌릴 때, 도화지 밖으로 튀겨 나가도 신경 쓰이지 않도록 미술복, 토시 등을 미리 준비하는 것이 필요하다.

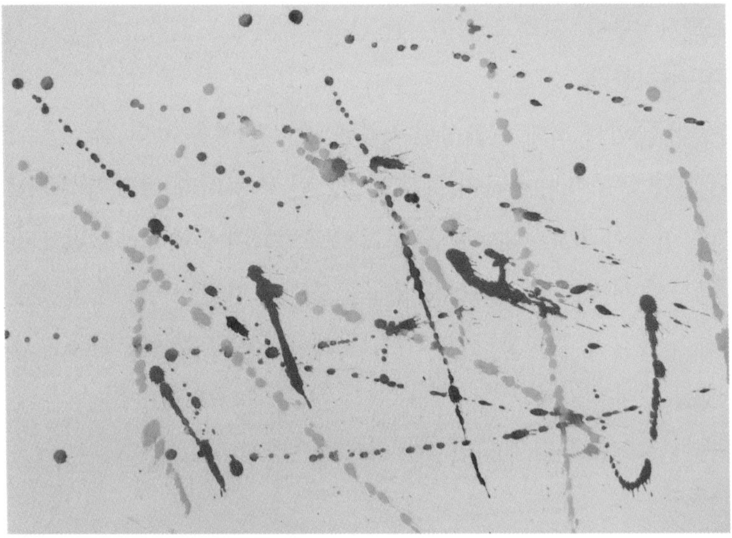

70. 물감 불기

목표

물감 불기, 성취감 형성, 호흡조절력 강화

준비물

물감, 붓, 팔레트, 물, 도화지(4절, 8절), 완성된 작품

√check!
- ☐ 주변 정리는 하였나요?
- ☐ 준비물과 완성된 작품을 준비하였나요?

활동내용 및 지도방법

① 치료사는 아동에게 완성된 작품을 보여 주며 "오늘은 물감 불기 놀이를 하자."라고 지시한다. 그리고 필요한 도구를 제시한다.

② 아동이 스스로 수행하면 적극적으로 칭찬하고, 수행하지 못할 때에는 치료사가 물을 섞은 물감을 도화지에 뿌리고 부는 것을 직접 보여 주고 난 후 다시 언어지시를 한다. 아동이 치료사의 시범을 보고서 모방하여 물감을 불면 적극적으로 칭찬한다.

③ 치료사의 시범을 보고서도 실시하지 못하면, 비눗방울 불기나 물위에 뜬 배 불기, 색종이가루 불기 등으로 불기 훈련을 실시한 후에 물감 불기로 자연스럽게 옮겨가며 실시한다.

활동 TIP

- 색깔, 종이의 재질 등을 다양하게 실시한다. 그리고 범위(예: 동그라미, 세모, 네모 등)를 그려 놓고 밖으로 나가지 않게 불기, 일정한 선을 그어 놓고 선까지 불기, 빨대로 불기 등으로 응용하여 실시하는 것이 효과적이다.
- 아동의 호흡이 약하여 잘 불지 못할 경우에는 아동이 부는 동시에 치료사가 같이 불어서 흥미를 느끼게 해 준다.

검정 물감으로 물감 불기 후 파스텔로 비벼서 꽃을 표현한 작품

71. 핑거페인팅

목표

관계 형성 및 거부감 감소, 흥미 유발, 활동 및 감각 발달 촉진

준비물

밀가루 풀, 물감, 도화지

√check!
- [ ] 주변 정리는 하였나요?
- [ ] 준비물과 완성된 작품을 준비하였나요?

활동내용 및 지도방법

① 치료사는 아동에게 "오늘은 풀 놀이를 하자." 하고 말한다.

② 치료사가 아동에게 도화지를 제시한 뒤 그 위에 밀가루 풀을 적당량 놓아준다. 그리고 "이렇게 손으로 만져 보자." 하며 손으로 풀을 문지르는 것을 보여 준다. 아동이 따라 하면 적극적으로 칭찬해 준다. 이때 "아, 부드럽다." 하며 감촉을 말로 표현해 준다.

③ 아동이 풀을 문지르는 작업에 흥미를 가지고 실시하면 치료사가 "우리 물감으로 색을 섞어 볼까?" 하고 지시한다.

④ 아동이 좋다고 하면 "무슨 색을 줄까?"라고 물어 색을 선택하게 하고 아동이 선택한 색의 물감을 도화지의 풀 위에 짜 준다.

⑤ 아동이 물감과 풀을 섞어서 문지르면 다른 색들도 첨가한다.

⑥ 다 문지른 다음에 손가락으로 풀 위에 그림을 그리고 가능하면 제목도 정한다.

72. 크레파스 위에 물감 칠하기

목표

스스로 색칠하기, 창의성 개발, 매체 경험

준비물

물감, 붓, 팔레트, 물, 크레파스, 도화지(4절, 8절), 완성된 작품

✓check!
- [ ] 주변 정리는 하였나요?
- [ ] 준비물과 완성된 작품을 준비하였나요?

활동내용 및 지도방법

① 치료사가 아동에게 완성된 작품을 보여 주며 "오늘은 크레파스 위에 물감을 칠해 보자."라고 지시한다. 그리고 도화지와 채색 도구를 제시한다.

② 먼저 치료사가 도화지 위에 마구 그리는 것을 시범해 보인다. 아동이 이를 보고 정확히 모방하여 수행하면 적극적으로 칭찬한다. 만약 그림을 그리지 못하거나 낙서를 하지 못하는 아동일 경우에는 치료사가 보조하여 실시하고 점차 보조를 줄여 나간다.

③ ②에서 크레파스로 그리고 나면 "이제 크레파스 위에 물감을 칠하자."라고 지시한다. 언어지시만으로 물감을 칠할 수 있으면 적극적으로 칭찬한다. 만약 아동이 지시를 따르지 못하면 치료사가 물감을 칠해 보인다.

④ ③의 활동이 다 되면, 다양한 재질의 종이, 다양한 색깔을 사용하여 흥미를 유발시킨다.

활동 TIP

- 도화지 위에 마구 그리는 것 대신, 간단한 모양 등의 그리기가 되는 아동인 경우에는 간단한 모양을 그리는 것도 흥미 유발에 좋다.

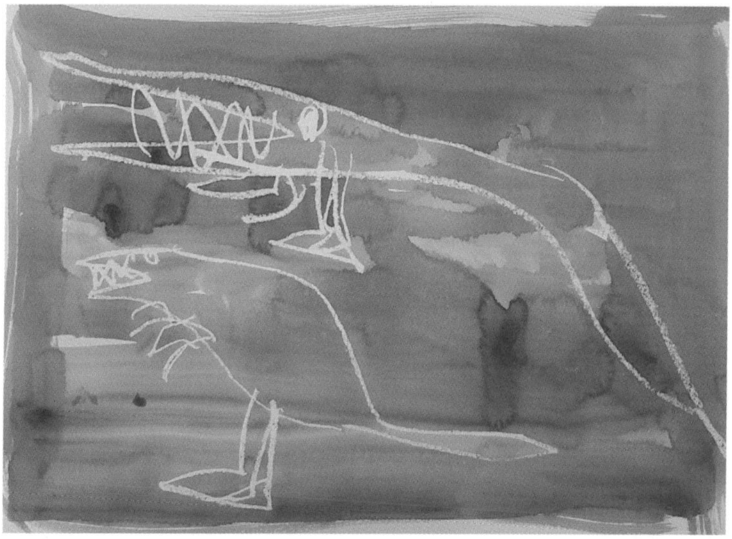

73. 초 위에 물감 칠하기

목표

스스로 색칠하기, 자발성 향상, 흥미 유발

준비물

물감, 붓, 팔레트, 물, 도화지(4절, 8절), 완성된 작품

√check!
- [ ] 주변 정리는 하였나요?
- [ ] 준비물과 완성된 작품을 준비하였나요?

활동내용 및 지도방법

① 치료사는 아동에게 완성된 작품을 보여 주며 "오늘은 초 위에 물감을 칠해 보자."라고 지시한다. 그리고 도화지를 제시한다.

② 먼저 치료사가 초를 가지고 도화지에 그림(예: 마구 칠하기, 형태의 점선 그리기, 줄 긋기 등)을 그린다. 아동이 치료사의 시범을 보고 모방하여 수행하면 적극적으로 칭찬한다. 만약 아동이 스스로 그리지 못할 때는 보조하여 그리기를 수행하고 점차 보조를 줄여 나간다.

③ ②를 수행하고 나면 "초 그림 위에 물감을 칠하자."라고 지시한다. 아동이 언어지시만으로 수행하면 적극적으로 칭찬한다. 만약 아동이 지시를 따르지 못하면 치료사가 물감을 칠해 보인다.

④ 여러 가지 색의 물감을 이용해서 반복하여 실시한다.

활동 TIP

- 도화지 위에 마구 그리는 것 대신, 간단한 모양 등의 그리기가 되는 아동인 경우에는 간단한 모양을 그리는 것도 흥미 유발에 좋다.

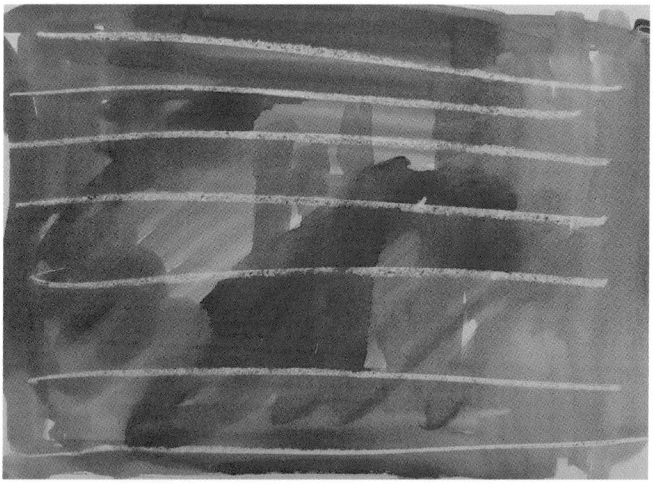

74. 물총놀이

목표

종이 위에 물총을 쏘기, 자발성 및 소근육운동 능력 향상

준비물

물감, 붓, 팔레트, 물, 물총, 전지 혹은 도화지(4절, 8절), 신문, 완성된 작품

✓check!
- ☐ 주변 정리는 하였나요?
- ☐ 준비물과 완성된 작품을 준비하였나요?

활동내용 및 지도방법

① 치료사는 완성된 작품과 물총을 아동에게 보여 주면서 "오늘은 물총놀이를 하자."라고 말한다.

② 치료사는 아동에게 물감이 들어 있는 물총을 들고 준비된 도화지(신문지 밑에 깔아 둔 것이나 벽에 붙여 놓은 것)에 대고 쏘는 것을 보여 준다. 아동이 치료사를 모방하여 잘 쏘면 적극적으로 칭찬한다. 이때 물총에 물감을 담는 것을 충분히 할 수 있는 아동이라면 그 과정을 실시해도 무방하다.

③ 스스로 물총 쏘기를 수행하면 칭찬하고, 다양한 색깔을 이용하여 반복 실시한다.

활동 TIP

- 아동이 스스로 쏘지 못하거나 손의 힘이 약한 경우에는 치료사가 아동의 손을 잡고 물총 쏘는 방법을 가르쳐 주고 점차 보조를 줄여 나간다.

75. 물감 번지기

목표

물을 이용하여 물감 번지기 하기, 흥미 유발

준비물

물감, 붓, 팔레트, 물, 도화지(4절, 8절), 완성된 작품

✓check!
- [ ] 주변 정리는 하였나요?
- [ ] 준비물과 완성된 작품을 준비하였나요?

활동내용 및 지도방법

① 치료사는 아동에게 완성된 작품을 보여 주면서 "오늘은 물감 번지기를 할 거야."라고 말한다.

② 치료사는 붓에 물을 묻혀서 도화지 전체에 바르는 것을 보여 준다. 아동이 스스로 모방하면 적극적으로 칭찬한다. 만약 아동이 스스로 수행하지 못하면 아동의 손을 잡고 보조하여 수행하고 점차 보조를 줄여 나간다.

③ ②를 잘 수행하면 치료사는 붓에 물감을 묻혀 도화지에 자유롭게 칠을 하는 것을 보여 준다. 아동이 수행할 수 있도록 촉구한다.

활동 TIP

- 여러 가지 색깔, 다양한 재질의 종이를 이용하여 활동을 반복 실시해 나간다. 자유롭게 잘 칠하면 간단한 형태나 그림을 그려 가며 아동의 흥미를 유발시킬 수 있다.

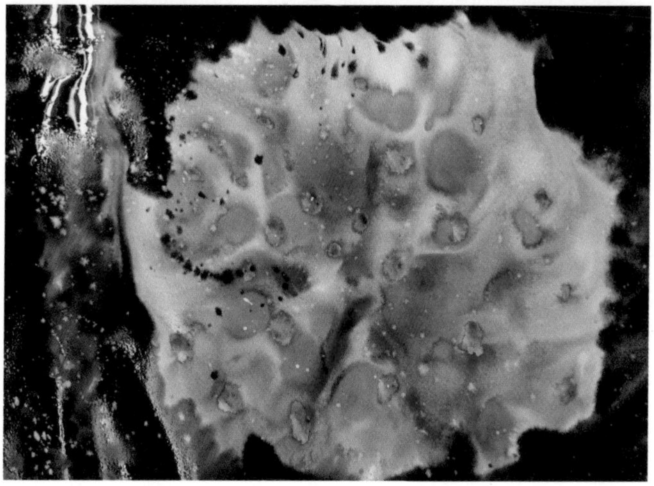

76. 물감 흘리기

목표

도화지에 물감 흘리기, 흥미 유발

준비물

물감, 붓, 팔레트, 물, 도화지(4절, 8절), 완성된 작품

√check!
- ☐ 주변 정리는 하였나요?
- ☐ 준비물과 완성된 작품을 준비하였나요?

활동내용 및 지도방법

① 치료사는 아동에게 완성된 작품을 보여 주며 "오늘은 물감 흘리기를 해 보자."라고 말한다.

② 치료사는 먼저 붓을 이용하여 약간 비스듬히 세운 도화지 위에 물감을 떨어뜨리는 것을 보여 주고서 "선생님처럼 해 보자."라고 지시한다. 아동이 지시에 따라 잘 수행하면 적극적으로 칭찬하고, 그렇지 못할 경우에는 아동의 손을 잡고 보조한다. 그리고 점차 보조를 줄여 나간다.

③ 활동이 어느 정도 익숙해지면 여러 가지 색깔을 사용하여 반복 실시한다.

활동 TIP

- 물감이 흘러내리기를 할 때 "와! 비가 내린다." "와! 내려온다." "어! 흐르네." 등의 표현으로 아동을 집중시키고 흥미를 유발시킨다.

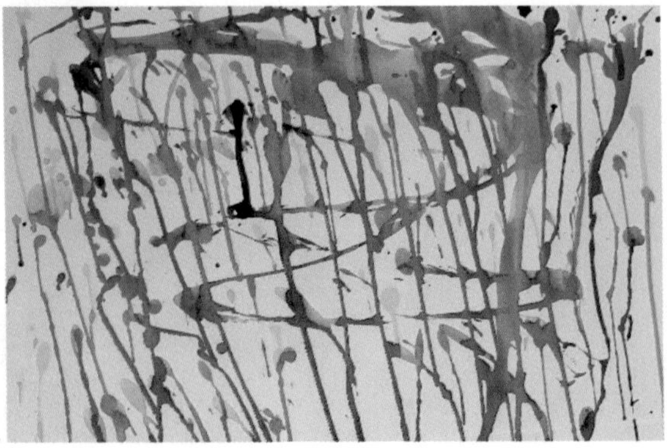

77. 비눗방울 불기

목표

흥미 유발

준비물

다양한 색깔의 비눗방울액, 비눗방울 빨대, 도화지(4절, 8절)

✓check!
- [ ] 주변 정리는 하였나요?
- [ ] 준비물과 완성된 작품을 준비하였나요?

활동내용 및 지도방법

① 치료사는 아동에게 "오늘은 비눗방울 불기를 하자."라고 말한다.

② 치료사는 먼저 비눗방울액(물감이 섞인 것)과 빨대를 제시하고 비눗방울 부는 것을 보여 준다. 아동이 따라서 불면 적극적으로 칭찬한다.

③ ②의 불기가 어느 정도 되고 나면, "이번에는 도화지에 대고 불어 보자."라고 지시하고, 치료사가 먼저 부는 것을 보여 준다. 아동이 보고서 잘 따라 하면 적극적으로 칭찬한다.

활동 TIP

- ③이 끝난 후, 비눗방울이 만들어 낸 모양을 보며, "와, 잘했어." 등의 표현과 함께 칭찬하고, 언어표현이 되는 아동에게는 "이게 뭐로 보이니?" "이게 뭐야?" 등의 질문을 하고 그 대답에 동조하여 주는 것도 아동의 흥미를 유발시키는 데 도움이 될 수 있다.
- ③의 활동을 할 때, 아동이 산만하여 도화지에 대고 불기가 어려우면 큰 소리로 "여기에."라고 도화지를 가리키며 주의를 집중시키거나, 더 큰 도화지를 제시하여 범위를 넓혀 주는 것이 좋다.

78. 비눗방울액과 물감을 붓으로 섞기

목표

흥미 유발, 소근육운동 촉진, 색깔 변화 인지

준비물

비눗방울액, 물감, 쟁반, 붓, 빨대

√check!
- [ ] 주변 정리는 하였나요?
- [ ] 준비물과 완성된 작품을 준비하였나요?

활동내용 및 지도방법

① 치료사는 아동에게 "오늘은 붓으로 물감을 섞어 보자."라고 말한다.

② 치료사는 비눗방울액과 쟁반을 제시하며 "먼저 비눗방울을 불어 보자."라고 지시한다. 그다음 치료사는 아동과 함께 비눗방울을 불고, 비눗방울을 터뜨리면서 아동의 흥미를 유발시킨다.

③ ②가 수행되면 "이제 붓으로 물감을 섞어 보자." 하며 ②에게 비눗방울액을 더 부어 준다. 그리고 아동이 원하는 물감을 짜 준다. 만약 아동이 물감을 선택하지 못할 경우에는 치료사가 선정해 준다.

④ ③을 한 후에 "붓으로 이렇게 섞어 보자." 하며 붓을 제시하고 섞는 것을 보여 준다. 아동이 치료사를 모방하여 물감을 섞으면 적극적으로 칭찬한다.

⑤ 치료사는 아동이 적극적으로 거품이 날 정도로 물감을 섞도록 유도한다. 그리고 여러 가지 색깔의 물감을 사용하여 반복 실시한다.

79. 비눗방울액과 물감을 손바닥으로 섞기

목표

흥미 유발, 소근육운동 촉진, 촉감 느끼기

준비물

물, 비눗방울액, 물감, 쟁반, 빨대

√check!
☐ 주변 정리는 하였나요?
☐ 준비물과 완성된 작품을 준비하였나요?

활동내용 및 지도방법

① 치료사는 아동에게 "오늘은 손바닥으로 물감을 섞어 보자."라고 말한다.
② 먼저 치료사는 비눗방울액과 쟁반을 제시하고서 "먼저 비눗방울을 불어 보자."라고 지시한다. 그다음에 치료사가 비눗방울을 불고 터뜨려 가며 아동의 흥미를 유발시킨다.
③ ②가 수행되면 아동에게 비눗방울액을 더 부어 주고, 아동이 원하는 물감을 짜 준다.
④ "손바닥으로 섞어 보자."라고 지시하고 치료사가 손바닥으로 섞는 것을 보여 준다. 아동이 따라서 섞으면 적극적으로 칭찬한다. 만약 아동이 섞지 못하거나 긴장하고 있으면 보조하여 조금씩 섞게 해 주고, 손바닥이 떠서 경직되어 있으면 손등을 부드럽게 눌러 물감을 섞도록 보조하여 실시한다.
⑤ 치료사는 아동이 거품이 날 정도로 적극적으로 섞도록 지도한다.

활동 TIP

• 여러 가지 색깔의 물감을 사용하거나, 비눗방울액의 양을 적절히 조절해 나가면서 반복 실시한다.

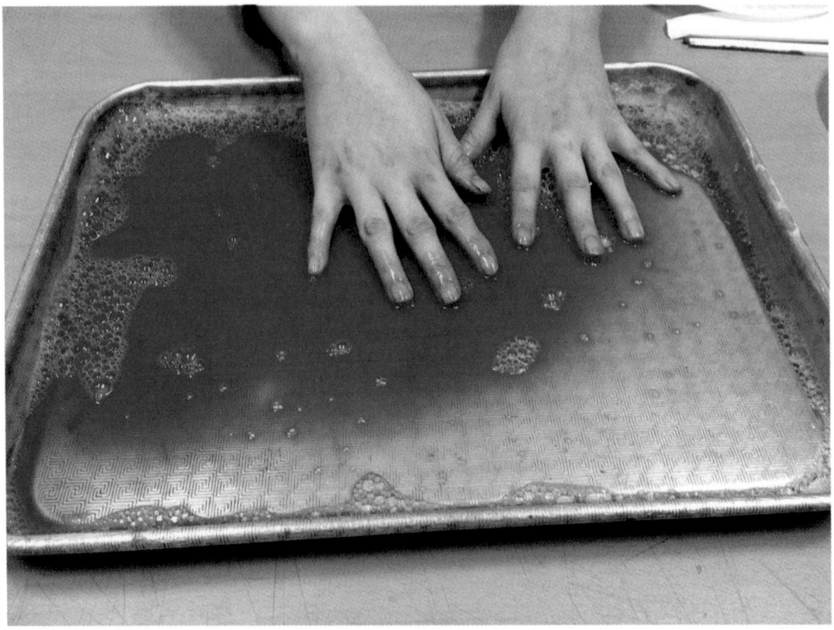

80. 마블링

목표

흥미 유발, 주의집중력 · 창의성 향상

준비물

마블링물감이나 먹물, 나무젓가락 물, 넓은 그릇, 화선지나 도화지, 완성된 작품

√check!
☐ 주변 정리는 하였나요?
☐ 준비물과 완성된 작품을 준비하였나요?

활동내용 및 지도방법

① 치료사는 아동에게 완성된 작품을 보여 주며 "오늘은 마블링을 하자."라고 말한다. 그리고 물이 담긴 넓은 그릇을 제시한다.

② 치료사는 마블링물감이나 먹물을 제시하고, 그것을 물위에 떨어뜨리는 것을 보여 준다.

③ 만약 ②를 수행하지 못하면 치료사가 아동의 손을 잡고 보조하여 떨어뜨리거나 언어로 촉진시켜 준다.

④ ③이 완료되면 나무젓가락으로 저은 후 원하는 무늬가 나왔을 때, 치료사는 준비된 도화지를 물 위에 올려 받아내는 것을 시범 보인다. 아동이 잘 수행하면 적극적으로 칭찬하고, 그렇지 못한 경우에는 보조하여 무늬를 받아낸다.

⑤ 여러 가지 색깔, 농도를 이용하여 다양한 무늬를 받아내도록 반복하며 작품을 완성한다.

활동 TIP

- 언어표현이 되는 아동이라면 "이게 뭐야?" "이게 뭐로 보이니?"라고 물을 수도 있다. 아동이 대답하면 긍정적으로 받아들이고 역시 칭찬한다.

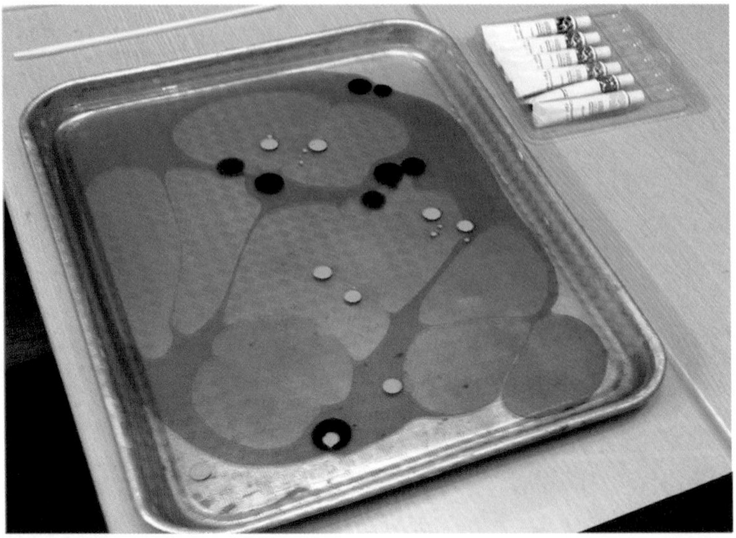

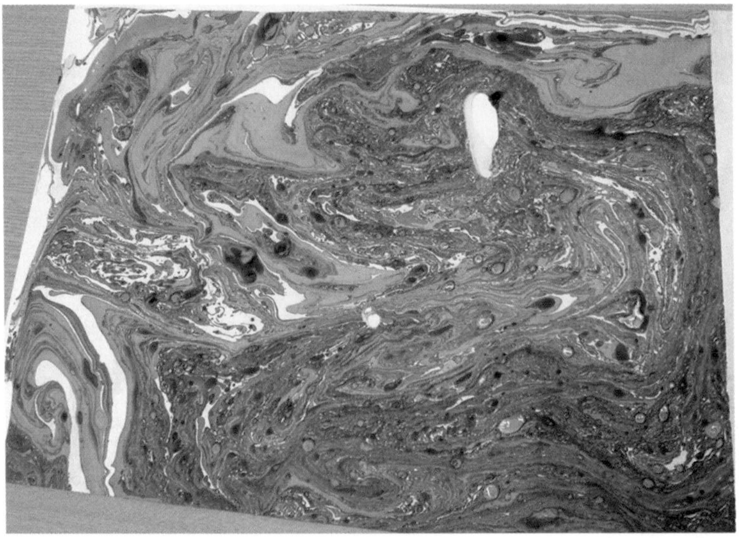

81. 면봉을 이용한 점묘화

목표

스스로 그리기, 흥미 유발, 주의집중력 · 창의성 향상

준비물

물감, 연필, 지우개, 면봉, 도화지, 완성된 작품

✓check!

☐ 주변 정리는 하였나요?

☐ 준비물과 완성된 작품을 준비하였나요?

활동내용 및 지도방법

① 치료사는 아동에게 완성된 작품을 보여 주며 "오늘은 면봉으로 그림을 그려 보자."라고 말하고 종이와 연필을 제시한다.

② 먼저 치료사가 연필로 그릴 주제를 그려 준다. 그 후 "○○도 그려 보자."라고 지시한다. 아동이 치료사의 행동을 보고 모방하여 수행하면 적극적으로 칭찬한다.

③ 만약 스스로 그리지 못할 경우에는 치료사가 손을 잡아 그려 주거나, 도안을 준다. 치료사가 면봉에 물감을 묻혀서 점을 찍어 그림을 완성하는 것을 보여 준다. 그 후 "○○도 해 보자."라고 지시한다. 아동이 치료사의 행동을 보고 모방하여 수행하면 적극적으로 칭찬한다.

④ 만약 스스로 면봉을 찍어 수행하지 못한 경우 치료사가 손을 잡고 점을 찍을 수 있도록 한다.

⑤ 치료사는 ②~④의 방법으로 반복 실시한 후에 언어지시만으로 수행할 수 있도록 지도한다. 아동이 치료사의 언어지시만으로 마음대로 그리면 칭찬하며 작품을 완성한다.

활동 TIP

- 여러 가지 색을 이용하여 다양하게 찍어 보도록 반복한다. 이때 언어표현이 되는 아동이라면 "이게 뭐야?" "이게 뭐로 보이니?"라고 물을 수도 있다. 아동이 대답하면 긍정적으로 받아들이고 역시 칭찬한다.
- 면봉을 사용하기 편하도록 한쪽을 잘라 주어도 좋다.

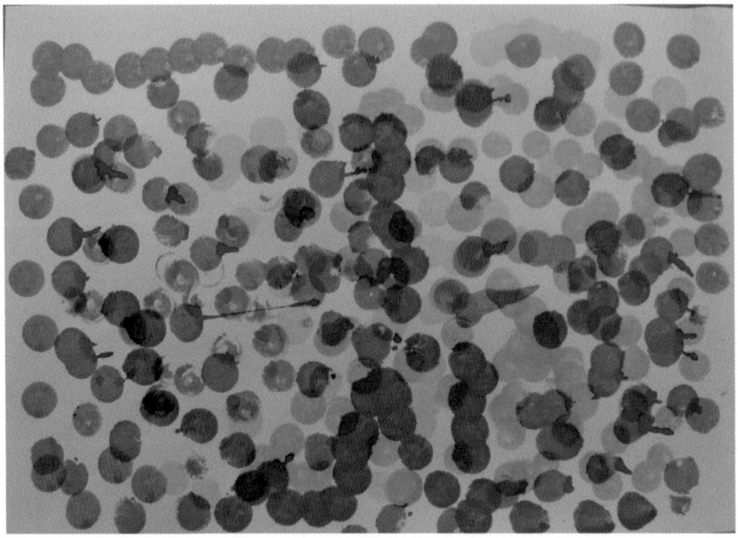

82. 먹으로 그리기

목표

스스로 그리기, 흥미 유발, 욕구 표출, 창의성 향상

준비물

먹, 붓, 벼루나 접시, 도화지나 화선지, 완성된 작품

√check!
- ☐ 주변 정리는 하였나요?
- ☐ 준비물과 완성된 작품을 준비하였나요?

활동내용 및 지도방법

① 치료사는 아동에게 완성된 작품을 보여 주며 "오늘은 먹으로 그려 보자."라고 말하고 종이와 붓, 먹을 제시한다.

② 먼저 치료사가 먹을 묻힌 붓을 이용하여 자유롭게 그리는 것을 보여 준다. 그 후 "○○도 그려 보자."라고 지시한다.

③ 만약 스스로 그리지 못할 경우에는 치료사가 마음대로 그리는 것을 보여 주고 다시 지시한다. 그럼에도 불구하고 그리지 않을 때에는 아동의 손을 잡고 보조하여 실시하고 강화하며 점차로 보조를 줄여 나간다.

④ 치료사는 ②~③의 방법으로 반복 실시한 후에 언어지시만으로 수행할 수 있도록 지도한다. 아동이 치료사의 언어지시만으로 마음대로 그리면 칭찬하며 작품을 완성한다.

활동 TIP

- 언어표현이 되는 아동이라면 "이게 뭐야?" "이게 뭐로 보이니?"라고 물을 수도 있다. 아동이 대답하면 긍정적으로 받아들이고 역시 칭찬한다.
- 색칠이 가능한 경우에는 먹으로 밑그림을 그린 후 수채화물감으로 색을 칠하게 하여도 좋다.
- 먹은 지우기에 어려움이 있으므로 통제가 불가능한 경우는 자제하는 것이 좋다.

83. 종이 물들이기(염색)

목표

흥미 유발, 창의성 향상, 감각 발달

준비물

한지나 키친타올, 수채화물감이나 염색물감, 종이컵이나 그릇, 도화지, 완성된 작품

✓check!
- ☐ 주변 정리는 하였나요?
- ☐ 준비물과 완성된 작품을 준비하였나요?

활동내용 및 지도방법

① 치료사는 아동에게 완성된 작품을 보여 주며 "오늘은 종이에 염색을 해 보자."라고 말하고 종이와 물감을 제시한다.

② 먼저 치료사가 종이컵에 물감을 탄 후 종이를 접어 부분적으로 물감을 묻히는 것을 보여 준다. 그 후 "○○도 해 보자."라고 지시한다. 아동이 종이를 접어 물감에 잘 묻히면 적극적인 강화를 한다. 물감을 다 묻힌 후 접힌 종이를 편다.

③ 치료사는 ②의 방법으로 반복 실시한 후에 언어지시만으로 수행할 수 있도록 지도한다. 아동이 치료사의 언어지시만으로 수행을 하면 칭찬한다.

④ 염색된 종이를 도화지에 올려 붙여 준다.

활동 TIP

- 만약 스스로 하지 못할 경우에는 치료사가 다시 지시한다. 그럼에도 불구하고 잘 하지 못할 경우 보조하여 실시하고 강화하며 점차로 보조를 줄여 나간다.
- 언어표현이 되는 아동이라면 "이게 뭐야?" "이게 뭐로 보이니?"라고 물을 수도 있다. 아동이 대답하면 긍정적으로 받아들이고 역시 칭찬한다.
- 염색종이는 질긴 한지나 장지를 사용하는 것이 좋다.

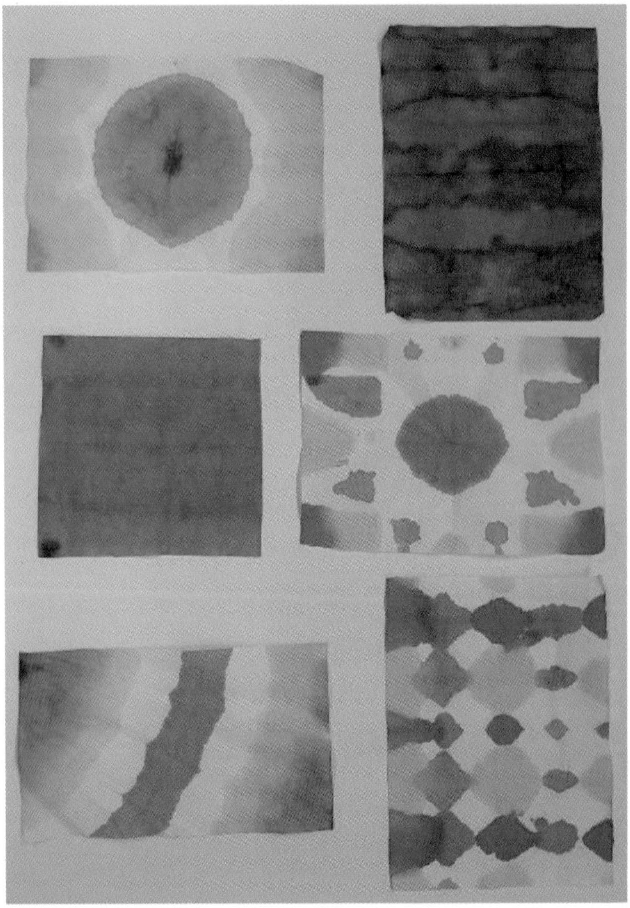

84. 실 튕기기

목표

자극에 반응하기, 흥미 유발, 창의성 향상, 감각 발달

준비물

물감, 실, 크레파스, 접시, 도화지, 완성된 작품

> ✓check!
> ☐ 주변 정리는 하였나요?
> ☐ 준비물과 완성된 작품을 준비하였나요?

활동내용 및 지도방법

① 치료사는 아동에게 완성된 작품을 보여 주며 "오늘은 실로 그림을 그려 보자."라고 말하고 종이와 실을 제시한다.

② 먼저 치료사가 접시에 물감을 넣고, 실에 물감을 묻혀 준 후 아동에게 도화지 위에 두 손으로 적당한 너비로 실을 잡도록 한다. 그 후 치료사가 실을 잡아 위로 잡아당겨 놓는다. 실을 튕겨 도화지에 묻는 모습을 보여 준 후 "○○도 해 보자."라고 하며 치료사가 실을 잡는다. 아동이 실을 잘 잡고 있고, 수행을 잘하면 적극적인 강화를 한다.

③ 실 튕기기가 완성된 작품을 크레파스로 색칠하여 마무리한다.

활동 TIP

- 만약 ②를 스스로 하지 못할 경우에는 치료사가 다시 지시한다. 그럼에도 불구하고 잘 하지 못할 경우 치료사가 실을 잡고, 보조하여 실시한다. 잘 수행하면 강화하며 점차로 보조를 줄여 나간다.
- 치료사는 ②의 방법으로 반복 실시한 후에 언어지시만으로 수행할 수 있도록 지도한다. 아동이 치료사의 언어지시만으로 수행을 하면 칭찬한다.
- 언어표현이 되는 아동이라면 "이게 뭐야?" "이게 뭐로 보이니?"라고 물을 수도 있다. 아동이 대답하면 긍정적으로 받아들이고 역시 칭찬한다.
- 스스로 실을 잡는 것이 어려울 경우 치료사 외에 보조자를 두거나, 두 명의 아동이 함께 진행하도록 한다.

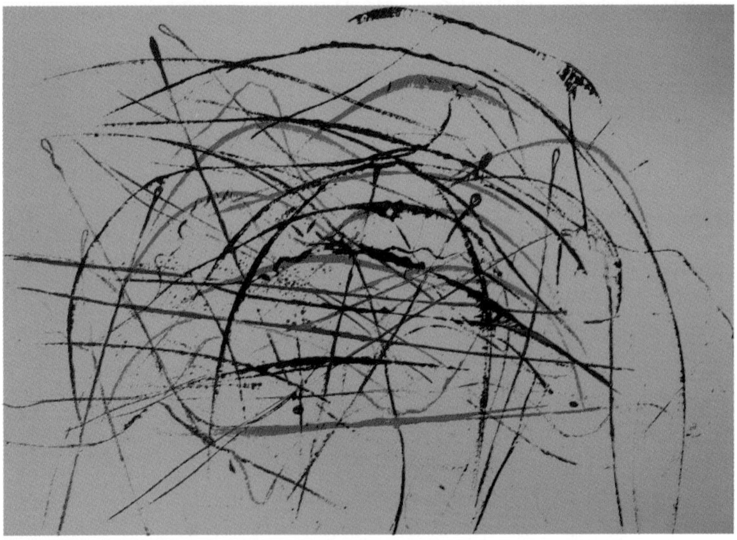

85. 구슬 굴리기

목표

흥미 유발, 창의성 · 자발상 향상, 감각 발달

준비물

쟁반, 물감, 구슬, 도화지, 완성된 작품

> ✓check!
> ☐ 주변 정리는 하였나요?
> ☐ 준비물과 완성된 작품을 준비하였나요?

활동내용 및 지도방법

① 치료사는 아동에게 완성된 작품을 보여 주며 "오늘은 구슬로 그림을 그려 보자."라고 말하고 종이와 구슬을 제시한다.

② 먼저 치료사가 구슬에 물감을 묻힌 후 쟁반에 도화지를 넣고 구슬을 굴리는 모습을 보여 준다. 그 후 "○○도 해 보자."라고 한다. 아동이 수행을 잘하면 적극적인 강화를 한다.

활동 TIP

- 만약 스스로 하지 못할 경우에는 치료사가 다시 지시한다. 그럼에도 불구하고 잘 하지 못할 경우 보조하여 실시한다. 잘 수행하면 강화하며 점차로 보조를 줄여 나간다.
- 완성된 작품을 쟁반에서 꺼낸 후 언어표현이 되는 아동이라면 "이게 뭐야?" "이게 뭐로 보이니?"라고 물을 수도 있다. 아동이 대답하면 긍정적으로 받아들이고 역시 칭찬한다.
- 다양한 크기의 구슬을 활용하거나, 다양한 색을 표현할 수 있도록 촉진한다.

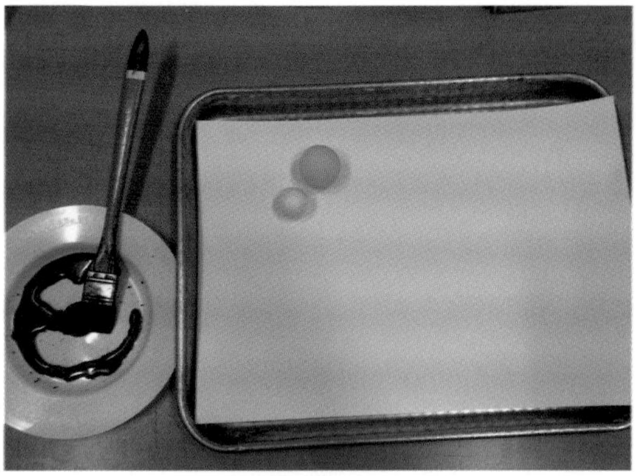

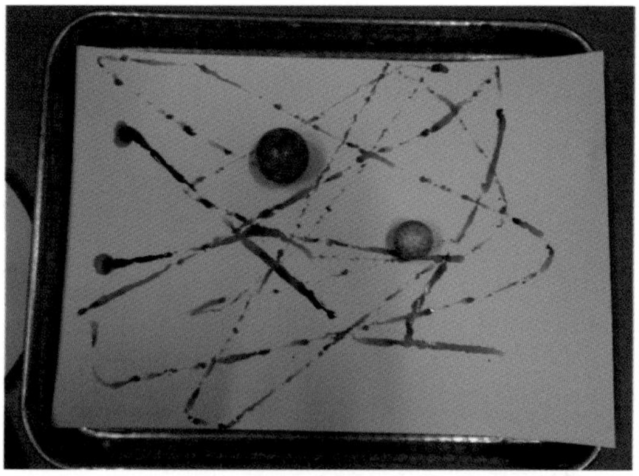

장 사나무

20. 볼록판화

86. 종이 구겨 찍기

목표

종이를 구겨서 물감 찍기, 소근육운동 촉진, 창의성 개발

준비물

물감, 붓, 팔레트, 물, 도화지(4절, 8절), 종이(휴지, 신문 등), 완성된 작품

√check!
- ☐ 주변 정리는 하였나요?
- ☐ 준비물과 완성된 작품을 준비하였나요?

활동내용 및 지도방법

① 치료사는 아동에게 완성된 작품을 보여 주며 "오늘은 종이를 구겨서 물감을 찍어 보자."라고 말한다.

② 치료사는 종이 구기는 것을 보여 준다. 아동이 스스로 종이를 구기면 적극적으로 칭찬한다. 만약 아동이 스스로 수행하지 못하면 아동의 손을 잡고 보조를 하고, 보조는 점차 줄여 나간다.

③ 도화지, 물감, 붓, 팔레트와 물을 제시하고 "물감으로 찍어 보자."라고 지시하고 찍는 것을 보여 준다.

활동 TIP

- 아동이 흥미를 느낄 수 있도록 적극적으로 지도하고, 여러 가지 색깔을 바꾸어 가며 반복 실시한다.
- 아동이 이 활동에 어느 정도 익숙해지면, 도형(예: ○, △, □, ☆ 등)이나 간단한 밑그림을 그려 놓고 도형 안에 찍기, 밑그림을 채색하며 찍기 등으로 다양하게 응용하여 실시할 수 있다.
- 종이, 휴지, 화선지 등 여러 가지 재질의 종이를 사용하는 것도 효과적이다.

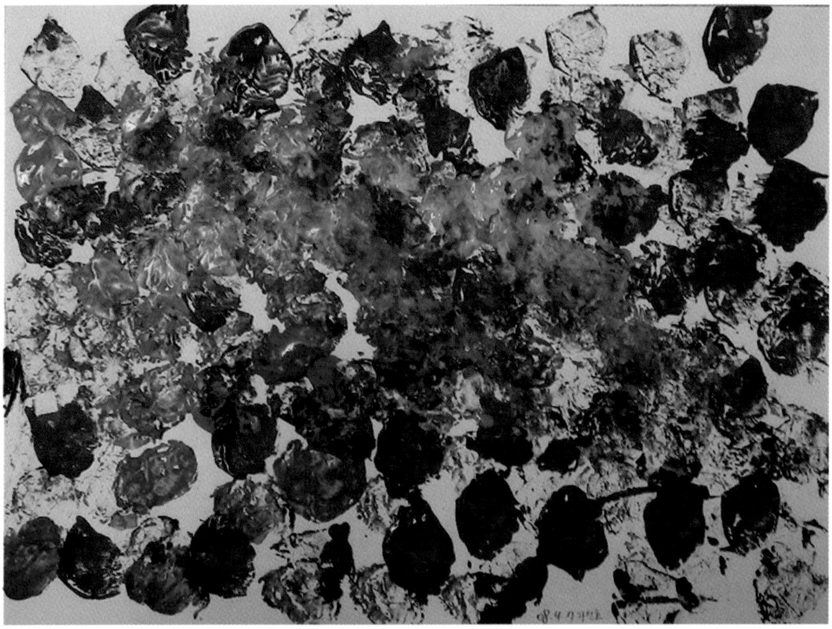

87. 종이 말아 찍기

목표

종이를 말아서 물감 찍기, 창의성 개발

준비물

물감, 붓, 팔레트, 물, 도화지(4절, 8절), 종이(신문, 일반 복사용지, 휴지 등), 완성된 작품

√check!
- [ ] 주변 정리는 하였나요?
- [ ] 준비물과 완성된 작품을 준비하였나요?

활동내용 및 지도방법

① 치료사는 아동에게 완성된 작품을 보여 주며 "오늘은 종이를 말아서 찍어 보자."라고 말한다.

② 치료사가 종이를 말아서 찍는 것을 보여 주고, 아동이 스스로 수행하면 칭찬한다.

③ 도화지, 물감, 붓, 팔레트와 물을 제시하고 "종이를 말아서 찍어 보자."라고 지시하며 종이를 말아서 찍는 것을 보여 준다.

활동 TIP

- 아동이 흥미를 느낄 수 있도록 적극적으로 지도하고, 여러 가지 색깔을 바꾸어 가며 반복 실시한다.
- 아동이 이 활동에 어느 정도 익숙해지면, 도형(예: ○, △, □, ☆ 등)이나 간단한 밑그림을 그려 놓고 도형 안에 찍기, 밑그림을 채색하며 찍기 등으로 다양하게 응용하여 실시할 수 있다.
- 종이, 휴지, 화선지 등 여러 가지 재질의 종이를 사용하는 것도 효과적이다.

88. 도장 찍기

목표

관계 형성, 매체에 대한 흥미 유발

준비물

여러 가지 모양의 도장, 스탬프, 다양한 크기의 도화지, 완성된 작품

√check!
- □ 주변 정리는 하였나요?
- □ 준비물과 완성된 작품을 준비하였나요?

활동내용 및 지도방법

① 치료사는 아동에게 완성된 작품을 보여 주며 "오늘은 우리 같이 도장 찍기를 해 보자."라고 말한다.

② 치료사는 도화지와 여러 가지 모양의 도장, 스탬프를 제시한 뒤 도화지에 도장을 찍는 것을 보여 준다. 그리고 "○○도 선생님처럼 도장을 찍어 보자." 라고 지시한다.

③ 아동이 도장을 찍으면 칭찬해 주고 도화지 전체에 자유롭게 찍도록 한다. 만약 아동이 망설이거나 활발하게 하지 못할 때는 치료사가 모델링을 해서 아동의 활동이 적극적으로 되도록 유도한다.

활동 TIP

- 아동의 상태에 따라 종이의 크기를 조절하여 사용한다. 그리고 도장을 연결해서 찍어 특정한 형태(예: 집, 꽃, 사과 등)를 만들어도 좋다.
- 응용하여 작품을 구성할 수 있다.

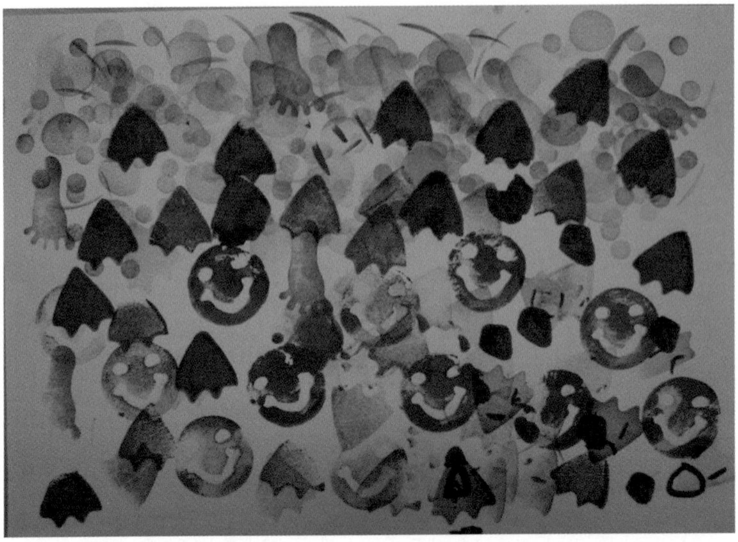

도장 찍기 후 오려서 풍경을 구성한 작품

89. 나뭇잎 찍기

목표

조형의 즐거움 갖기, 사물의 형태 인식

준비물

각종 나뭇잎, 물감, 팔레트, 물, 쟁반, 도화지, 완성된 작품

✓check!
☐ 주변 정리는 하였나요?
☐ 준비물과 완성된 작품을 준비하였나요?

활동내용 및 지도방법

① 치료사는 아동에게 완성된 작품을 보여 주며 "오늘은 나뭇잎 찍기를 할 거야."라고 말한다.

② 먼저 치료사는 준비된 재료(쟁반에 물감을 풀어 놓은 것)로 나뭇잎에 물감을 묻힌 뒤 도화지에 찍는 것을 보여 준다.

③ ②를 하고 난 후에 치료사는 아동에게 "○○도 나뭇잎 찍어 보자."라고 지시하고, 새 도화지를 제공한다. 그리고 아동이 지시한 대로 나뭇잎을 찍을 수 있으면 적극적으로 칭찬한다. 만약 아동이 잘 수행하지 못하면 "나뭇잎에 물감을 묻혀 보자." "뒤집어서 도화지에 놓고 눌러 보자."라고 언어지시로 촉구한다.

활동 TIP

- 아동이 어느 정도 활동에 익숙해지면 다양한 나뭇잎, 여러 가지 색깔을 이용하여 반복 실시하면서, 각 사물마다 조형이 다르다는 것을 느끼게 한다.
- 나뭇잎 찍기 시 물감에 세제 또는 비눗물을 함께 섞어 사용하면 찍기에 용이하다.

90. 손 · 발 도장 찍기

목표

자기 신체상 형성, 흥미 유발

준비물

물감, 팔레트, 쟁반, 물, 도화지, 완성된 작품

√check!
☐ 주변 정리는 하였나요?
☐ 준비물과 완성된 작품을 준비하였나요?

활동내용 및 지도방법

① 치료사는 아동에게 완성된 작품을 보여 주며 "오늘은 손도장을 찍어 보자."라고 말한다.

② 아동 앞에 쟁반, 물감과 물을 제공해 준다. 그리고 "물감을 손에 찍어 보자."라고 지시한다. 이때 아동이 물감을 손에 찍으면 적극적으로 칭찬하고, 만약 수행하지 못할 때에는 언어지시로 촉구하거나 신체적인 보조를 하여 지도한다.

③ ②를 하고 난 후, 치료사는 도화지를 제시하고 손도장 찍는 것을 보여 준다. 그리고 "○○도 손도장 찍어 보자."라고 지시한다.

④ 아동이 지시에 따라 손도장을 찍으면 적극적으로 칭찬한다. 만약 아동이 찍지 못하면, 도화지를 탁탁 쳐 주면서 "여기 찍어."라고 언어지시로 촉구한다. 그래도 안 된다면 아동의 팔을 잡고 보조하여 반복하여 찍도록 한다. 그리고 점차 보조를 줄여 나간다.

⑤ ④가 수행되면 여러 가지 색깔로 반복 실시하며 아동의 흥미를 유발시킨다.

⑥ 발도장을 찍는 것도 앞과 동일한 절차로 실시한다.

활동 TIP

- 아동의 상태에 따라서 종이의 크기를 조절하여 사용하는 것이 유용하다. 그리고 흥미를 유발시키기 위해서 나무를 그린 뒤 잎처럼 찍거나, 발자국을 그려 놓고 발자국에 맞춰 찍기 등으로 응용하는 것도 효과적이다.

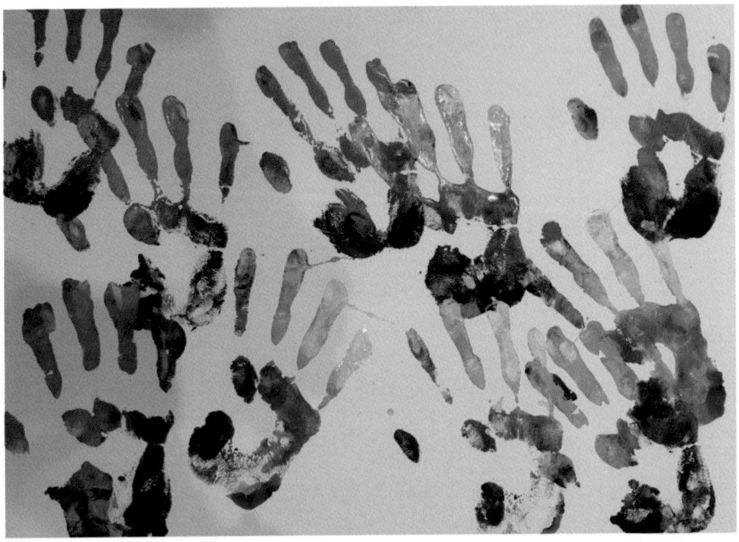

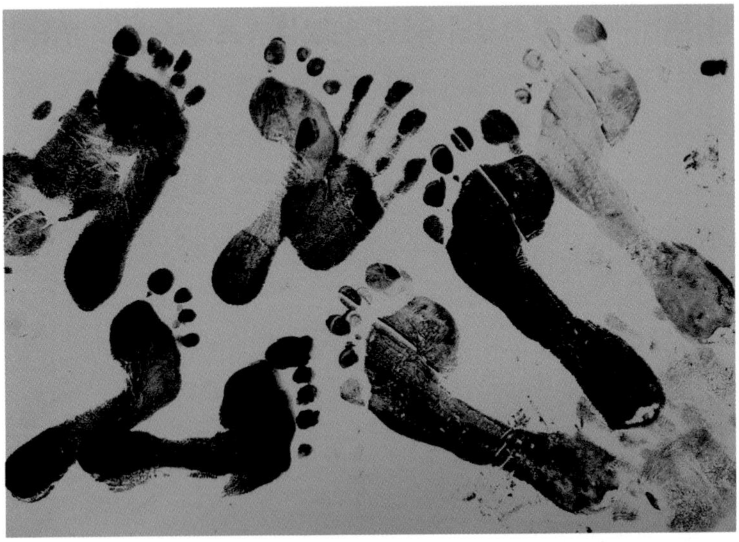

91. 입술 모양 찍기

목표

신체를 이용하여 찍기, 소근육운동 촉진, 창의성 개발, 흥미 유발, 매체 경험

준비물

거울, 립스틱, 도화지(4절, 8절), 완성된 작품

check!
☐ 주변 정리는 하였나요?
☐ 준비물과 완성된 작품을 준비하였나요?

활동내용 및 지도방법

① 치료사는 아동에게 완성된 작품을 보여 주며 "오늘은 입술을 찍어 보자."라고 말한다.

② 치료사는 거울을 보며, 립스틱을 입술에 바른 후 도화지에 찍는다. 립스틱을 제시하며, "○○도 입술에 칠해 보자."라고 지시한 후 아동이 따라 하면 적극적으로 칭찬한다. 립스틱이 칠해진 입술을 도화지에 찍도록 지시한다. 만약 아동이 스스로 수행하지 못하면 아동을 보조하고, 점차 보조를 줄여 나간다.

③ 아동이 흥미를 느낄 수 있도록 적극적으로 지도하고, 여러 가지 색깔을 바꾸어 가며 반복 실시한다.

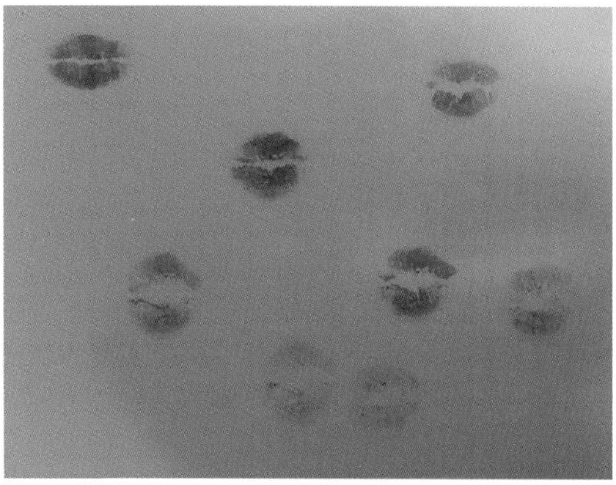

92. 채소 찍기

목표

채소를 이용해 물감 찍기, 소근육운동 촉진, 창의성 개발

준비물

물감, 붓, 팔레트, 물, 당근, 감자와 같은 딱딱한 종류의 채소, 조각칼이나 칼, 도화지(4절, 8절), 완성된 작품

✓check!
☐ 주변 정리는 하였나요?
☐ 준비물과 완성된 작품을 준비하였나요?

활동내용 및 지도방법

① 치료사는 아동에게 완성된 작품을 보여 주며 "오늘은 채소를 이용해 물감을 찍어 보자."라고 말한다.

② 치료사는 다양한 채소의 이름을 알려 주며 미리 조각된 채소들을 제시한다.

③ 도화지, 물감, 붓, 팔레트와 물을 제시하고 "물감으로 찍어 보자."라고 지시하고 치료사가 먼저 찍는 것을 보여 준다. 아동이 따라 하면 적극적으로 칭찬하고, 만약 따라 하지 못할 경우에는 아동의 손을 잡고 보조하여 수행하고 점차 보조를 줄여 나간다.

활동 TIP

- 아동이 흥미를 느낄 수 있도록 적극적으로 지도하고, 여러 가지 색깔을 바꾸어 가며 반복 실시한다.
- 아동이 이 활동에 어느 정도 익숙해지면, 도형(예: ○, △, □, ☆ 등)이나 간단한 밑그림을 그려 놓고 도형 안에 찍기, 밑그림을 채색하며 찍기 등으로 다양하게 응용하여 실시할 수 있다.
- 아동의 상태에 따라 조각이 가능한 경우 함께 조각하여 찍어 보기도 가능하다. 칼은 위험하므로 조작이 불가능할 경우 미리 조각된 채소를 제시한다.

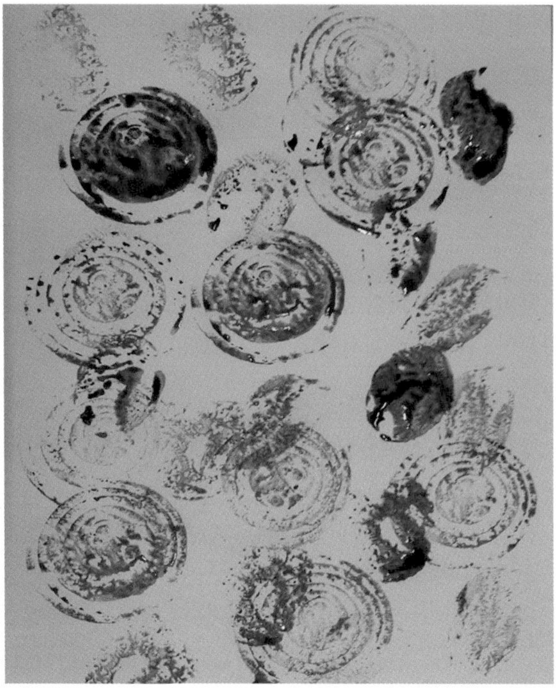

93. 고무 판화

목표

판화 찍기, 소근육운동 촉진, 창의성 개발, 흥미 유발, 성취감 향상

준비물

물감, 붓이나 롤러, 접시, 물, 조각 된 고무판, 도화지(4절, 8절), 완성된 작품

✓check!

- ☐ 주변 정리는 하였나요?
- ☐ 준비물과 완성된 작품을 준비하였나요?

활동내용 및 지도방법

① 치료사는 아동에게 완성된 작품을 보여 주며 "오늘은 판화를 해 보자."라고 말한다.

② 치료사는 고무판 위에 롤러나 붓을 이용하여 물감을 묻히는 모습을 보여 준다. 아동이 제시에 잘 따라 하면 칭찬한다.

③ 치료사는 먼저 ② 고무판 위에 도화지를 올린 후 두들기고 문지르는 모습을 보여 준 후 도화지를 떼어 낸다. "○○도 해 보자."라고 지시하고 아동이 따라 하면 적극적으로 칭찬하며 작품을 완성한다.

활동 TIP

- 아동이 흥미를 느낄 수 있도록 적극적으로 지도하고, 여러 가지 색깔을 바꾸어 가며 반복 실시한다.
- 아동의 상태에 따라 조각이 가능한 경우 함께 조각하여 찍어 보기도 가능하다. 판화 종이는 얇을수록 잘 찍힌다.

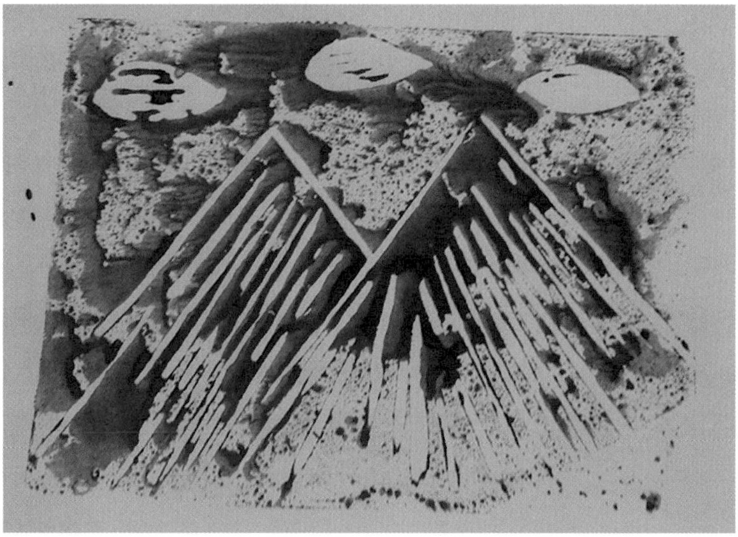

94. 스티로폼 판화

목표

판화 찍기, 소근육운동 촉진, 창의성 개발, 흥미 유발, 성취감 향상, 매체 경험

준비물

물감, 붓이나 롤러, 접시, 물, 스티로폼, 본드, 조각칼, 도화지(4절, 8절), 완성된 작품

✓check!
- ☐ 주변 정리는 하였나요?
- ☐ 준비물과 완성된 작품을 준비하였나요?

활동내용 및 지도방법

① 치료사는 아동에게 완성된 작품을 보여 주며 "오늘은 스티로폼으로 판화를 해 보자."라고 말하고, 스티로폼을 만져 보게 한다.

② 치료사는 스티로폼에 스케치를 한 후 조각칼을 이용하여 조각해 보인다. 아동이 제시에 잘 따라 하면 칭찬한다.

③ 치료사는 먼저 ② 스티로폼 위에 물감을 칠한 후 도화지를 올려 찍어 낸다. "○○도 해 보자."라고 지시하고 아동이 따라 하면 적극적으로 칭찬하며 작품을 완성한다.

활동 TIP

- 아동이 흥미를 느낄 수 있도록 적극적으로 지도하고, 여러 가지 색깔을 바꾸어 가며 반복 실시한다.
- 아동의 상태에 따라 조각이 가능한 경우 함께 조각하여 찍어 보게 한다.
- 조각칼 사용이 어려운 아동에게는 미리 조각된 스티로폼을 제시한다.

95. 우드락 판화

목표

판화 찍기, 소근육운동 촉진, 창의성 개발, 흥미 유발, 성취감 향상, 매체 경험

준비물

물감, 붓이나 롤러, 접시, 물, 우드락(조각용과 바탕용), 우드락 본드, 칼, 도화지(4절, 8절), 완성된 작품

√check!
- ☐ 주변 정리는 하였나요?
- ☐ 준비물과 완성된 작품을 준비하였나요?
- ☐ 조각칼을 사용할 수준인가요?

활동내용 및 지도방법

① 치료사는 아동에게 완성된 작품을 보여 주며 "오늘은 우드락으로 판화를 해 보자."라고 말하고, 우드락을 만져 보게 한다.

② 치료사는 우드락을 손으로 자르거나 칼로 모양 내는 모습을 보여 준다. 아동이 제시에 잘 따라 하면 칭찬한다.

③ 치료사는 먼저 잘라 낸 우드락을 평평한 우드락 위에 우드락 본드를 이용하여 붙인다. 아동이 제시에 잘 따라 하면 칭찬한다.

④ 구성된 우드락 위에 물감을 칠한 후 도화지를 올려 찍어 낸다. "○○도 해 보자."라고 지시하고 아동이 따라 하면 적극적으로 칭찬하며 작품을 완성한다.

활동 TIP

- 아동이 흥미를 느낄 수 있도록 적극적으로 지도하고, 여러 가지 색깔을 바꾸어 가며 반복 실시한다.

96. 프로타주

목표

소근육운동 촉진, 창의성 개발, 흥미 유발, 성취감 향상, 매체 경험

준비물

연필, 색연필, 낙엽이나 동전 등, 도화지(4절, 8절), 완성된 작품

√check!
- [ ] 주변 정리는 하였나요?
- [ ] 준비물과 완성된 작품을 준비하였나요?

활동내용 및 지도방법

① 치료사는 아동에게 완성된 작품을 보여 주며 “오늘은 프로타주를 해 보자.” 라고 말한다.

② 치료사는 도화지 밑에 낙엽이나 동전을 넣고 도화지 위에 연필이나 색연필을 사용하여 칠하는 모습을 보여 준다. “○○도 해 보자.”라고 한 후 아동이 제시에 잘 따라 하면 칭찬한다. 잘 따라 하지 못하는 경우 손을 잡고 보조하여 수행하고, 점차 보조를 줄여 나간다.

활동 TIP

- 아동이 흥미를 느낄 수 있도록 적극적으로 지도하고, 여러 가지 색깔을 다양한 사물로 바꾸어 가며 반복 실시한다.

97. 지판화

목표

판화 찍기, 소근육운동 촉진, 창의성 개발, 흥미 유발, 성취감 향상, 매체 경험

준비물

물감, 붓이나 롤러, 접시, 물, 도화지(4절, 8절), 하드보드지(두께감이 있는 종이), 골판지, 가위, 칼, 풀, 완성된 작품

✓check!
- ☐ 주변 정리는 하였나요?
- ☐ 준비물과 완성된 작품을 준비하였나요?

활동내용 및 지도방법

① 치료사는 아동에게 완성된 작품을 보여 주며 "오늘은 종이로 판화를 해 보자."라고 말한다.

② 치료사는 하드보드지와 골판지를 자르거나 찢는 모습을 보여 준다. 아동이 제시에 잘 따라 하면 칭찬한다.

③ 치료사는 먼저 잘라 낸 종이를 도화지 위에 풀을 이용하여 붙인다. 아동이 제시에 잘 따라 하면 칭찬한다.

④ 구성된 작품 위에 물감을 칠한 후 도화지를 올려 찍어 낸다. "○○도 해 보자."라고 지시하고 아동이 따라 하면 적극적으로 칭찬하며 작품을 완성한다.

활동 TIP

- 아동이 흥미를 느낄 수 있도록 적극적으로 지도하고, 여러 가지 색깔을 바꾸어 가며 반복 실시한다.
- 아동의 상태에 따라 그리고 오리는 것이 가능한 경우 원하는 도안을 그린 후 오려서 작품을 구성하도록 하여도 무방하다.

98. 콜라그래피

목표

판화 찍기, 소근육운동 촉진, 창의성 개발, 흥미 유발, 성취감 향상, 매체 경험

준비물

물감, 붓이나 롤러, 접시, 물, 하드보드지, 천, 노끈, 입체무늬가 있는 벽지, 접착제, 도화지(4절, 8절), 완성된 작품

√check!
- ☐ 주변 정리는 하였나요?
- ☐ 준비물과 완성된 작품을 준비하였나요?

활동내용 및 지도방법

① 치료사는 아동에게 완성된 작품을 보여 주며 "오늘은 다양한 것을 붙여 판화를 해 보자."라고 말한다.

② 치료사는 하드보드지 위에 천이나 노끈 등의 물건을 이용하여 다양한 모양으로 붙이는 것을 보여 준다. 아동이 제시에 잘 따라 하면 칭찬한다.

③ 구성된 작품 위에 물감을 칠한 후 도화지를 올려 찍어 낸다. "○○도 해 보자."라고 지시하고 아동이 따라 하면 적극적으로 칭찬하며 작품을 완성한다.

활동 TIP

- 아동이 흥미를 느낄 수 있도록 적극적으로 지도하고, 여러 가지 색깔을 바꾸어 가며 반복 실시한다.

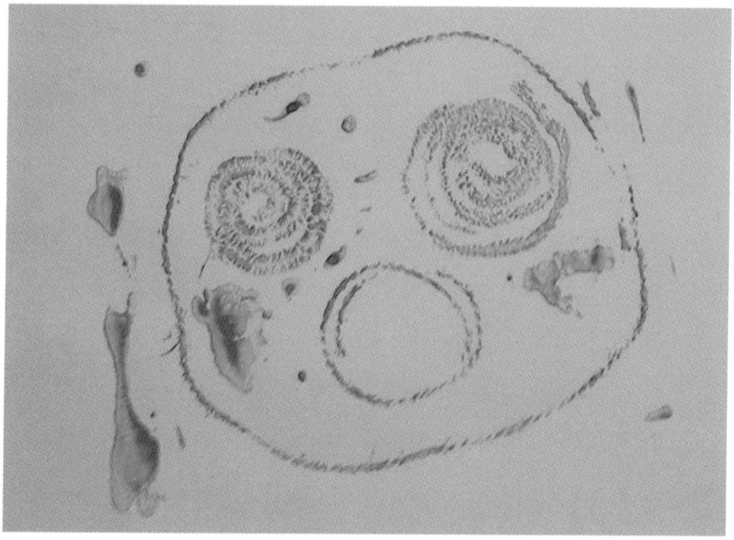

21. 평판화

99. 데칼코마니

목표

흥미 유발, 소근육운동 촉진, 상상력 유발, 신비감 맛보기

준비물

물감, 완성된 작품, 도화지(4절, 8절)

✓check!
- ☐ 주변 정리는 하였나요?
- ☐ 준비물과 완성된 작품을 준비하였나요?

활동내용 및 지도방법

① 치료사는 아동에게 완성된 작품을 보여 주며 "오늘은 데칼코마니를 할 거야."라고 말한다.

② 치료사는 도화지를 반으로 접는 것을 보여 준다. 아동이 따라서 접으면 칭찬한다.

③ ②를 수행하면 치료사는 접었던 도화지를 펴고 도화지의 한쪽에 물감 짜는 것을 보여 준다. 아동이 모방하여 수행하면 적극적으로 칭찬한다.

④ 물감을 짜고 나면 다시 도화지를 반으로 접는다.

⑤ 치료사가 손으로 문지르는 것을 보여 준다. 만약 아동이 스스로 하지 못할 때는 치료사가 아동의 손을 잡고 이쪽저쪽으로 밀거나, 손바닥으로 눌러 밀도록 보조한다.

활동 TIP

- 도화지를 폈을 때 "와! 멋있다." "너무 잘했다." 등으로 표현해 준다. 그리고 언어표현이 되는 아동이라면 "이게 뭐야?" "이게 뭐로 보이니?"라고 물어보고, 아동이 표현하면 적극적으로 칭찬한다.
- 도화지를 문지를 때, 손가락 끝으로 누르기도 하고 손바닥을 사용해서 누르기도 하고 손톱으로 긁어 내어도 무방하다.

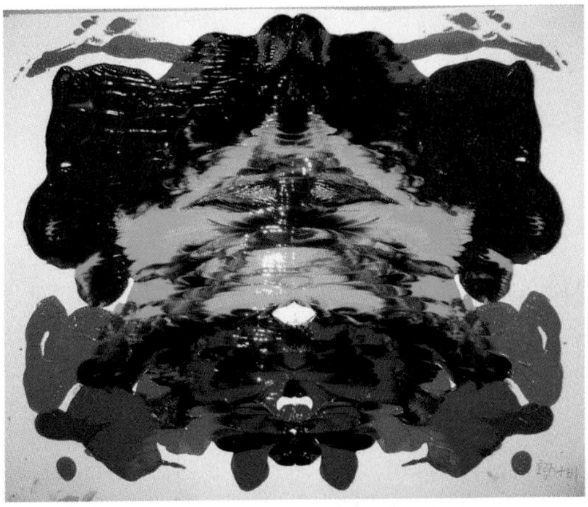

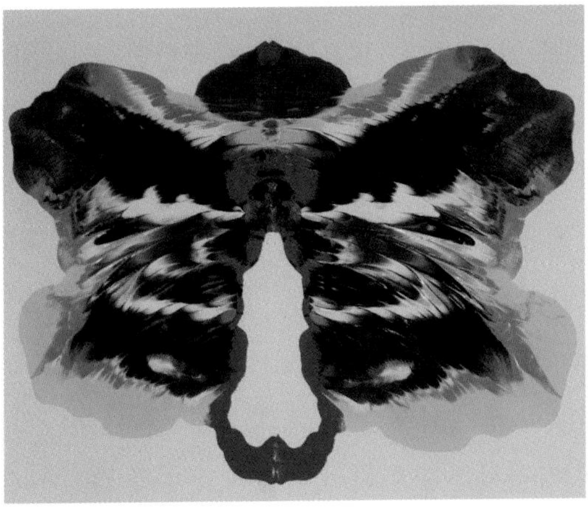

100. 실그림

목표

실을 이용하여 물감놀이 하기, 창의성 개발

준비물

물감, 붓, 팔레트, 물, 실, 도화지(4절, 8절), 완성된 작품

✓check!
- ☐ 주변 정리는 하였나요?
- ☐ 준비물과 완성된 작품을 준비하였나요?

활동내용 및 지도방법

① 치료사는 아동에게 완성된 작품을 보여 주며 "오늘은 실로 그림을 그려 보자."라고 말한다.

② 치료사는 도화지를 반으로 접었다 펼치는 것을 아동에게 보여 준다. 아동이 보고서 잘 따라 하면 적극적으로 칭찬하고, 아동이 스스로 하지 못할 때는 아동의 손을 잡고 끝점을 맞추며 수행한다.

③ 치료사는 실에 물감 묻히는 것을 보여 준다. 넓은 그릇에 색깔별로 물감을 풀어 놓고 실을 넣어서 묻히면 손쉽게 할 수 있다.

④ 치료사는 펼쳐진 도화지 위에 여러 가지 형태로 실을 놓은 뒤, 실이 도화지 밖으로 조금 나오게 놓는 것을 보여 준다.

⑤ 치료사는 도화지 접는 것을 시범 보인다.

⑥ 치료사는 실을 잡아당기는 것을 아동에게 보여 준다.

⑦ 치료사는 "어떤 모양이 나올까?"라고 궁금해한 뒤, 도화지를 펼치면서 "와! 예쁘다." "와! 이상하네." 등의 감탄사를 표현하며 아동의 흥미를 유발시킨다. 아동이 치료사를 따라 펼치면 적극적으로 칭찬한다.

활동 TIP

- 아동이 언어표현이나 기타의 방법으로 표현을 한다면 적극적으로 공감해 준다. 언어표현이 되는 아동이라면 "이게 뭐야?" "이게 뭐로 보이니?"라고 질문을 하고 아동의 대답을 긍정적으로 받아들인다.
- 여러 가지 색과 모양으로 반복해서 실시하면서 활동을 익혀 나간다.

101. 모노타이프 기법을 이용한 판화

목표

흥미 유발, 표현력 · 성취감 향상, 창의성 개발

준비물

물감, 붓, 나무젓가락, OHP필름이나 유리판, 도화지, 완성된 작품

√check!
- [ ] 주변 정리는 하였나요?
- [ ] 준비물과 완성된 작품을 준비하였나요?

활동내용 및 지도방법

① 치료사는 아동에게 완성된 작품을 보여 주며 "오늘은 나무젓가락으로 그려서 판화를 해 보자."라고 말한다.

② 치료사는 OHP필름이나 유리판에 물감을 붓으로 칠한 후 나무젓가락으로 그림을 그리는 모습을 보여 준다. 아동이 따라서 하면 칭찬한다. 만약 아동이 스스로 하지 못할 때는 아동의 손을 잡고 보조를 해서 수행하고 점차 보조를 줄여 나간다.

③ 다 그린 ② 위에 도화지를 덮어 문지른 후 떼어 낸다.

④ 도화지를 떼어 냈을 때 "와! 멋있다." "너무 잘했다." 등으로 표현해 준다.

활동 TIP

- 언어표현이 되는 아동이라면 "이게 뭐야?" "이게 뭐로 보이니?"라고 질문하고, 아동이 표현하면 긍정적으로 받아들인다.
- 물감을 OHP필름에 잘 칠하지 못할 경우 미리 치료사가 칠한 것을 사용한다.
- 그림을 크게 표현하면 더욱 효과적이다.

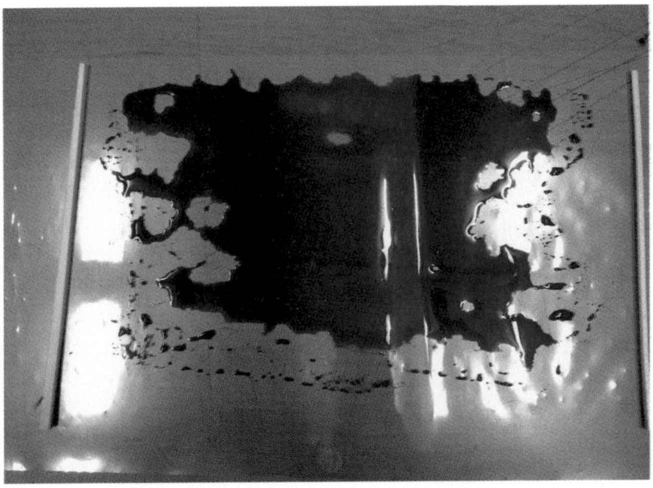

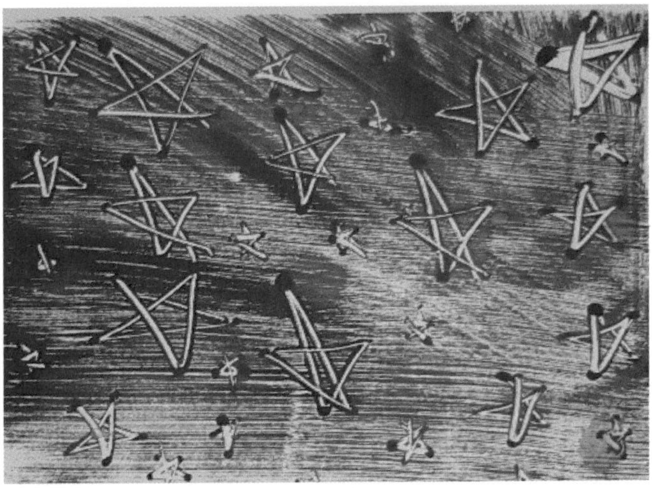

제6장

입체표현기법

1. 건식매체를 이용한 조형활동

1. 종이를 반으로 접어 만들기

목표

종이 반 접어 작품 완성하기, 구성력 향상

준비물

두꺼운 도화지, 가위, 크레파스, 완성된 작품

✓check!
- ☐ 주변 정리는 하였나요?
- ☐ 준비물과 완성된 작품을 준비하였나요?

활동내용 및 지도방법

① 치료사는 아동에게 완성된 작품을 보여 주며 "우리 코끼리를 만들어 보자." 라고 지시하며 두꺼운 도화지를 반으로 접는다.
② 치료사는 한쪽 면에 코끼리를 그려 보이며 아동이 다른 종이에 그림을 그리도록 한다. 그리기 어려운 경우 치료사가 보조를 해 준다.
③ 다른 면에는 코끼리를 돌려서 그려 보이며 ②와 같이 진행한다.
④ 아동이 그림의 선대로 자르도록 한다.
⑤ 잘린 형태 위에 크레파스로 채색하고 색종이로 꾸민다.
⑥ 가운데를 벌려서 세워 주며 "코끼리가 되었네. 잘 만들었구나."라고 칭찬한다.

활동 TIP

- 아동의 특성에 따라 코끼리를 다양하게 응용할 수 있다.

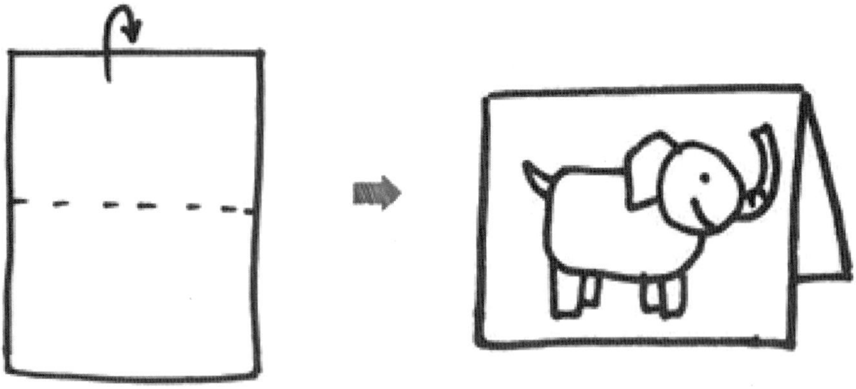

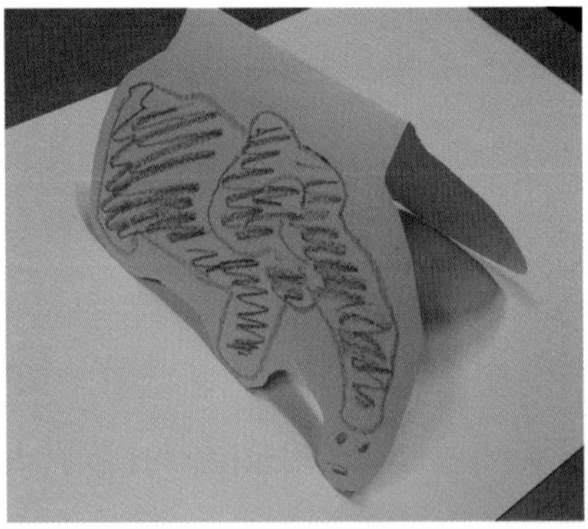

2. 종이를 세워 만들기

목표

구성력 및 소근육운동 능력 향상

준비물

두꺼운 도화지, 가위, 색종이, 크레파스, 완성된 작품

√check!
- ☐ 주변 정리는 하였나요?
- ☐ 준비물과 완성된 작품을 준비하였나요?

활동내용 및 지도방법

① 치료사는 아동에게 완성된 작품을 보여 주며 "우리 이 두꺼운 도화지로 시계를 만들어 보자."라고 이야기한다.
② 동그랗게 오려진 색종이를 아동에게 건네준다.
③ 아동이 색종이 위에 시계를 그리게 한다. 그리기 어려운 경우에는 치료사가 모델링과 보조를 해 준다.
④ 두꺼운 도화지를 3등분해서 접는다.
⑤ 가운데 칸에 치료사가 시계의 밑그림을 그려 준다.
⑥ 도화지에 색종이 시계를 붙이고 꾸민다.
⑦ 도화지 좌우의 양 점선 부분을 뒤로 접은 후 세워서 완성한다.
⑧ 〈시계는 아침부터 똑딱똑딱〉 노래를 부르며 박수 쳐서 강화해 준다.

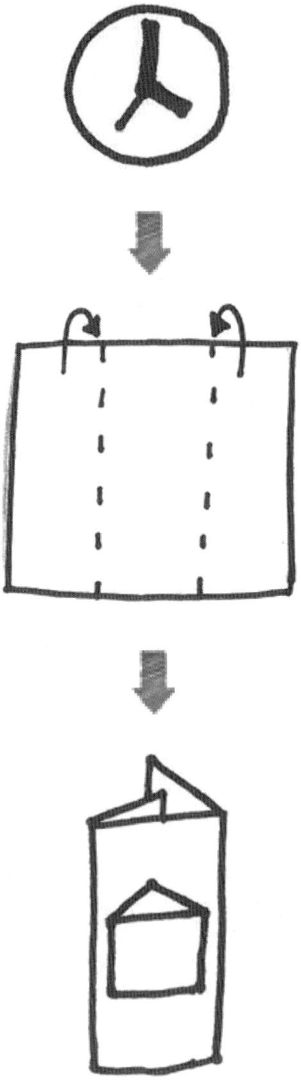

3. 바람개비 만들기

목표

바람개비 만들기, 인지능력 및 소근육운동 능력 향상

준비물

색종이, 수수깡, 가위, 곤충핀, 연필, 완성된 작품

✓check!
- [ ] 주변 정리는 하였나요?
- [ ] 준비물과 완성된 작품을 준비하였나요?

활동내용 및 지도방법

① 치료사는 아동에게 완성된 작품을 보여 주며 "바람개비가 어떻게 생겼지? 바람개비를 만들어 보자."라고 말하면서 밑그림이 그려진 색종이를 건넨다.
② 아동이 선을 따라 색종이를 오리도록 한다.
③ 오려진 색종이의 한쪽 면을 따라 하나씩 가운데로 살짝 접어 곤충핀을 꽂아 고정한다.
④ 수수깡에 ③을 꽂아 바람개비를 만든다.
⑤ 완성된 바람개비를 만들고 달리면서 돌아가게 한다.

활동 TIP

- 아동의 수준에 따라 바람개비의 모양이 어떤지, 어떻게 움직이는지를 생각하게 하고 서로 대화를 나눈다.

4. 목걸이 만들기

목표

색종이로 목걸이 만들기, 소근육운동 촉진, 성취감 느끼기

준비물

색종이, 가위, 풀, 연필, 자, 완성된 작품

√check!
☐ 주변 정리는 하였나요?
☐ 준비물과 완성된 작품을 준비하였나요?

활동내용 및 지도방법

① 치료사는 아동에게 완성된 작품을 보여 주며 색종이를 제시하며 "목걸이를 만들어 보자." 하고 지시한다.
② 치료사가 색종이에 선을 그어 보이며 아동이 스스로 선을 긋도록 한다.
③ "선을 따라 잘라 보자." 하며 가위로 선 따라 자르는 모습을 모델로 보이고 아동이 스스로 하도록 한다.
④ 빗금 친 부분에 풀칠하는 모습을 모델링해 보이고 아동도 풀칠하도록 한다.
⑤ 풀칠한 색종이를 서로 잇대어 둥글게 원을 만든다.
⑥ 다른 고리도 만들어 서로 끼워 이어 나간다.
⑦ 완성되면 마지막 고리를 서로 연결하여 목에 걸어 본다.

5. 팽이 만들기

목표

종이로 팽이를 만들고 놀이하기, 소근육운동 능력 및 조작능력 향상

준비물

두꺼운 종이, 가위, 풀, 성냥개비, 수수깡, 색종이, 완성된 작품

✓check!
- ☐ 주변 정리는 하였나요?
- ☐ 준비물과 완성된 작품을 준비하였나요?

활동내용 및 지도방법

① 치료사는 아동에게 완성된 작품을 보여 주며 "팽이를 만들어 보자."라고 말하면서 두꺼운 종이를 제시한다.
② 치료사가 두꺼운 종이에 원을 그려 잘라 준다.
③ 작품을 만드는 순서에 따라 치료사가 차례대로 모델링을 한다.
④ 원 모양의 종이를 두 번 접는다.
⑤ 원 중앙에 가위로 구멍을 뚫는다.
⑥ 구멍에 수수깡을 꽂는다.
⑦ 완성된 팽이를 돌려 본다.

활동 TIP

- 아동의 수준에 따라 팽이의 모양이나 생김새에 대해 생각하게 하고 서로 대화를 나눈다.

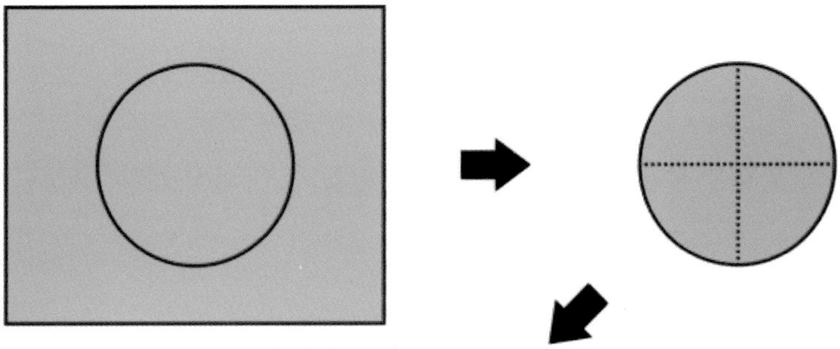

두꺼운 종이에 원을 그려 잘라 준다.

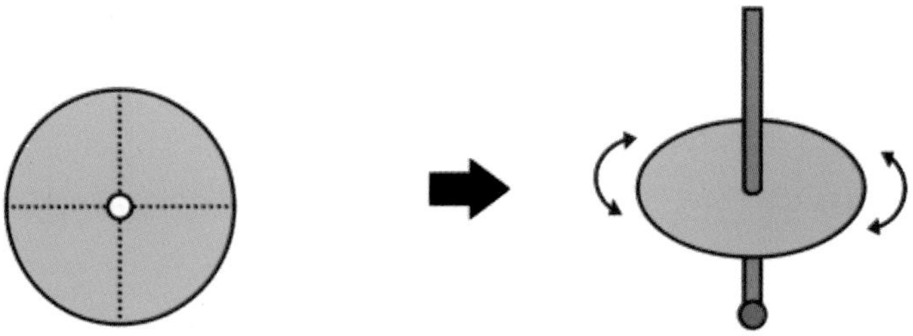

원의 중앙에 구멍을 뚫는다.

완성

6. 연필꽂이 만들기

목표

주위의 물건을 사용하여 간단한 사물을 만들기, 창의성 개발, 구성력 향상

준비물

우유팩(500ml), 색종이, 크레파스, 가위, 풀, 완성된 작품

✓check!
- [ ] 주변 정리는 하였나요?
- [ ] 준비물과 완성된 작품을 준비하였나요?

활동내용 및 지도방법

① 치료사는 아동에게 완성된 작품을 보여 주며 "연필꽂이를 만들어 보자."라고 말하면서 우유팩을 제시한다.

② 우유팩 4면에 색종이를 골고루 붙인 후 아동에게 그리고 싶은 그림을 그려 장식하도록 한다. 아동이 힘들어 할 경우 치료사는 꽃과 나비 등을 모델로 그려 주어 아동이 보고 모방하여 그리도록 한다.

③ 우유팩 4면이 모두 장식되면 직접 연필로 꽂아 본다.

④ 연필꽂이를 공부방에 두고 직접 활용한다.

활동 TIP

- 우유팩의 머리 부분은 미리 칼로 잘라 낸다.
- 아동의 수준에 따라 우유팩을 건네면서 무엇을 만들지에 대한 동기를 촉진시킨다.

7. 바구니 짜기

목표

바구니 만들기, 소근육운동 능력 및 주의집중력 향상

준비물

색도화지, 가위, 풀, 칼, 자, 접착테이프, 완성된 작품

√check!
☐ 주변 정리는 하였나요?
☐ 준비물과 완성된 작품을 준비하였나요?

활동내용 및 지도방법

① 치료사는 아동에게 완성된 작품을 보여 주며 "우리 바구니를 만들어 볼까?" 라고 말한 후 바구니는 언제 쓰는 것인지를 물어 바구니의 용도를 알도록 한다.
② "이 색도화지를 가지고 바구니를 만들어 보자."라고 말하면서 도화지에 선을 그리도록 한다. 아동이 자를 제대로 활용하지 못하면 치료사가 손을 잡아 주어 선을 긋도록 보조한다.
③ "이제 선을 따라서 자르는 거야."라고 지시하며 점선을 따라 자르도록 한다. 이때 가위나 칼로 인한 위험이 없도록 주의한다. 한 장의 도화지는 점선을 따라 위의 공간을 남겨 두고 자르고(그림 1) 다른 도화지는 완전히 선을 따라 잘라서 띠로 만든다(그림 2).
④ ③을 가지고 서로 엇갈려 끼운 후 끼운 양끝은 풀로 고정시킨다.
⑤ ③~④와 동일한 방법으로 한 면을 더 만든다. 접착테이프로 양면의 모서리를 붙인다.
⑥ 접착테이프로 양면과 밑을 붙여서 바구니를 완성한다.
⑦ 종이꽃을 바구니에 꽂아 꽃바구니를 만든다.
⑧ 바구니의 입구 쪽에 리본끈을 연결하여 벽에 걸어 둔다.

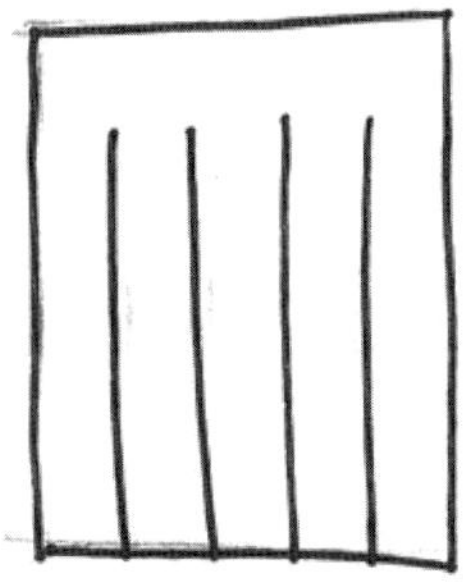

그림 1

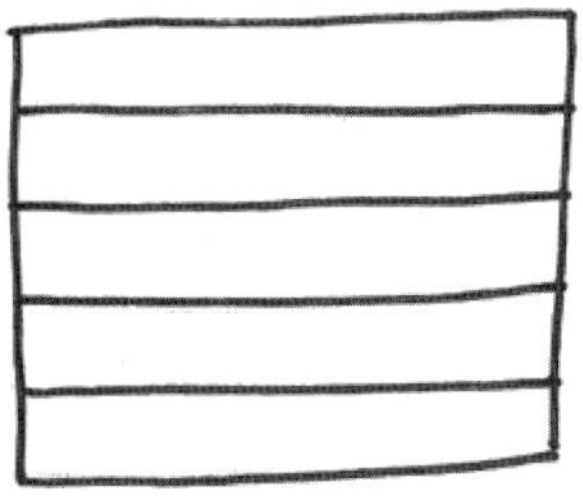

그림 2

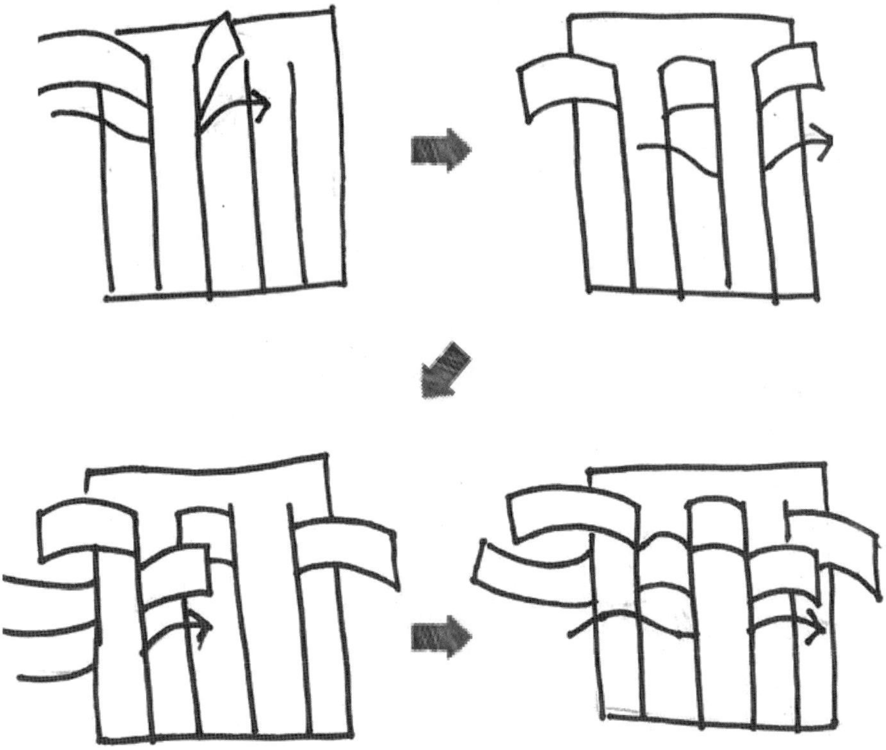

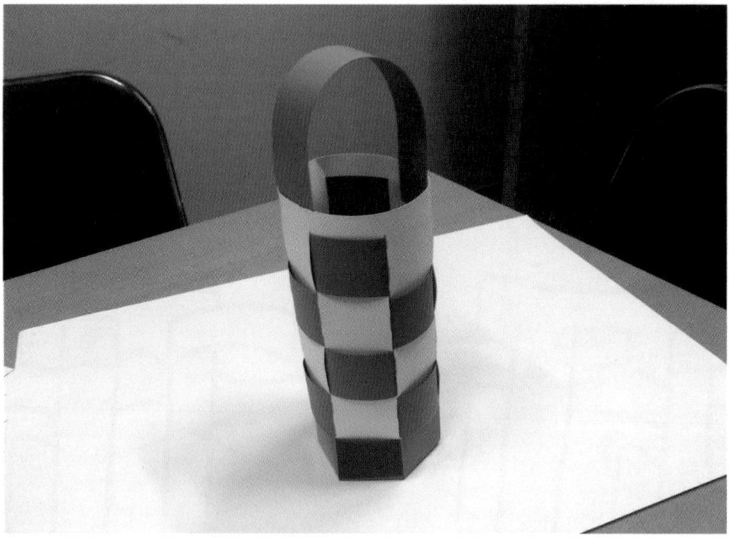

8. 왕관 만들기

목표

왕관 만들기, 소근육운동 능력 향상, 창의력 개발

준비물

두꺼운 도화지, 금 · 은박 색종이, 색종이, 가위, 풀, 접착테이프, 크레파스, 완성된 작품

✓check!
- [ ] 주변 정리는 하였나요?
- [ ] 준비물과 완성된 작품을 준비하였나요?

활동내용 및 지도방법

① 치료사는 아동에게 완성된 작품을 보여 주며 "왕관을 만들어 보자."라고 말하면서 도화지를 제시한다.

② 도화지에 아동과 함께 밑그림을 그린다.

③ "○○가 선대로 잘라 보자."라고 지시하며 아동이 스스로 가위를 조각하여 자르도록 한다.

④ 잘라 둔 왕관의 밑바탕에 아동과 함께 크레파스로 채색하고 색종이로 별과 달, 해 등을 오려 붙여 장식을 하고, 서로 잇는다.

⑤ 아동이 써 보게 하여 머리 크기에 맞추고 양끝을 접착테이프로 잇는다.

활동 TIP

- 완성된 왕관을 쓰고 치료사와 '왕 놀이' 또는 역할극을 해 본다.
- 아동의 수준에 따라 왕관의 모양은 어떤지, 누가 쓰는지 생각하게 하고 서로 대화를 나눈다.

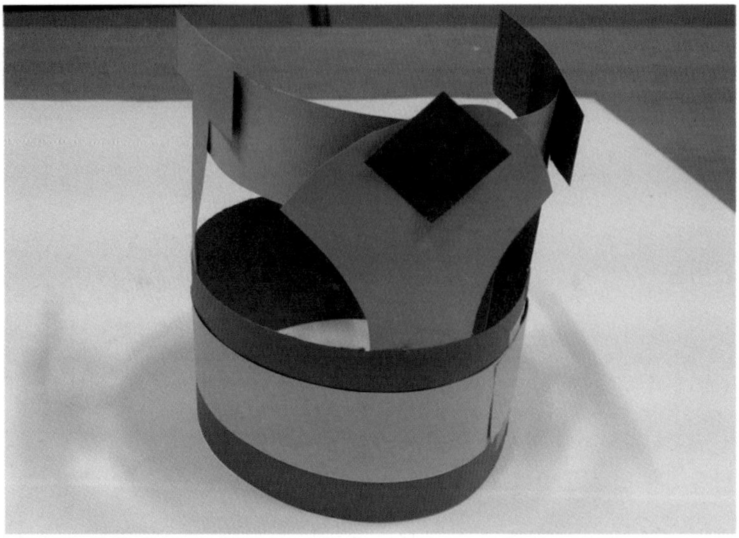

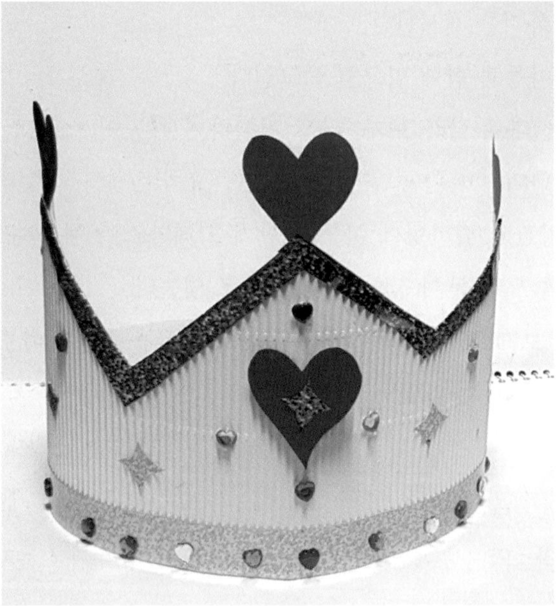

9. 메달 만들기

목표

메달 만들기, 소근육운동 능력 및 구성능력 향상

준비물

두꺼운 도화지, 색도화지, 금 · 은박 색종이, 색종이, 가위, 풀, 접착테이프, 알루미늄포일, 완성된 작품

✓check!
☐ 주변 정리는 하였나요?
☐ 준비물과 완성된 작품을 준비하였나요?

활동내용 및 지도방법

① 치료사는 아동에게 완성된 작품을 보여 주며 "메달을 만들어 보자."라고 말하면서 색도화지를 제시한다.
② 아동이 색도화지 위에 선을 그리고 가위로 자르도록 한다.
③ 길게 잘려 띠처럼 된 색도화지의 중간에 금박 색종이를 길게 붙여 나간다.
④ 두꺼운 도화지를 둥근 원 모양으로 오린다.
⑤ 알루미늄포일을 이용하여 ④를 싼다. 그 위에 별과 나무 등의 그림을 붙인다.
⑥ ⑤의 뒷면에 ③을 연결 접착시킨다. 목에 걸어 본다.

활동 TIP

- 아동의 수준에 따라 메달의 모양이 어떤지, 언제 사용하는지, 용도는 어떤지 생각하게 하고 서로 대화를 나눈다.
- 다른 아동들과 달리기나 간단한 게임을 한 후 이긴 사람 목에 메달을 직접 걸어 준다.

12. 가면 만들기

목표

가면 만들기, 얼굴상 지각, 소근육운동 능력 향상

준비물

색종이, 두꺼운 도화지, 가위, 풀, 완성된 작품

√check!
- [ ] 주변 정리는 하였나요?
- [ ] 준비물과 완성된 작품을 준비하였나요?

활동내용 및 지도방법

① 치료사는 아동에게 완성된 작품을 보여 주며 “우리 재미있는 가면을 만들어 보자.”라고 말한다.

② “○○의 얼굴은 어떻게 생겼나. 여기에 한 번 그려 보자.”라고 지시한 후 두꺼운 도화지에 얼굴을 그리도록 한다.

③ 아동이 얼굴 모양대로 자르도록 한다.

④ “○○야, 눈이 안 보이네. 코로 숨을 쉬어야지. 구멍을 뚫어 주자.”라며 아동과 함께 눈, 코의 자리를 가위로 뚫어 구멍을 낸다.

⑤ 얼굴에 써 보고 눈, 코의 위치가 맞는지 확인해 본 후 이상한 부분은 아동과 함께 수정한다.

⑥ 크레파스를 이용하여 채색하고 색종이로 장식한 후 작품이 완성되었으면 얼굴에 쓰고 감상해 본다.

활동 TIP

- 얼굴을 그리지 못하는 경우 보조해 주면서 “눈은 어디 있나, 여기. 코는 어디 있나, 여기” 등의 노래를 불러 주며 흥미를 유발시킨다.
- 작품이 완성되면 만든 가면을 이용하여 가면놀이를 한다.

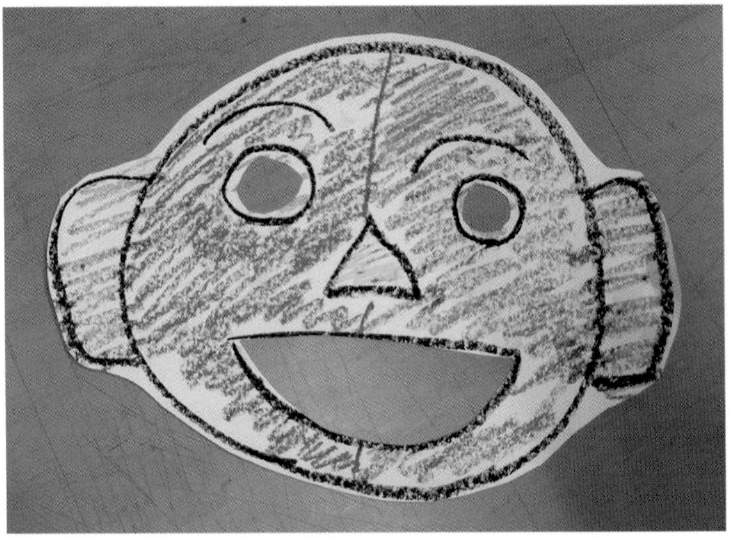

13. 풍선을 이용하여 오뚜기 만들기

목표

풍선을 이용하여 오뚜기 만들기, 조형능력 · 표현력 향상

준비물

고무풍선, 헌 신문지, 한지, 색종이, 가위, 풀, 니스, 완성된 작품

√check!
- ☐ 주변 정리는 하였나요?
- ☐ 준비물과 완성된 작품을 준비하였나요?

활동내용 및 지도방법

① 치료사는 아동에게 완성된 작품을 보여 주며 "○○야! 우리 이 풍선을 가지고 오뚜기를 만들어 보자."라고 지시한 후 아동에게 고무풍선에 바람을 약간만 넣도록 한다.
② 그 위에 물에 적신 헌 신문지 조각을 계속적으로 함께 붙인다.
③ 어느 정도 두툼해지면 이번에는 한지를 붙인다.
④ 아동이 그 위에 채색하도록 한다.
⑤ ④가 마무리되면 말린다.
⑥ 아동과 함께 색종이로 장식한다.
⑦ 장식이 다 끝나면 니스 칠을 한다.

활동 TIP

- 작품이 완성되면 작품을 가지고 함께 놀이를 한다.
- 니스 칠을 할 때, 아동에게 유해하지 않도록 주의한다.

14. 움직이는 것 만들기

목표

종이로 움직이는 장난감 만들기, 인지능력 및 소근육운동 능력 향상

준비물

두꺼운 종이, 가위, 풀, 완성된 작품

✓check!
☐ 주변 정리는 하였나요?
☐ 준비물과 완성된 작품을 준비하였나요?

활동내용 및 지도방법

① 치료사는 아동에게 완성된 작품을 보여 주며 "오늘은 움직이는 동물을 만들어 보자."라고 말하면서 두꺼운 종이를 제시한다.
② 완성된 작품을 보고 치료사가 하나씩 그려 주며 모델링을 해서 보여 준다.
③ ②를 하나씩 모방하여 잘 수행하면 칭찬한다.
④ 완성된 작품을 흔들면서 움직임을 느낀다.

활동 TIP

- 작품이 완성되면 다른 모양들을 다양하게 만들어 본다.

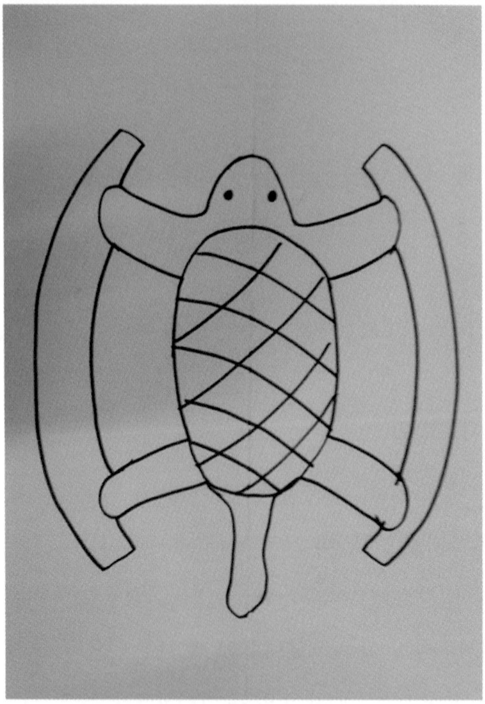

15. 모빌 만들기

목표

모빌 만들기, 인지능력 및 소근육운동 능력 향상

준비물

실, 바늘, 색도화지, 색종이, 가위, 풀, 긴 막대, 접착테이프, 완성된 작품

√check!
- ☐ 주변 정리는 하였나요?
- ☐ 준비물과 완성된 작품을 준비하였나요?

활동내용 및 지도방법

① 치료사는 아동에게 완성된 작품을 보여 주며 "모빌을 만들어 보자."라고 말하면서 색종이와 색도화지를 제시한다.

② 색종이와 색도화지에 새, 물고기, 동그라미, 세모 등의 모양을 그리도록 한다. 아동이 연상하여 그리기가 곤란하면 치료사가 먼저 시범을 보인 후 아동이 모방하여 그리도록 한다.

③ ②의 선을 따라 오리도록 하고 완성된 여러 가지 모양에 바늘을 이용하여 구멍을 뚫은 후 실을 꿴다.

④ 긴 막대에 ③을 끼운 후 위치를 조절하여 무게중심을 맞춘다.

⑤ 모빌을 교실의 천장에 달고 감상한다.

활동 TIP

- 아동의 수준에 따라 모빌의 모양이 어떤지, 어떻게 쓰이는지를 생각하게 하고 서로 대화를 나눈다.

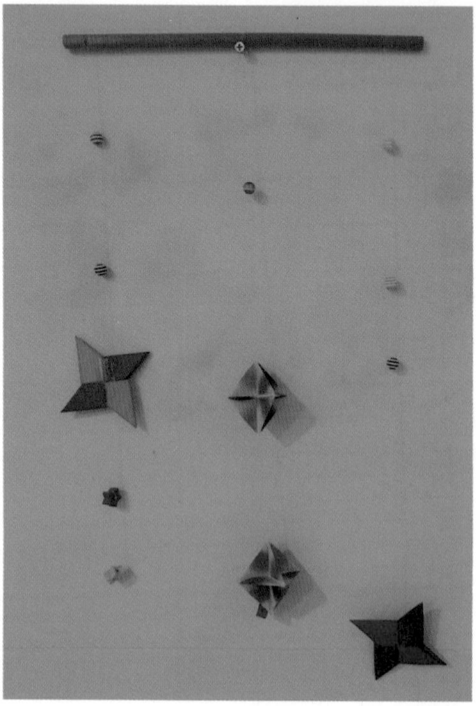

16. 수수깡 동물 만들기

목표

수수깡을 활용하여 동물 만들기, 인지능력 · 조작능력 향상

준비물

수수깡, 접착제, 가위, 성냥개비, 이쑤시개, 완성된 작품

✓check!
☐ 주변 정리는 하였나요?
☐ 준비물과 완성된 작품을 준비하였나요?

활동내용 및 지도방법

① 치료사는 아동에게 완성된 작품을 보여 주며 "오늘은 수수깡으로 동물을 만들어 보자."라고 말하면서 수수깡을 제시한다.
② 치료사가 완성된 작품을 보면서, 아동에게 만드는 과정을 순서대로 보여 준다.
③ 아동이 치료사를 모방하여 잘 수행하면 칭찬한다.
④ 아동이 작품을 완성하면 칭찬하고, 혼자서 만들도록 지도해 나간다.
⑤ 아동이 한 가지를 완성하면, 다양한 다른 모델을 보고 만들기를 실시한다.

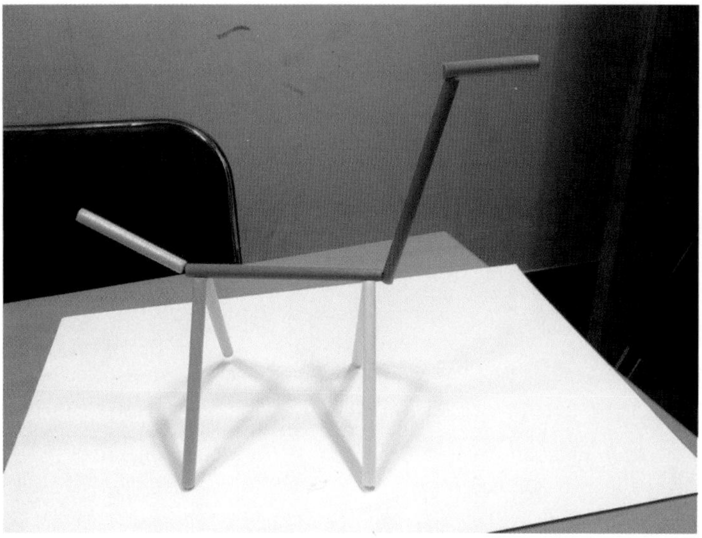

17. 파스타를 이용한 꽃병 만들기

목표

파스타를 이용하여 만들기, 창의력 · 상상력 · 자발성 향상

준비물

다양한 모양의 파스타, 유리병, 흙점토, 그 밖의 원하는 재료들, 완성된 작품

✓check!
- ☐ 주변 정리는 하였나요?
- ☐ 준비물과 완성된 작품을 준비하였나요?

활동내용 및 지도방법

① 치료사는 아동에게 완성된 작품을 보여 주며 "파스타를 이용하여 만들기를 해 보자."라고 말하면서 유리병을 제시한다.

② 유리병에 흙점토를 떼어 붙인다. 그 위에 파스타를 붙여서 꽃병을 만든다.

③ 완성된 꽃병에 물감을 사용하여 아동이 원하는 색을 입혀도 좋고, 꽃을 꽂아 강화해 준다.

활동 TIP

- 만들고자 하는 욕구는 강한데 재료의 사용법을 몰라서 힘들어 하는 아동이 좌절하지 않도록 치료사가 보조해 주어서 완성하도록 한다.
- 꽃병을 스스로 만들 수 있을 때까지 여러 번 반복하여 실시한다.
- 꽃병 만들기 외에 접시 위에서 다양하게 구성하기, 컵 꾸미기, 액자 테두리 꾸미기 등에 응용해도 좋다.

18. 나무로 얼굴 만들기

목표

나무로 얼굴 만들기, 신체부위 인식, 신체상 형성, 감각 발달 촉진

준비물

여러 모양의 나무 조각, 목공풀, 도화지, 연필, 완성된 작품

√check!
- [ ] 주변 정리는 하였나요?
- [ ] 준비물과 완성된 작품을 준비하였나요?

활동내용 및 지도방법

① 치료사가 도화지 위에 사람 얼굴을 그려 준다.
② 치료사는 아동에게 "우리 나무 조각을 붙여 사람 얼굴을 만들어 보자."라고 지시한다.
③ 나무 조각을 붙이면서 눈, 코, 입, 귀, 머리 등을 인식할 수 있도록 각 부위를 명명해 준다.
④ 아동이 스스로 작품을 완성하면 적극적으로 칭찬한다.

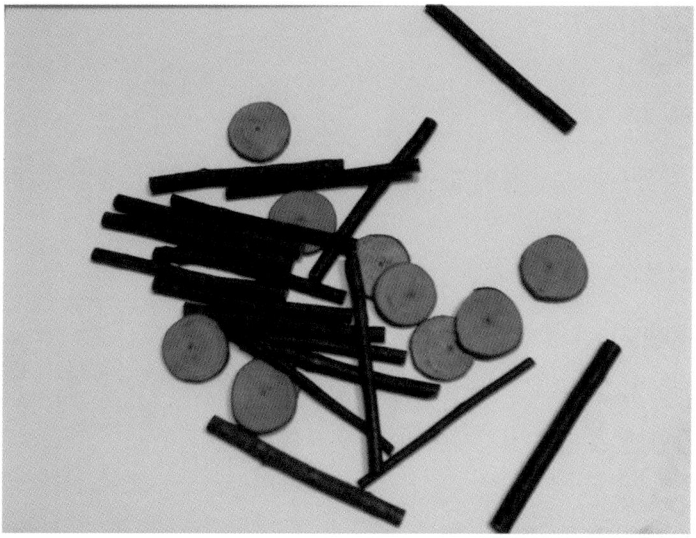

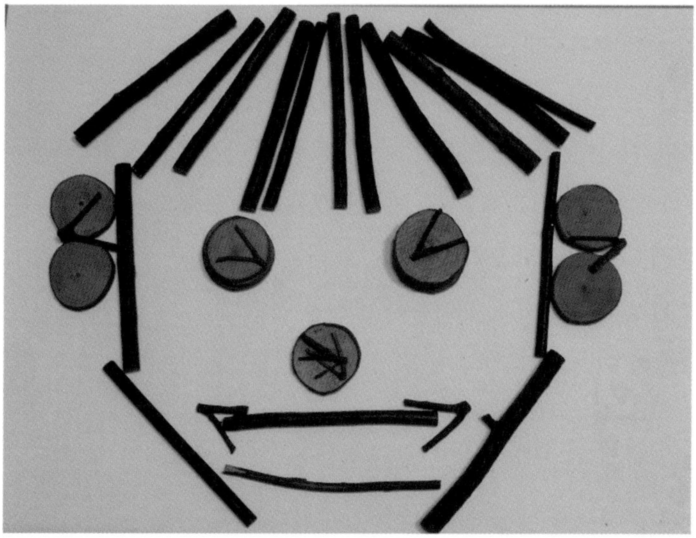

19. 수족관 만들기

목표

상자와 색종이를 이용하여 수족관 만들기, 조형능력 향상, 창의력 개발

준비물

큰 상자(선물용 오렌지 주스 상자), 파란 셀로판지나 색습자지, 긴 막대, 색종이, 칼, 가위, 실, 크레파스, 사인펜, 투명한 접착테이프, 완성된 작품

✓check!
- ☐ 주변 정리는 하였나요?
- ☐ 준비물과 완성된 작품을 준비하였나요?

활동내용 및 지도방법

① 치료사는 아동에게 완성된 작품을 보여 주며 "이 준비물을 이용하여 수족관을 만들어 보자."라고 말하면서 상자를 제시한다.
② 상자의 한 면의 가장자리를 따라 사각으로 구멍을 낸다.
③ 아동과 함께 물고기, 오징어, 문어 등의 바다생물을 양면 색종이에 그려서 오린다. 아동이 어려워할 경우에는 치료사가 모델그림을 그려 준 후 아동에게 함께 그려서 오리도록 한다.
④ ③이 완성되면 테이프를 이용하여 실을 붙인다.
⑤ 치료사와 아동은 상자의 구멍이 있는 면의 맞은편에 크레파스와 사인펜을 이용하여 물고기와 해초 등을 그려 준다.
⑥ 여백을 장식한다.
⑦ 완성된 수족관을 책상 위에 두고 감상한다.

활동 TIP

- 아동의 수준에 따라 수족관의 모양이 어떤지 그 속에 무엇이 있는지에 대해 생각하게 하고 서로 대화를 나눈다.

20. 골판지로 만들기

목표

골판지로 만들기, 소근육운동 능력 및 구성력 · 자발성 향상, 성취감 느끼기

준비물

다양한 색깔의 띠골판지, 가위, 목공용 본드, 완성된 작품

✓check!
- ☐ 주변 정리는 하였나요?
- ☐ 준비물과 완성된 작품을 준비하였나요?

활동내용 및 지도방법

① 치료사는 아동에게 완성된 작품을 보여 주며 "오늘은 골판지로 만들기를 해 보자."라고 말하면서 띠골판지를 제시한다.
② 작품을 만들기 전에 아동이 골판지를 마는 것을 연습하는 것도 좋다.
③ 아동이 완성된 작품을 보고 만들기 시작하면 적극적으로 칭찬해 준다.
④ 여러 번 실시하여 아동이 한 작품을 스스로 만들도록 지도한다.

활동 TIP
- 치료사가 액자처럼 꾸며 주어서 아동의 작품의 완성도를 높여 준다.

사이좋은 친구

2. 습식매체를 이용한 조형활동

21. 비눗물과 종이죽 반죽하기

목표

근육운동 능력 및 자발성 향상, 흥미 유발, 감각 발달 촉진

준비물

쟁반(57×43cm), 신문지, 비눗물, 종이죽

> ✓check!
> □ 주변 정리는 하였나요?
> □ 준비물과 완성된 작품을 준비하였나요?

활동내용 및 지도방법

① 치료사가 아동에게 "오늘은 비눗물 놀이를 하자."라며 책상에 신문지를 깔고 그 위에 쟁반을 놓는다.

② 쟁반에 적당량의 비눗물(손바닥으로 문질러서 거품이 날 정도의 양)을 부어 준다.

③ 치료사가 두 손으로 비눗방울을 만들어 보이거나 손으로 문지르며 거품을 내는 활동을 하면서 흥미를 유발시킨다.

④ 아동이 치료사의 동작을 보고 따라서 비눗물을 불거나 거품을 낼 경우 칭찬한다.

⑤ ④에 종이죽을 넣고 "종이죽을 반죽해 보자."라며 치료사가 먼저 종이죽을 반죽하는 동작을 시범 보인다.

⑥ 아동이 치료사의 동작을 보고 따라서 종이죽을 반죽할 경우 칭찬한다. 이때 아동이 집중하여 종이죽을 반죽할 수 있도록 언어적 · 신체적 촉구를 해 준다. 그리고 아동의 상태에 따라서 비눗물로 걸쭉한 정도를 조절한다.

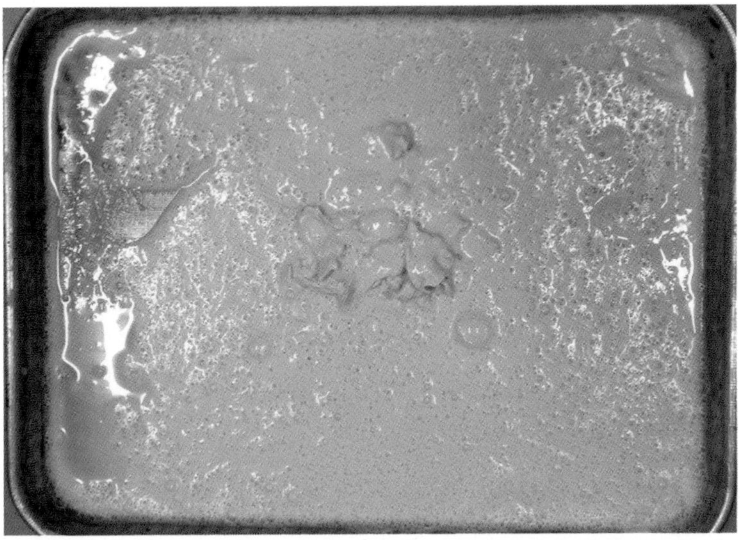

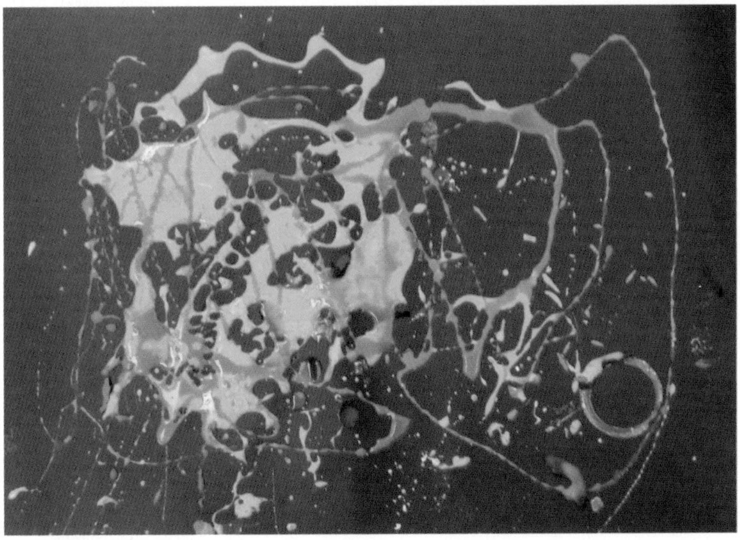

22. 종이죽에 물감 섞기

목표

근육운동 능력 및 자발성 향상, 흥미 유발, 색깔 변화 인지

준비물

쟁반(57×43cm), 신문지, 비눗물, 물감

✓check!
- [ ] 주변 정리는 하였나요?
- [ ] 준비물과 완성된 작품을 준비하였나요?

활동내용 및 지도방법

① 비눗물과 종이죽 반죽하기 활동의 ①~⑥까지 동일하게 실시한다.

② 치료사가 아동에게 "이번에는 물감을 섞어 보자."라고 지시한다.

③ 아동이 원하는 색의 물감을 비눗물에 풀어서 종이죽 반죽된 것에 섞는다.

④ ③에 원하는 다른 색을 더 첨가하면서 섞어 보며, 색의 변화를 느끼도록 한다.

활동 TIP

- 아동의 특성에 따라 제시하는 순서를 고려할 수 있다.
  비눗물 → 물감 → 종이죽 혹은 비눗물 → 종이죽 → 물감

23. 종이죽 반죽하여 종이 위에 놓기

목표

내면 표출, 촉감 느끼기, 자기효능감 향상

준비물

쟁반(57×43cm), 신문지, 비눗물, 종이죽, 4절지

√check!
☐ 주변 정리는 하였나요?
☐ 준비물과 완성된 작품을 준비하였나요?

활동내용 및 지도방법

① 종이죽을 반죽한 후 물감을 섞는다.

② ①이 끝나면 치료사가 아동에게 "이번에는 종이에 옮겨 보자."라고 지시한다.

③ 신문지 위에 도화지를 놓고 쟁반에서 반죽한 종이죽을 도화지로 옮긴다.

④ ③을 도화지 위에서 주무르거나 모양을 만든다.

⑤ ④를 보고 제목을 붙인다. 이때 아동이 제목을 붙이지 않더라도 강제로 요구하지는 않는다.

24. 종이죽으로 작품 만들어 판 위에 놓기

목표

내면 표출, 촉감 느끼기, 자기효능감 향상

준비물

쟁반(57×43cm), 신문지, 비눗물, 종이죽, 4절지

√check!
- ☐ 주변 정리는 하였나요?
- ☐ 준비물과 완성된 작품을 준비하였나요?

활동내용 및 지도방법

① 종이죽을 반죽한 후 물감을 섞고 종이 위에 놓는다.

② 옮긴 종이죽을 종이 위에서 주무르거나 모양을 만든다.

③ 모양이 완성되면 작품을 판 위에 옮겨 놓는다.

④ ③을 보고 제목을 붙인다. 이때 제목을 붙이지 않더라도 강제로 요구하지 않는다.

⑤ 다른 크기나 다른 색상의 종이, 아크릴판, 코멕스판 등을 다양하게 사용할 수 있도록 한다. 또한 색, 크기 등도 아동이 원하는 것을 고르게 한다.

25. 주무르기

목표

점토를 손으로 주무르기, 소근육운동 능력 향상

준비물

다양한 점토

√check!
☐ 주변 정리는 하였나요?
☐ 준비물과 완성된 작품을 준비하였나요?

활동내용 및 지도방법

① 점토 덩어리를 아동에게 제시하며 "점토를 주물러 보자."라고 지시한 후 치료사가 먼저 점토를 주물러 모델링을 한다.

② 아동이 치료사의 동작을 보고 점토를 주무르면 칭찬한다.

③ 만약 아동이 점토를 주무르지 못하면 치료사가 아동의 손을 잡고 같이 주무르고, 점차 보조를 줄여 나간다.

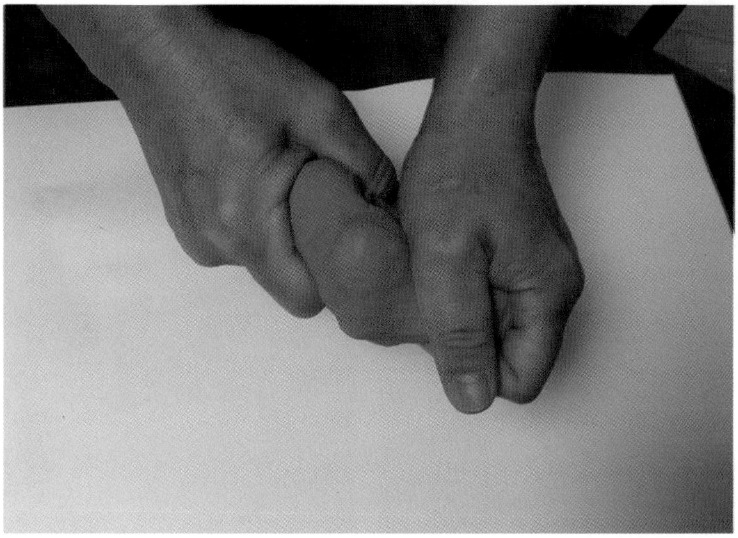

26. 뜯기

목표

점토를 손으로 뜯기, 소근육운동 능력 향상

준비물

다양한 점토

✓check!

- [ ] 주변 정리는 하였나요?
- [ ] 준비물과 완성된 작품을 준비하였나요?

활동내용 및 지도방법

① 점토 덩어리를 아동에게 제시하며 "점토를 뜯어 보자."라고 지시한 후 치료사가 먼저 점토를 덩어리에서 조금씩 뜯어 모델링을 한다.

② 아동이 치료사의 동작을 보고 점토를 뜯으면 칭찬한다.

③ 아동에게 "점토를 뜯어 보세요."라고 지시하여 스스로 점토를 뜯도록 지도한다.

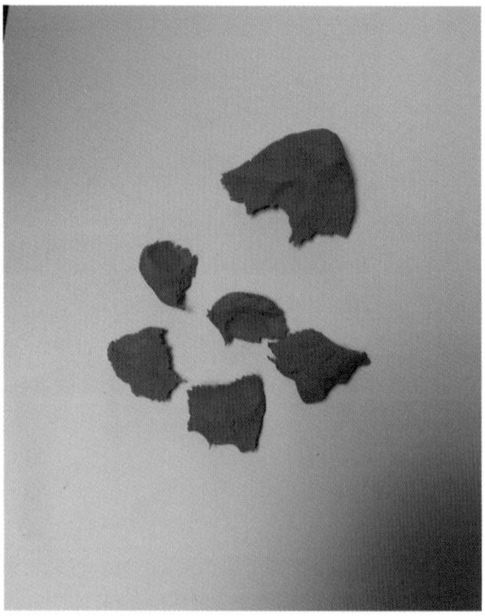

27. 길게 밀기

목표

점토를 손으로 길게 밀기, 소근육운동 능력 향상

준비물

다양한 점토

✓check!
☐ 주변 정리는 하였나요?
☐ 준비물과 완성된 작품을 준비하였나요?

활동내용 및 지도방법

① 점토 덩어리를 아동에게 제시하며 "길게 밀어 보자."라고 말하면서 치료사가 먼저 점토 덩어리를 바닥에 놓고 손바닥으로 밀어 길게 만들어 모델링을 한다.

② 아동이 치료사의 동작을 보고 점토를 길게 밀면 칭찬한다.

③ 아동에게 "점토를 밀어 보자."라고 지시하여 스스로 점토를 앞뒤로 밀도록 지도한다.

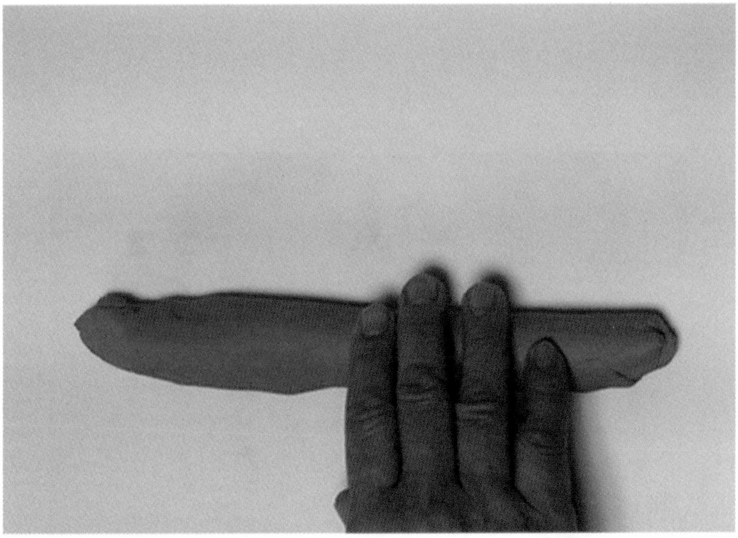

28. 긁기

목표

연필로 점토 긁기, 소근육운동 능력 향상

준비물

다양한 점토, 조각도, 연필

> ✓check!
> - [ ] 주변 정리는 하였나요?
> - [ ] 준비물과 완성된 작품을 준비하였나요?

활동내용 및 지도방법

① 치료사는 점토 덩어리를 아동에게 제시하며 "오늘은 연필로 점토를 긁어 보자."라고 지시한 후 치료사가 먼저 연필로 점토 덩어리를 긁어 보인다.

② 아동이 치료사의 동작을 보고 점토를 긁으면 칭찬한다.

③ 아동에게 "연필로 점토를 긁어 보세요."라고 지시하여 스스로 점토를 긁을 수 있도록 지도한다.

활동 TIP

- 손바닥으로 점토를 쳐서 평평하게 한 후 손가락이나 기타 다른 도구들을 사용하여 점토 긁기를 할 수 있도록 다양하게 지도한다.

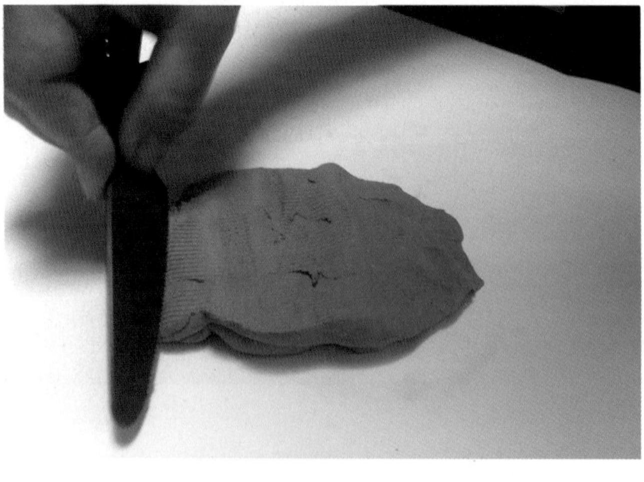

29. 둥글게 만들기

목표

점토를 손으로 둥글게 만들기, 조형능력 향상

준비물

다양한 점토

√check!
☐ 주변 정리는 하였나요?
☐ 준비물과 완성된 작품을 준비하였나요?

활동내용 및 지도방법

① 치료사는 점토 덩어리를 아동에게 제시하며 "오늘은 점토를 둥글게 만들어 보자."라고 지시한 후 치료사가 점토 덩어리를 손바닥에 놓고 굴려 둥글게 만들어 보인다.

② 아동이 치료사의 동작을 보고 점토를 둥글게 하면 칭찬한다.

③ 아동에게 "점토를 둥글게 해 보세요."라고 지시하여 스스로 점토를 굴려 둥글게 만들도록 한다.

④ ③을 잘 수행하면, 점토를 여러 가지 크기로 다양하게 만들도록 지도한다.

30. 판 만들기

목표

점토를 손으로 납작한 판을 만들기, 조형능력 향상

준비물

다양한 점토

√check!
- ☐ 주변 정리는 하였나요?
- ☐ 준비물과 완성된 작품을 준비하였나요?

활동내용 및 지도방법

① 치료사는 점토 덩어리를 아동에게 제시하며 "오늘은 네모난 판을 만들어 보자."라고 지시한 후 치료사가 먼저 점토 덩어리를 바닥에 놓고 손바닥으로 친다.

② 아동이 치료사의 동작을 보고 점토를 손바닥으로 치도록 한다.

③ 아동이 수행하면 치료사가 손가락으로 점토를 다듬어 네모 모양을 만들어 보이며, 아동이 치료사의 동작을 모방하여 네모나게 만들도록 지도한다.

④ 아동이 네모 판을 만들면 칭찬을 해 주고 "네모 판을 만들어 보세요."라고 지시하여 스스로 네모 판을 만들 수 있도록 지도한다.

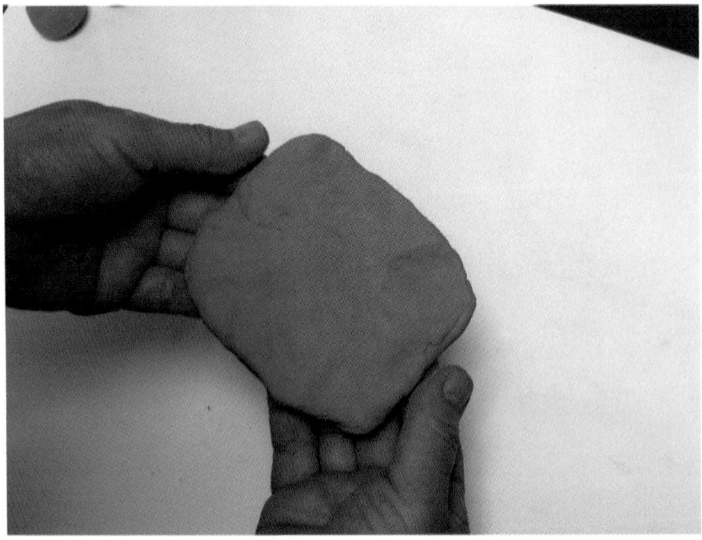

31. 모양 찍기

목표

점토로 여러 가지 모양을 찍기, 소근육운동 능력 향상, 성취감 형성

준비물

다양한 점토

√check!
- ☐ 주변 정리는 하였나요?
- ☐ 준비물과 완성된 작품을 준비하였나요?

활동내용 및 지도방법

① 치료사는 점토 덩어리를 아동에게 제시하며 "오늘은 점토로 여러 가지 모양을 찍어 보자."라고 지시한 후 치료사가 먼저 파인애플 모양 찍기 틀에 점토를 넣어 손으로 누르고 모양을 찍어 낸다.

② 아동이 치료사를 따라 파인애플 모양을 찍어 낼 경우 칭찬한다.

③ 아동에게 "파인애플을 만들어 보세요."라고 지시하여 스스로 점토를 틀에 넣어 손으로 눌러 파인애플 모양을 찍어 내도록 한다.

활동 TIP

- 다른 형태의 틀에도 모양을 찍어 낼 수 있도록 동일한 방법으로 지도한다.

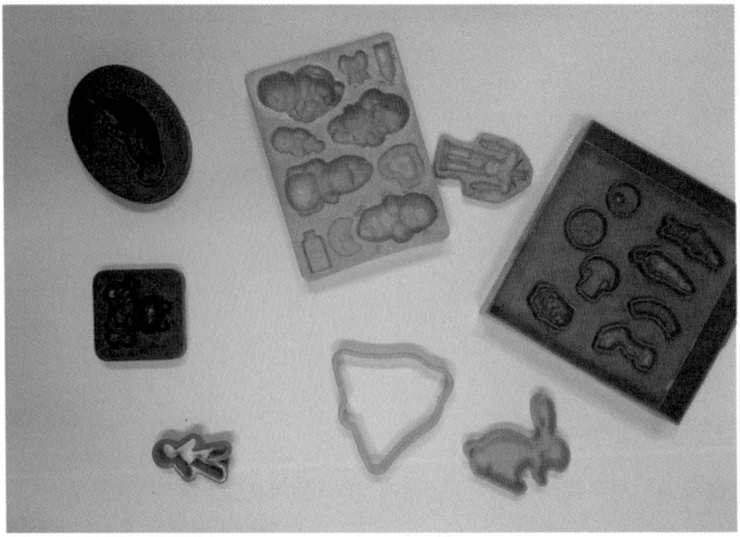

32. 공 만들기

목표

점토를 이용하여 공 만들기, 조형능력 향상

준비물

다양한 점토

√check!
- ☐ 주변 정리는 하였나요?
- ☐ 준비물과 완성된 작품을 준비하였나요?

활동내용 및 지도방법

① 치료사는 점토 덩어리를 아동에게 제시하며 "오늘은 공을 만들어 보자."라고 지시한 후 치료사가 먼저 점토 덩어리를 손바닥에 놓고 둥글게 만들어 보인다.

② 아동이 치료사의 동작을 보고 점토를 둥글게 만들면 칭찬한다.

③ 아동에게 "공을 만들어 보자."라고 지시하여 스스로 점토를 굴려 공을 만들도록 지도한다.

④ 여러 개의 공을 만들어 완성하도록 한다.

33. 포도 만들기

목표

점토를 이용하여 포도알 만들기, 조형능력 및 자기효능감 향상

준비물

다양한 점토

> ✓check!
> ☐ 주변 정리는 하였나요?
> ☐ 준비물과 완성된 작품을 준비하였나요?

활동내용 및 지도방법

① 치료사는 점토 덩어리를 아동에게 제시하며 "오늘은 포도를 만들어 보자."라고 지시한 후 치료사가 먼저 점토를 덩어리에서 조금 뜯어 손바닥에 놓고 둥글게 하여 포도알을 만들어 보인다.

② 아동이 치료사의 동작을 보고 점토를 떼어 둥글게 굴려 포도알을 만들면 칭찬한다.

③ 아동에게 "포도를 만들어 보자. 포도알이 많이 있어야겠네."라고 지시를 하여 스스로 포도알을 여러 개 만들게 한다.

④ 여러 개의 포도알로 포도를 만들어 보이며, "포도알들로 포도를 만들어 보자."라고 지시하여 포도를 완성하게 한다.

34. 사탕 만들기

목표

점토를 이용하여 사탕 만들기, 조형능력 및 소근육운동 능력 향상

준비물

다양한 점토

✓check!
- [ ] 주변 정리는 하였나요?
- [ ] 준비물과 완성된 작품을 준비하였나요?

활동내용 및 지도방법

① 치료사는 점토 덩어리를 아동에게 제시하며 "오늘은 막대사탕을 만들어 보자."라고 지시한 후 치료사가 먼저 점토 덩어리에서 조금 뜯어내어 둥글게 만들어 보인다.

② 아동이 치료사의 동작을 보고 점토를 둥글게 만들면 칭찬한다.

③ 치료사가 남은 점토를 길게 밀어 둥글게 만들어 놓은 것 밑에 붙여 막대사탕을 완성한다. 아동이 길게 만들어 막대사탕을 완성하면 칭찬한다.

활동 TIP

• 완성 후 아동에게 "점토를 막대사탕을 만들어 보자."라고 지시하여 스스로 사탕을 만들어 볼 수 있도록 지도한다.

35. 해 만들기

목표

점토를 이용하여 해 만들기, 조형능력 및 소근육운동 능력 향상

준비물

다양한 점토

√check!
- [ ] 주변 정리는 하였나요?
- [ ] 준비물과 완성된 작품을 준비하였나요?

활동내용 및 지도방법

① 치료사는 점토 덩어리를 아동에게 제시하며 "오늘은 해를 만들어 보자."라고 지시한 후 치료사가 먼저 점토 덩어리를 뜯어 둥글게 만들어 해를 만든다.

② 아동이 치료사의 동작을 보고 점토를 뜯어 둥글게 만들면 칭찬한다.

③ 치료사가 남은 점토에서 조금 뜯어 길게 밀어 햇살을 만들어 해에 붙여 보인다. 햇살을 여러 개 만들어 해를 완성한다.

④ 아동이 치료사가 만든 햇살을 보고 길게 하여 여러 개의 햇살을 만들어 해에 붙이도록 한다.

활동 TIP

- 완성 후 아동에게 "점토로 해를 만드세요."라고 지시하여 스스로 해를 만들어 볼 수 있도록 지도한다.

36. 칫솔 만들기

목표

점토를 이용하여 칫솔 만들기, 조형능력 및 자기효능감 향상

준비물

다양한 점토

✓check!
- [ ] 주변 정리는 하였나요?
- [ ] 준비물과 완성된 작품을 준비하였나요?

활동내용 및 지도방법

① 치료사는 점토 덩어리를 아동에게 제시하며 "오늘은 칫솔을 만들자."라고 지시한 후 치료사가 점토 덩어리를 뜯어 길게 만들어 칫솔대를 만든다.

② 아동이 치료사의 동작을 보고 점토를 뜯어 길게 하여 칫솔대를 만들면 칭찬한다.

③ 다시 치료사가 남은 점토로 조금 짧게 직사각형을 만들어 칫솔모를 만든 후 칫솔대에 붙여 칫솔을 완성한다.

④ 아동이 치료사가 만든 칫솔모를 보고 직사각형을 만들어 칫솔대에 붙여 칫솔을 완성하게 한다.

활동 TIP

- 완성 후 아동에게 "점토로 칫솔을 만들어 보자."라고 지시하여 스스로 칫솔을 만들 수 있도록 지도한다.
- 칫솔 만들기가 가능해지면 가족의 칫솔, 치약 만들기로 응용해 본다.

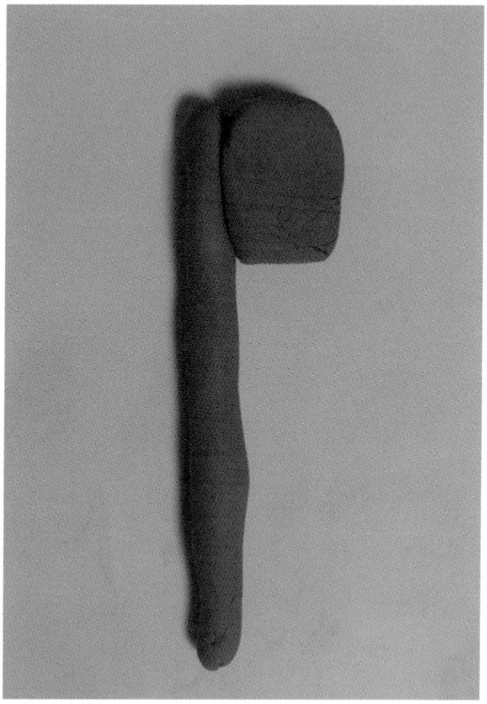

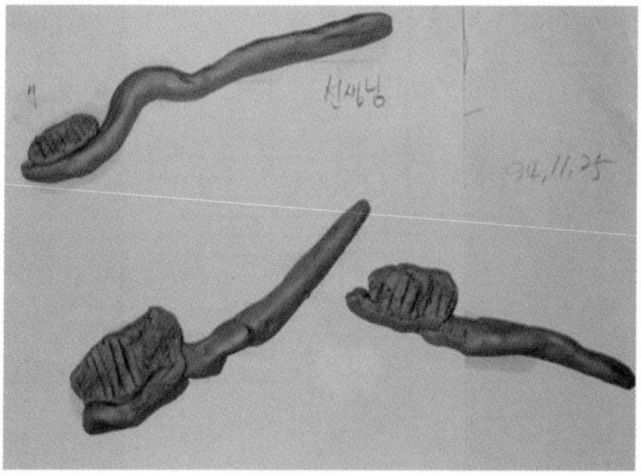
94.11.25

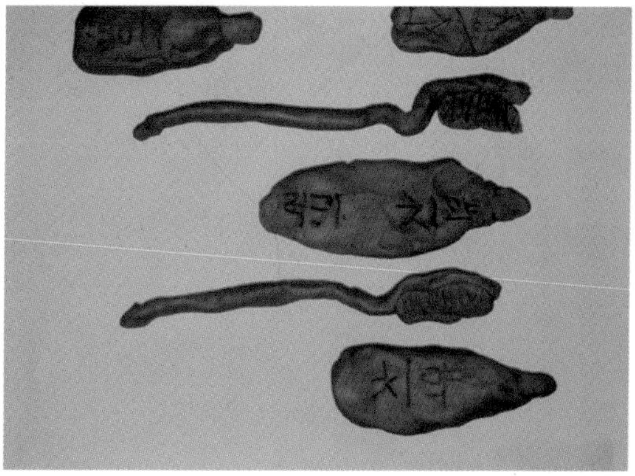

37. 나무 만들기

목표

점토를 이용하여 나무 만들기, 조형능력 및 자기효능감 향상

준비물

다양한 점토

✓check!
- [ ] 주변 정리는 하였나요?
- [ ] 준비물과 완성된 작품을 준비하였나요?

활동내용 및 지도방법

① 치료사는 점토 덩어리를 아동에게 제시하며 "오늘은 나무를 만들어 보자."라고 지시한 후 치료사가 점토를 덩어리에서 조금 뜯어내어 둥글게 만들어 나뭇잎을 만든다.

② 아동이 치료사의 동작을 보고 점토를 뜯어 둥글게 하여 나뭇잎을 만들면 칭찬한다.

③ 다시 치료사가 남은 점토를 길게 밀어 줄기를 만들어 둥근 나뭇잎에 붙여 나무를 완성한다.

④ 아동이 치료사가 만들 줄기를 보고 길게 하여 줄기를 만든 후 나뭇잎에 붙여 나무를 완성하게 한다.

활동 TIP

- 완성 후 아동에게 "점토로 나무를 만들어 보자."라고 지시하여 스스로 나무를 만들 수 있도록 지도한다.
- 나뭇잎을 둥글게 하지 말고 세모 모양으로도 만들어 다양한 나무를 만들 수 있도록 지도한다.
- 구름과 햇님을 첨가하여 풍경화를 구성할 수 있도록 지도한다.

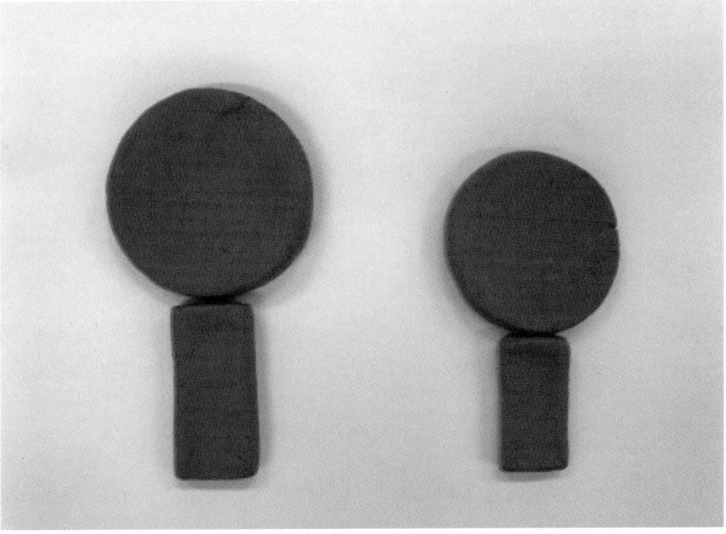

38. 기차 만들기

목표

점토를 이용하여 기차 만들기, 조형능력 및 자기효능감 향상

준비물

다양한 점토

✓check!

☐ 주변 정리는 하였나요?

☐ 준비물과 완성된 작품을 준비하였나요?

활동내용 및 지도방법

① 치료사는 점토 덩어리를 아동에게 제시하며 "오늘은 기차를 만들자."라고 지시한 후 치료사가 점토 덩어리를 뜯어 네모를 만들어 차체를 만든다.

② 아동이 치료사의 동작을 보고 점토를 뜯어 네모를 만들어 차체를 만들면 칭찬한다.

③ 다시 치료사가 남은 점토로 두 개의 둥근 바퀴를 만들어 차체에 붙여 기차를 완성한다.

④ 아동이 치료사가 만든 바퀴를 보고 점토를 둥글게 하여 두 개의 바퀴를 만들어 차체에 붙여 기차를 완성하게 한다.

활동 TIP

- 완성 후 아동에게 "점토로 기차를 만들어 보자."라고 지시하여 스스로 기차를 만들 수 있도록 지도한다.

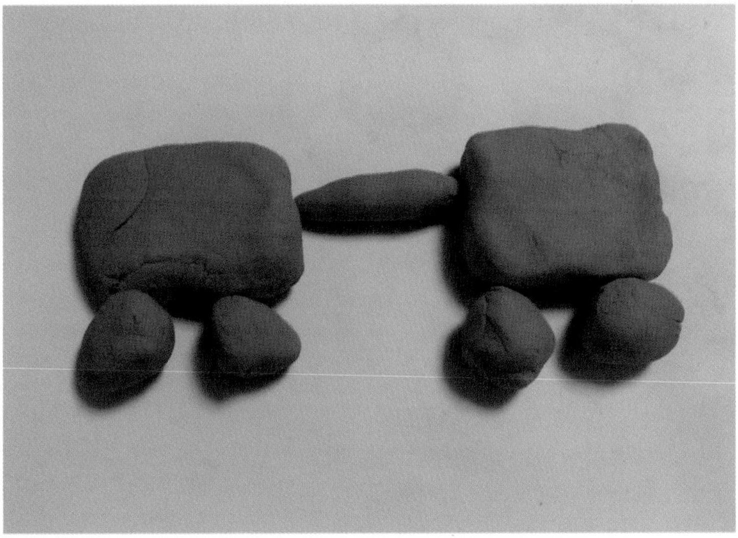

39. 달팽이 만들기

목표

점토를 이용하여 기차 만들기, 조형능력 및 자기효능감 향상

준비물

다양한 점토

✓check!
- ☐ 주변 정리는 하였나요?
- ☐ 준비물과 완성된 작품을 준비하였나요?

활동내용 및 지도방법

① 치료사는 점토 덩어리를 아동에게 제시하며 "오늘은 달팽이를 만들자."라고 지시한 후 치료사가 점토 덩어리를 뜯어 길게 만든다.

② 아동이 치료사의 동작을 보고 점토를 뜯어 길게 만들면 칭찬한다.

③ 길게 된 점토를 동글게 말아 준다. 아동이 치료사가 만든 것을 보고 점토를 말면 칭찬한다.

④ 남은 점토로 길게 만들어 몸통을 만들어 붙인다. 아동이 치료사가 만든 것을 보고 달팽이를 완성하게 한다.

활동 TIP

- 완성 후 아동에게 "점토로 달팽이를 만들어 보자."라고 지시하여 스스로 달팽이를 만들 수 있도록 지도한다.
- 달팽이 가족 만들기로 응용할 수 있다.

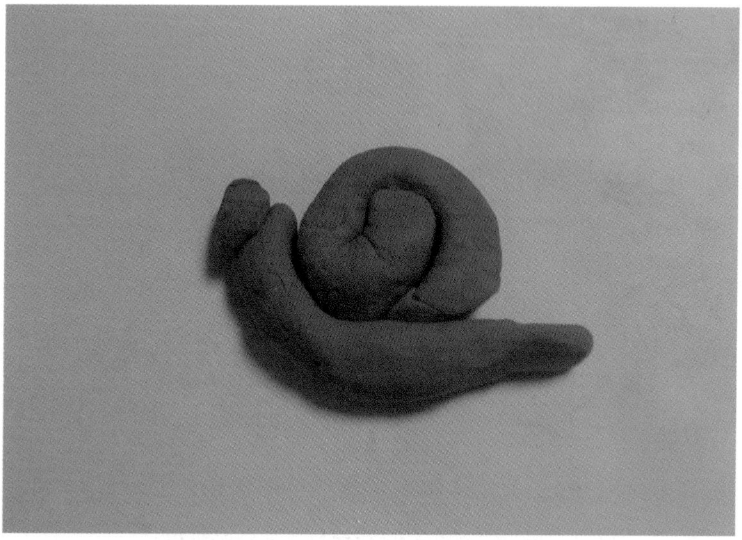

40. 목걸이 만들기

목표

점토를 이용하여 목걸이 만들기, 조형능력 및 자기효능감 향상

준비물

다양한 점토

✓check!
□ 주변 정리는 하였나요?
□ 준비물과 완성된 작품을 준비하였나요?

활동내용 및 지도방법

① 치료사는 점토 덩어리를 아동에게 제시하며 "오늘은 목걸이를 만들자."라고 지시한 후 치료사가 점토 덩어리를 조금씩 뜯어 둥글게 만들어 목걸이 구슬을 만든다.
② 아동이 치료사의 동작을 보고 점토를 조금씩 뜯어 둥글게 하여 여러 개의 구슬을 만들면 칭찬한다.
③ 치료사가 둥글게 만들어 놓은 구슬알로 커다란 원을 만들어 놓아 목걸이를 만들어 보인다.
④ 아동이 치료사가 완성한 목걸이를 보고 커다란 원 형태로 놓아 목걸이를 완성하게 한다.

활동 TIP

- 완성 후 아동에게 "점토로 목걸이를 만들어 보자."라고 지시하여 스스로 목걸이를 만들 수 있도록 지도한다.
- 점토로 목걸이를 만들어서 아동의 목에 걸어 보게 한다.

41. 집 만들기

목표

점토를 이용하여 집 만들기, 조형능력 및 자기효능감 향상

준비물

다양한 점토

✓check!
- ☐ 주변 정리는 하였나요?
- ☐ 준비물과 완성된 작품을 준비하였나요?

활동내용 및 지도방법

① 치료사는 점토 덩어리를 아동에게 제시하며 "오늘은 집을 만들자."라고 지시한 후 치료사가 점토를 덩어리에서 뜯어 세모를 만들어 지붕을 만든다.

② 아동이 치료사가 만든 지붕을 보고 점토를 뜯어 세모 형태로 만들어 지붕을 만들면 칭찬한다.

③ 치료사가 남은 점토를 바닥에 놓고 손바닥으로 쳐서 평평하게 한 후 네모로 만들어 지붕 밑에 붙여 집을 완성시킨다.

④ 아동이 치료사가 만든 집을 보고 네모를 만들어 지붕에 붙여 집을 완성하게 한다.

활동 TIP

- 완성 후 아동에게 "점토로 집을 만들어 보자."라고 지시하여 스스로 집을 만들 수 있도록 지도한다.
- 집에 나무, 꽃, 해 등을 첨가하여 풍경화를 구성할 수 있도록 응용해 본다.

42. 안경 만들기

목표

점토를 이용하여 안경 만들기, 조형능력 및 자기효능감 향상

준비물

다양한 점토

✓check!
- ☐ 주변 정리는 하였나요?
- ☐ 준비물과 완성된 작품을 준비하였나요?

활동내용 및 지도방법

① 치료사는 점토 덩어리를 아동에게 제시하며 "오늘은 안경을 만들자."라고 지시한 후 치료사가 점토 덩어리를 뜯어 둥글게 한 후 바닥에 놓고 주먹으로 쳐서 두 개의 둥근 안경알을 만든다.

② 아동이 치료사의 동작을 보고 점토로 두 개의 안경알을 만들면 칭찬한다.

③ 치료사가 남은 점토에서 조금 뜯어내어 밀어 짧게 직사각형을 만들어 두 안경알을 연결시킨다. 남은 점토를 2등분하여 길게 밀어 안경다리를 만들어 안경알에 각각 나누어 붙여 안경을 완성한다.

④ 아동이 치료사가 완성한 안경을 보고 안경을 완성하면 칭찬한다.

활동 TIP

- 완성 후 아동에게 "점토로 안경을 만들자."라고 지시하여 스스로 안경을 만들 수 있도록 지도한다.
- 가족구성원의 안경을 만들어 보도록 응용한다.

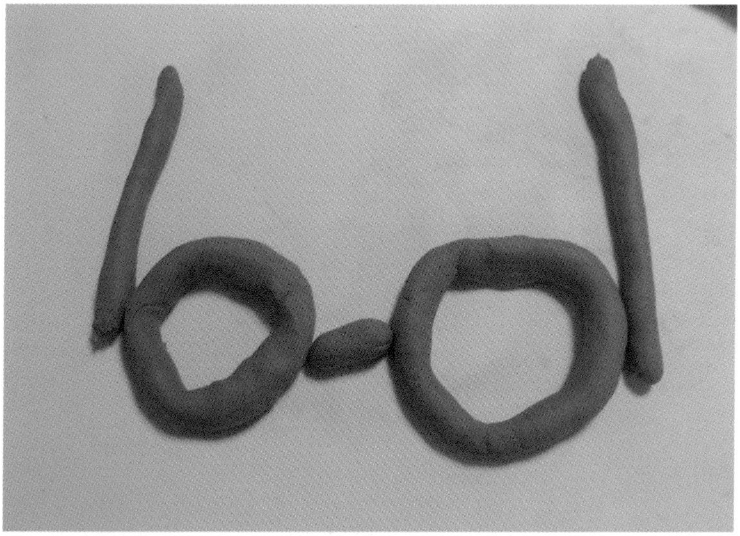

3. 과일 만들기

43. 모델을 보고 과일 만들기

목표

모델을 보고 과일(사과, 포도 등) 만들기, 조형능력 향상

준비물

다양한 점토, 완성된 작품

✓check!
- [ ] 주변 정리는 하였나요?
- [ ] 준비물과 완성된 작품을 준비하였나요?

활동내용 및 지도방법

① 치료사는 점토 덩어리를 아동에게 제시하며 "오늘은 과일을 만들자. 과일에는 무엇이 있지?"라고 질문하여 아동이 언어로 과일을 표현하게 한다.

② "그러면 과일 중에서 사과를 만들어 볼까?"라고 지시하고 치료사가 미리 만들어 놓은 사과를 제시하여 아동이 만들어진 사과를 보고 사과를 만들게 한다. 만약 아동이 만들지 못할 경우에는 치료사가 점토로 사과를 만들어 보인다.

③ 아동이 치료사가 사과 만드는 과정을 보고 사과를 완성하게 한다.

활동 TIP

- 완성 후 아동에게 "사과를 만들어 보자."라고 지시하여 스스로 만들어 볼 수 있도록 지도한다.
- 같은 방법으로 다른 과일들(바나나, 감, 딸기 등)도 만들도록 지시한다.
- 접시나 바구니에 과일을 담아 보게 한다.

44. 지시에 따라 과일 만들기

목표

지시에 따라 과일(사과, 포도 등) 만들기, 지적 발달, 성취감 형성

준비물

다양한 점토

✓check!
- ☐ 주변 정리는 하였나요?
- ☐ 준비물과 완성된 작품을 준비하였나요?

활동내용 및 지도방법

① 치료사는 점토 덩어리를 아동에게 제시하며 "오늘은 과일을 만들어 보자. 과일에는 무엇이 있지?"라고 질문하여 아동이 언어로 과일을 표현하게 한다.

② "그러면 과일 중에서 사과를 만들어 볼까?"라고 지시하여 사과를 만들게 한다. 만약 아동이 만들지 못할 경우에는 치료사가 만들어 놓은 사과를 보고 만들게 한다.

③ 치료사가 만든 사과를 보고 스스로 사과를 만들면 칭찬하고, 잘 만들지 못할 경우에는 보조로 같이 만들어 나가며, 점차 보조를 줄여 나간다.

활동 TIP

- 완성 후 아동에게 "사과를 만들어 보자."라고 지시하여 언어지시만으로 스스로 만들어 볼 수 있도록 지도한다.
- 같은 방법으로 다른 과일들(바나나, 감, 딸기 등)도 만들도록 지시한다.

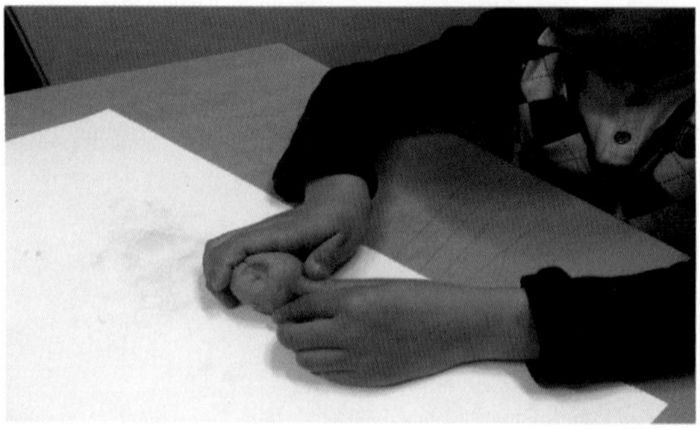

4. 동물 만들기

45. 모델을 보고 동물 만들기

목표

모델을 보고 동물(강아지, 고양이, 토끼 등) 만들기, 조형능력 향상

준비물

다양한 점토, 완성된 작품

√check!
- ☐ 주변 정리는 하였나요?
- ☐ 준비물과 완성된 작품을 준비하였나요?

활동내용 및 지도방법

① 치료사는 점토 덩어리를 아동에게 제시하며 "오늘은 동물을 만들자. 동물에는 무엇이 있지?"라고 질문하여 아동이 언어로 동물들을 표현하게 한다.

② "그러면 동물 중에서 토끼를 만들어 볼까?"라고 지시하고 치료사가 미리 만들어 놓은 토끼를 제시하여 아동이 만들어진 토끼를 보고 만들게 한다. 만약 아동이 만들지 못할 경우에는 치료사가 점토로 토끼를 만들어 보인다.

③ 아동이 치료사가 토끼를 만드는 과정을 보고 토끼를 완성하게 한다.

활동 TIP

- 완성 후 아동에게 "토끼를 만들어 보자."라고 지시하여 스스로 만들어 볼 수 있도록 한다.
- 같은 방법으로 다른 동물들(강아지, 고양이 등)도 만들도록 지시한다.
- 동물원 꾸미기도 응용할 수 있다.

46. 지시에 따라 동물 만들기

목표

지시에 따라 동물(강아지, 고양이, 토끼 등) 만들기, 지적 발달, 성취감 형성

준비물

다양한 점토

> ✓check!
> ☐ 주변 정리는 하였나요?
> ☐ 준비물과 완성된 작품을 준비하였나요?

활동내용 및 지도방법

① 치료사는 점토 덩어리를 아동에게 제시하며 "오늘은 동물을 만들자. 동물에는 무엇이 있지?"라고 질문하여 아동이 언어로 동물들을 표현하게 한다.

② "그러면 동물 중에서 토끼를 만들어 볼까?"라고 지시하여 토끼를 만들게 한다. 만약 아동이 만들지 못할 경우에는 치료사가 만들어 놓은 토끼를 보고 만들게 한다.

③ 치료사가 만든 토끼를 보고 스스로 토끼를 만들면 칭찬하고, 잘 만들지 못할 경우에는 보조로 같이 만들어 나가며, 점차 보조를 줄여 나간다.

활동 TIP

- 완성 후 아동에게 "토끼를 만들어 보자."라고 지시하여 언어지시만으로 스스로 만들어 볼 수 있도록 지도한다.
- 같은 방법으로 다른 동물들(강아지, 고양이 등)도 만들도록 지시한다.

5. 물속에 사는 동물 만들기

47. 모델을 보고 물속에 사는 동물 만들기

목표

모델을 보고 물속에 사는 동물(물고기, 꽃게, 오징어 등) 만들기, 조형능력 향상

준비물

다양한 점토, 완성된 작품

✓check!
- ☐ 주변 정리는 하였나요?
- ☐ 준비물과 완성된 작품을 준비하였나요?

활동내용 및 지도방법

① 치료사는 점토 덩어리를 아동에게 제시하며 "오늘은 물속에 사는 동물을 만들자. 물속에 사는 동물에는 무엇이 있지?"라고 질문하여 아동이 언어로 물속에 사는 동물들을 표현하게 한다.

② "그러면 물속에 사는 동물 중에서 물고기를 만들어 볼까?"라고 지시한다. 치료사가 미리 만들어 놓은 물고기를 제시하여 아동이 만들어진 물고기를 보고 만들게 한다. 만약 아동이 만들지 못할 경우에는 치료사가 점토로 물고기를 만들어 보인다.

③ 아동이 치료사가 물고기를 만드는 과정을 보고 물고기를 완성하게 한다.

활동 TIP

- 완성 후 아동에게 "물고기를 만들어 보자."라고 지시하여 스스로 만들어 볼 수 있도록 지도한다.
- 같은 방법으로 물속에 사는 다른 동물들(꽃게, 오징어 등)도 만들도록 지시한다.
- 바닷속 풍경을 꾸며 본다.

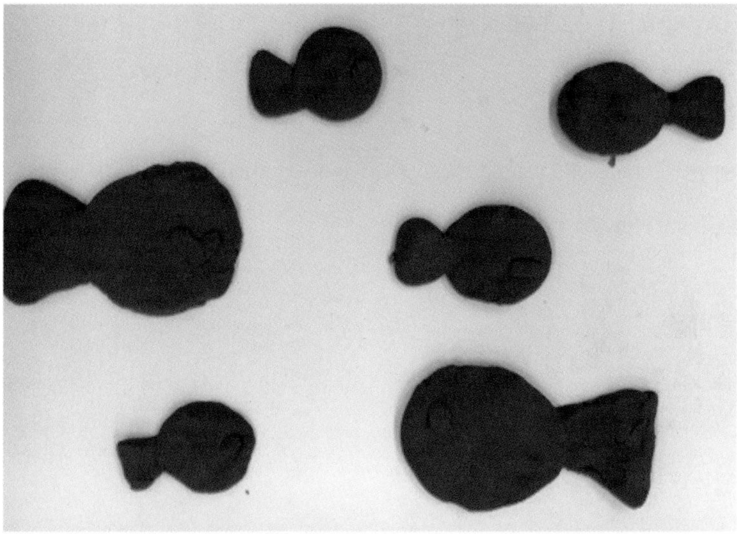

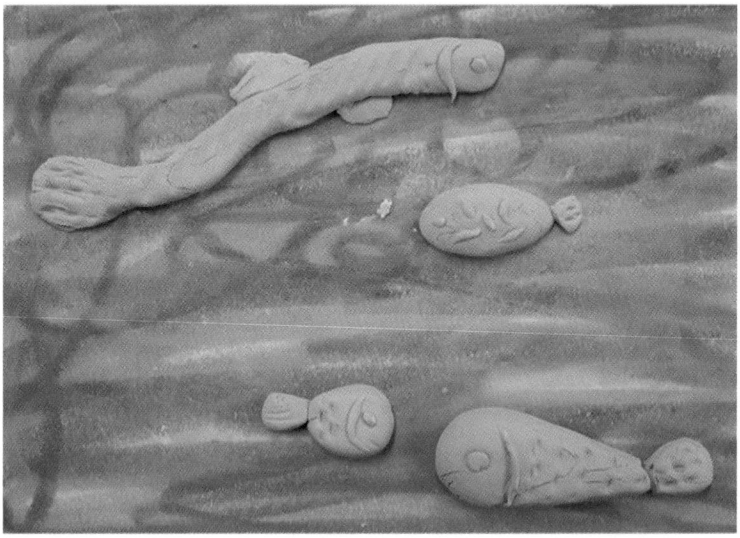

48. 지시에 따라 물속에 사는 동물 만들기

목표

지시에 따라 물속에 사는 동물(물고기, 꽃게, 오징어 등) 만들기, 지적 발달, 성취감 형성

준비물

다양한 점토

✓check!
- ☐ 주변 정리는 하였나요?
- ☐ 준비물과 완성된 작품을 준비하였나요?

활동내용 및 지도방법

① 치료사는 점토 덩어리를 아동에게 제시하며 "오늘은 물속에 사는 동물을 만들어 보자. 물속에 사는 동물에는 무엇이 있지?"라고 질문하여 아동이 언어로 물속에 사는 동물들을 표현하게 한다.

② "그러면 물속에 사는 동물 중에서 물고기를 만들어 볼까?"라고 지시하여 물고기를 만들게 한다. 만약 아동이 만들지 못할 경우에는 치료사가 만들어 놓은 물고기를 보고 만들게 한다.

③ 치료사가 만든 물고기를 보고 스스로 물고기를 만들면 칭찬하고, 잘 만들지 못할 경우에는 보조로 같이 만들어 나가며, 점차 보조를 줄여 나간다.

활동 TIP

- 완성 후 아동에게 "물고기를 만들어 보자."라고 지시하여 언어지시만으로 스스로 만들어 볼 수 있도록 지도한다.
- 같은 방법으로 물속에 사는 다른 동물들(꽃게, 오징어 등)도 만들도록 지시한다.

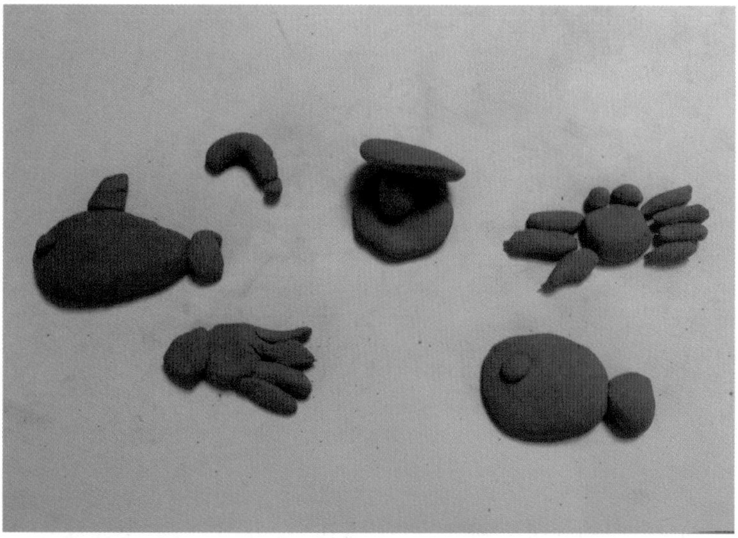

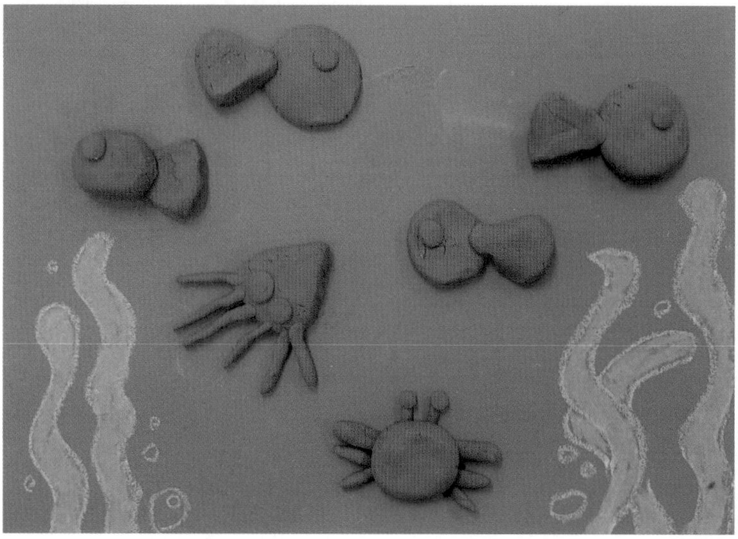

6. 사람 만들기

49. 모델을 보고 사람 만들기

목표

모델을 보고 사람 만들기, 조형능력 향상

준비물

다양한 점토, 완성된 작품

✓check!
- □ 주변 정리는 하였나요?
- □ 준비물과 완성된 작품을 준비하였나요?

활동내용 및 지도방법

① 치료사는 점토 덩어리를 아동에게 제시하며 "오늘은 사람을 만들어 보자."라고 지시한 후 치료사가 미리 만들어 놓은 사람을 제시하여 아동이 만들어진 사람을 보고 만들게 한다. 만약 아동이 만들지 못할 경우에는 치료사가 점토로 사람을 만들어 보인다.

② 아동이 치료사가 사람을 만드는 과정을 보고 사람을 완성하게 한다.

활동 TIP

- 완성 후 아동에게 "사람을 만들어 보자."라고 지시하여 스스로 만들어 볼 수 있도록 지도한다.
- 응용해서 가족, 친구들을 만들어 본다.

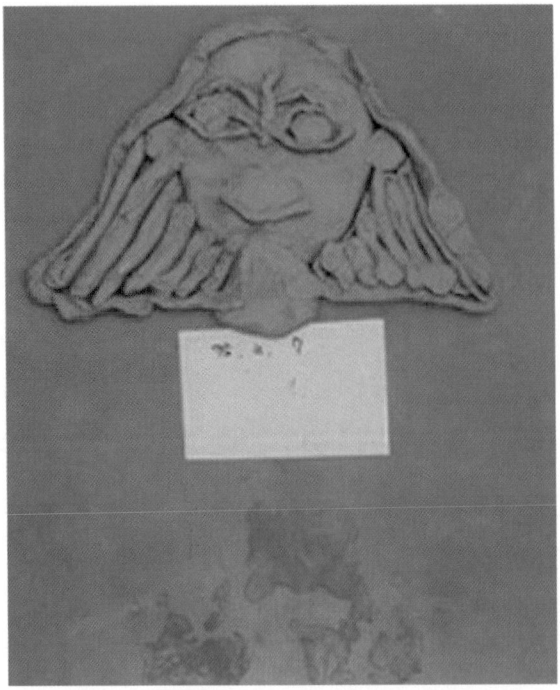

50. 지시에 따라 사람 만들기

목표

지시에 따라 사람 만들기, 지적 발달, 성취감 형성

준비물

다양한 점토

✓check!
- ☐ 주변 정리는 하였나요?
- ☐ 준비물과 완성된 작품을 준비하였나요?

활동내용 및 지도방법

① 치료사는 점토 덩어리를 아동에게 제시하며 "오늘은 사람을 만들어 보자."라고 지시하여 아동이 사람을 만들도록 한다.

② 만약 아동이 만들지 못할 경우에는 치료사가 만들어 놓은 사람을 보고 만들게 한다.

③ 치료사가 만든 사람을 보고 스스로 사람을 만들면 칭찬하고, 잘 만들지 못할 경우에는 보조로 같이 만들어 나가며, 점차 보조를 줄여 나간다.

활동 TIP

- 완성 후 아동에게 "사람을 만들어 보자."라고 지시하여 언어지시만으로 스스로 만들어 볼 수 있도록 지도한다.
- 응용해서 가족, 친구들을 만들어 본다.

51. 가면 만들기

목표

가면 만들기, 얼굴상 지각, 소근육운동 능력 향상

준비물

점토 틀, 점토, 물감, 붓

√check!
- ☐ 주변 정리는 하였나요?
- ☐ 준비물과 완성된 작품을 준비하였나요?

활동내용 및 지도방법

① 치료사는 점토 덩어리와 틀을 아동에게 제시하며 "오늘은 재미있는 가면을 만들어 보자."라고 말한다.

② "○○의 얼굴은 어떻게 생겼나. 여기에 만들어 볼까?"라고 지시한 후 점토를 점토틀에 붙이도록 한다. 잘 못할 경우 보조해 주면서 "눈은 어디 있나, 여기. 코는 어디 있나, 여기" 등의 노래를 불러 주며 흥미를 유발시킨다.

③ 얼굴 모양대로 가면을 완성하고, 물감으로 칠하고 꾸며 완성한다.

활동 TIP

- 완성된 가면을 활용하여 가면놀이나 역할극 등을 할 수 있다.

52. 꽃병 만들기

목표

꽃병 만들기, 자발성 향상, 성취감 형성

준비물

빈 병, 종이죽, 물감, 붓, 완성된 작품

✓check!
- ☐ 주변 정리는 하였나요?
- ☐ 준비물과 완성된 작품을 준비하였나요?

활동내용 및 지도방법

① 치료사가 아동에게 "오늘은 꽃병 만들기를 해 보자."라며 완성된 작품을 제시한다.
② 신문지를 깔고 그 위에 빈 병을 놓고, 치료사와 아동이 함께 빈 병을 돌려가며 종이죽을 붙인다.
③ ②을 수행한 후 병 위에 아동이 원하는 모양을 점토로 꾸민다.
④ ③에 물감으로 색칠하고 완성한다.
⑤ 완성된 작품을 보며 느낌을 이야기한다.

활동 TIP

- 아동이 원하면 여러 가지 꾸미기 재료(스팽글, 구슬 등)로 꽃병을 꾸며 완성할 수 있다.

53. 석고 본뜨기

목표

매체 경험, 창의력 향상, 신체 인식

준비물

석고, 물, 고무그릇, 저을 수 있는 막대, 둥근 쟁반, 물감, 줄, 빨대, 완성된 작품

✓check!
- ☐ 주변 정리는 하였나요?
- ☐ 준비물과 완성된 작품을 준비하였나요?

활동내용 및 지도방법

① 치료사는 아동에게 "오늘은 석고로 손 본뜨기를 해 보자."라고 말하며 완성된 작품을 보여 준다.

② 치료사가 먼저 고무 그릇에 석고를 붓고 물을 부어 주며 아동이 막대로 석고 반죽을 한다.

③ 반죽이 다 되면 둥근 쟁반에 잘 떨어지도록 비눗물을 바르고 석고를 붓는다.

④ 쟁반에 석고가 잘 퍼지도록 손으로 다듬고 나서 아동이 석고에 손바닥을 대고 꾹 누른다. 그리고 석고가 열이 난 뒤 조금 마를 때까지 기다렸다가 손을 뗀다. 이때 벽걸이를 하고 싶다면 원하는 위치에 빨대를 꽂아서 구멍을 내 둔다.

⑤ 석고가 굳으면 원하는 색의 물감으로 색을 칠한다. 빨대를 빼고 줄을 달아서 완성한다.

54. 석고붕대 손 본뜨기

목표

매체 경험, 창의력 · 성취감 향상, 신체 인식

준비물

석고붕대, 물, 그릇, 물감, 꾸미기 재료, 접착제, 완성된 작품

✓check!
☐ 주변 정리는 하였나요?
☐ 준비물과 완성된 작품을 준비하였나요?

활동내용 및 지도방법

① 치료사는 아동에게 "오늘은 석고붕대로 손 본뜨기를 해 보자."라고 말하며 완성된 작품을 보여 준다.
② 치료사가 아동의 손 위에 물에 적신 석고붕대를 붙여 준다.
③ 손 형태를 다 붙인 후 석고붕대가 다 굳으면 떼어 낸다.
④ 완성된 손 형태 위에 물감으로 꾸민다. 아동이 스스로 색칠을 할 경우 칭찬한다.
⑤ ④의 손 형태가 다 마르면 꾸미기 재료로 꾸민다. 아동이 스스로 꾸미기를 할 경우 칭찬하고, 어려운 경우 보조하여 완성한다.

55. 공간 만들기

목표

생활공간을 구성하기, 공간지각능력 및 구성력 향상

준비물

케이크 상자 받침, 지점토, 찰흙조작용 다양한 칼

✓check!
☐ 주변 정리는 하였나요?
☐ 준비물과 완성된 작품을 준비하였나요?

활동내용 및 지도방법

① 아동에게 살고 있는 집의 구성도를 그려 오도록 한다. 그리고 각 방의 공간에 어떠한 가구와 용품들이 있는지를 이야기하며 그려 놓고 만들 것들을 결정한다.

② 케이크 상자 받침에 구성도 대로(욕실과 침실, 거실, 부엌 등) 지점토로 구획을 나눈다.

③ 각 공간에 있는 가구와 용품들을 특징을 살려서 지점토를 이용하여 조그맣게 만든다.

④ 완성된 ③을 각 공간에 배치한 후 각 사물들의 용도와 쓰임에 대해 아동과 이야기한다.

활동 TIP

- "이사 왔어요. 우리 가구 배치를 다시 해 볼까?"라며 아동이 원하는 대로 다시 공간을 재구성하여 이야기 나누기를 실시할 수 있다.
- 아동의 방 구조 사진을 찍어 오게 한 뒤 점토로 사물을 만들어 배치해 본다.

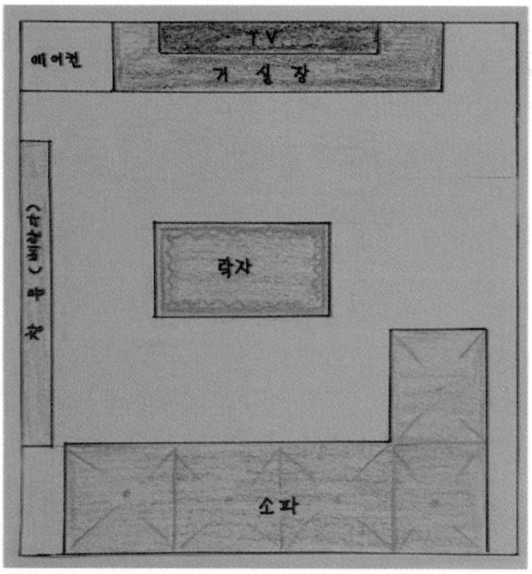
TV
에어컨
거실장
탁자
소파

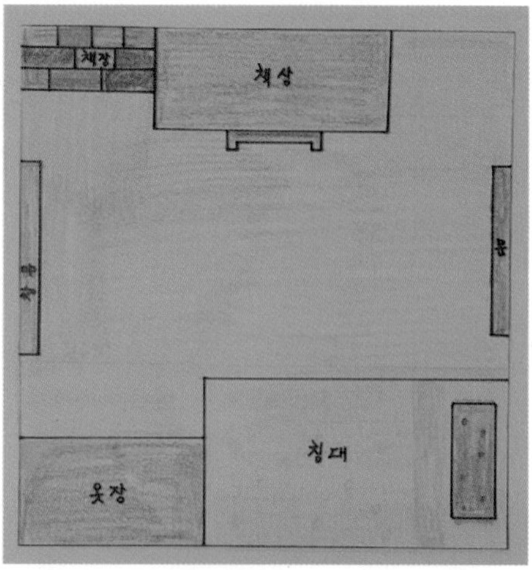
책장
책상
옷장
침대

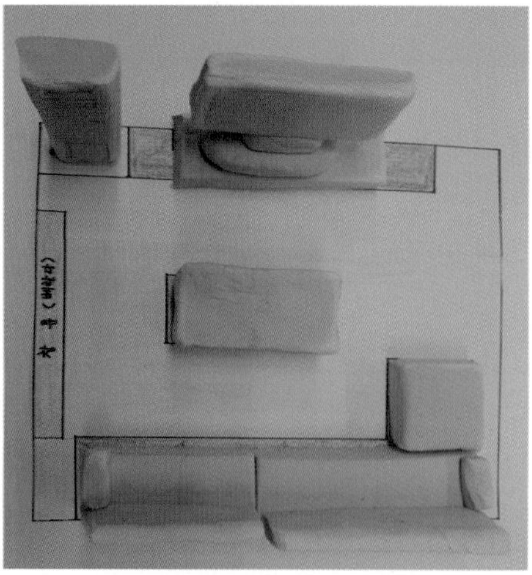

제7장

협동표현기법

1. 협동화

목표

협동심 · 사회성 · 집단응집력 향상

준비물

큰 도화지, 크레파스, 파스넷 등의 채색 도구

√check!
- ☐ 주변 정리는 하였나요?
- ☐ 준비물과 완성된 작품을 준비하였나요?

활동내용 및 지도방법

① 치료사가 아동들에게 "오늘은 우리가 함께 그림을 그려 보자."라고 한다.
② 아동들이 채색 도구를 사용하여 함께 그림을 그리도록 한다. 주제를 제공할 수도 있고 자유주제로 집단원들이 자유롭게 구성하게 한다.
③ 치료사는 아동들이 다 같이 활동할 수 있도록 촉진한다. 활동에 어려움이 있는 아동의 경우는 보조하거나 촉진하여 활동하도록 한다.
④ 아동들이 다 완성된 작품에 함께 제목을 정하도록 지시한다.
⑤ 제목과 함께 그린 그림의 내용을 나누도록 하고 칭찬한다.

활동 TIP

- 아동들의 특성에 따라 보조자가 필요한 경우에는 보조자를 배치하며, 집단 활동에 어려움이 있는 경우를 잘 살펴 진행한다.

2. 사포협동화

목표

협동심 · 사회성 · 집단응집력 향상, 흥미 유발

준비물

흰색으로 도안이 그려진 사포, 크레파스(흰색 크레파스 제외), 접착테이프

✓check!
- [ ] 주변 정리는 하였나요?
- [ ] 준비물과 완성된 작품을 준비하였나요?

활동내용 및 지도방법

① 치료사가 아동들에게 "사포에 그림을 그리거나 색칠해 보자."라고 한다.

② 아동들이 각자 받은 사포에 그림을 그리거나 색칠을 하도록 한다. 각자 잘 수행하면 칭찬한다.

③ 아동들이 완성되었다고 하면, 그려진 사포들을 모아 흰색 선을 연결하여 하나의 그림을 완성하도록 퍼즐 맞추기를 제안한다.

④ 다 완성된 후 크게 칭찬하고, 접착테이프로 고정하도록 한다.

활동 TIP

- 언어표현이 가능한 집단일 경우 제목을 정하고 그림에 대한 내용을 나누도록 한다.
- 미리 그려진 도안을 제시하므로 흰색으로 그릴 경우 아동들에게 제공되는 크레파스에는 흰색을 제외시키고 주도록 한다. 그려진 도안은 무엇일지 ②번이 완성될 때까지를 알려 주지 않아 호기심을 자극한다.

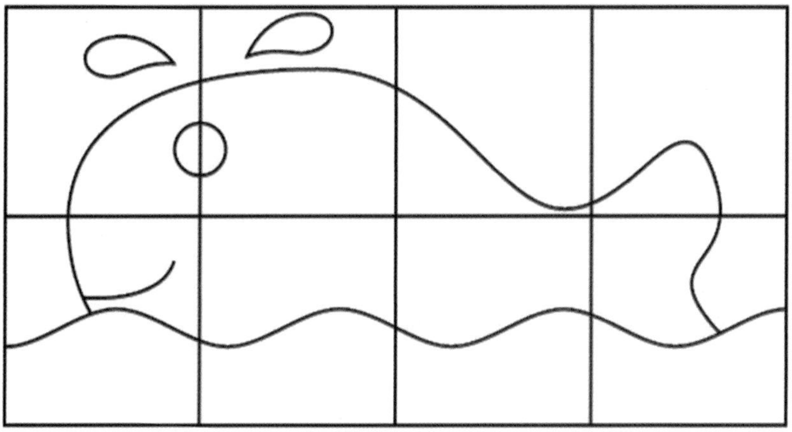

도안 예시

3. 은박지 협동화

목표

협동심 · 사회성 · 집단응집력 향상, 흥미 유발, 매체 경험

준비물

검정색으로 도안이 그려진 은박지(손 코팅지에 부착), 매직(검정색 제외), 접착테이프

✓check!
- ☐ 주변 정리는 하였나요?
- ☐ 준비물과 완성된 작품을 준비하였나요?

활동내용 및 지도방법

① 치료사가 아동들에게 "은박지에 그림을 그리거나 꾸며 보자."라고 한다.
② 아동들이 각자 받은 은박지에 그림을 그리거나 색칠을 한다. 각자 잘 수행하면 칭찬한다.
③ 아동들이 완성되었다고 하면, 그려진 사포들을 모아 검정색 선을 연결하여 하나의 그림을 완성하도록 퍼즐 맞추기를 제안한다.
④ 다 완성된 후 크게 칭찬하고, 접착테이프로 고정하도록 한다.

활동 TIP

- 언어표현이 가능한 집단일 경우 제목을 정하고 그림에 대한 내용을 나누도록 한다.
- 미리 그려진 도안을 제공하기도 하고, 함께 한 선씩 그려서 떼어 낸 후 다시 색칠하고, 퍼즐을 맞추는 방법을 제안할 수도 있다.

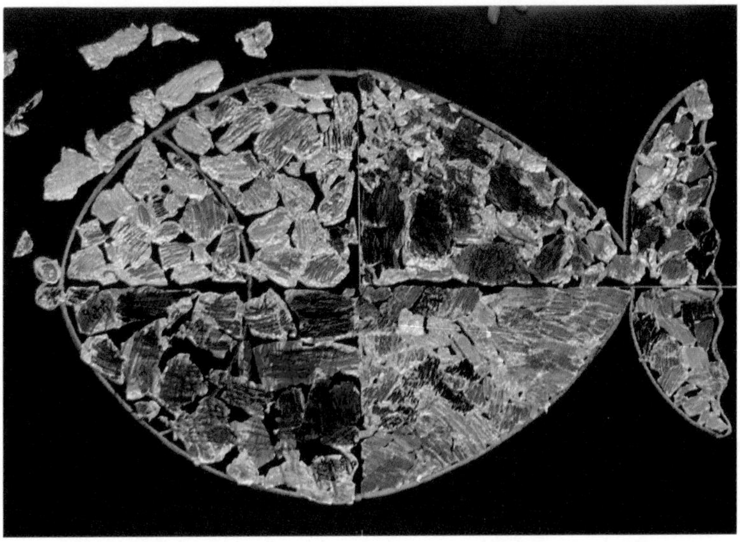

4. 실물 크기의 자기 신체 본뜨기

목표

협동심 · 사회성 · 집단응집력 향상, 신체상 형성

준비물

아동의 전신상이 들어갈 수 있는 종이, 크레파스, 물감, 연필, 색습자지, 색종이, 풀, 꾸미기 재료 등

√check!
- ☐ 주변 정리는 하였나요?
- ☐ 준비물과 완성된 작품을 준비하였나요?

활동내용 및 지도방법

① 종이를 벽 또는 바닥에 붙여 두고, 아동을 종이 위에 눕거나 서 있도록 한다.

② 치료사(또는 다른 아동)는 종이 위에 눕거나 서 있는 아동의 신체 본을 그려 준다.

③ 종이 위에 신체 본을 다 그렸으면 아동들에게 눈, 코, 입, 귀, 머리 등 신체부분을 채색하도록 하거나, 꾸미기 재료, 색습자지, 색종이를 이용하여 종이 위에 신체의 부분을 만들어 붙이도록 한다.

④ 치료사는 아동들에게 신체를 하나하나 지적하고 따라 하도록 한다. 완성된 작품에 칭찬한다.

활동 TIP
- 가족 신체 본뜨기로 응용할 수 있다.

함께 나누는 세상

5. 집단 만다라

목표

협동심 · 사회성 · 집단응집력 향상, 흥미 유발, 정서 안정

준비물

원 혹은 원 안에 도안이 그려진 큰 종이, 크레파스, 색연필, 파스넷 등의 다양한 채색 도구

√check!
- ☐ 주변 정리는 하였나요?
- ☐ 준비물과 완성된 작품을 준비하였나요?

활동내용 및 지도방법

① 치료사가 아동들에게 "오늘은 함께 만다라를 꾸며 보자."라고 한다.
② 아동들에게 원 혹은 원 안에 도안이 그려진 종이를 제시하고, 다양한 채색도구를 사용하여 함께 색칠하도록 한다.
③ 아동들이 완성되었다고 하면, 제목을 함께 정하도록 한다.
④ 다 완성된 후 크게 칭찬하고, 서로 느낌을 나누도록 한다.

활동 TIP
- 색소금이나, 꾸미기 재료를 사용하여 붙여서 꾸미기를 하여도 무방하다.
- 지점토를 활용하여 작품을 구성할 수 있다.

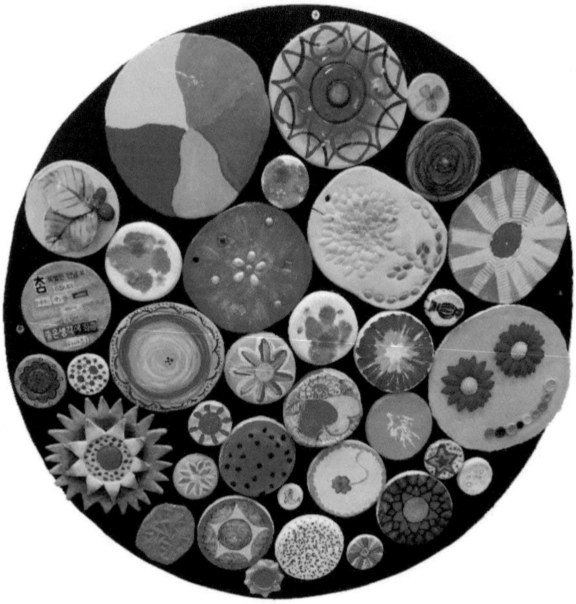

아동들 각자가 지점토를 원으로 만들어 꾸민 뒤
만다라 위에 구성한 작품

6. 그림 이어 그리기

목표

협동심 · 사회성 · 집단응집력 향상, 흥미 유발, 자기표현

준비물

크레파스, 도화지

✓check!
- ☐ 주변 정리는 하였나요?
- ☐ 준비물과 완성된 작품을 준비하였나요?

활동내용 및 지도방법

① 치료사가 아동들에게 크레파스를 주며 "각자 다른 색으로 크레파스 하나씩 선택해 보자."라고 한다.

② "선생님이 '그만, 바꾸자.'라고 할 때까지 그림을 그려 보자."라고 한 후 선택된 크레파스를 이용하여 아동들에게 자신의 도화지에 그림을 그리도록 한다.

③ 3~5분 정도의 시간이 흐른 후 "그만, 바꾸자."라고 안내하여 한쪽 방향으로 자신의 그림을 옆에 사람에게 주도록 한다. "다른 사람의 그림에 다시 그려 보자."라고 지시한다. 한 번씩 다른 사람의 그림에 그릴 수 있도록 반복한다. 이때 장난하거나 마구 그리는 것은 주의하도록 한다.

④ 다 돌아가 자신의 그림을 받은 후 부족한 부분을 완성하도록 제시한다.

⑤ 완성된 그림에 제목을 붙이도록 한다.

⑥ 각자 그림의 내용과 제목을 이야기 나누도록 한다.

7. 소망나무 만들기

목표

협동심 · 사회성 · 집단응집력 향상, 흥미 유발, 자기표현, 희망 갖기

준비물

전지, 크레파스, 색연필, 파스넷 등의 다양한 채색 도구, 색습자지, 열매 모양의 색종이, 꾸미기 재료, 접착제

✓check!
- ☐ 주변 정리는 하였나요?
- ☐ 준비물과 완성된 작품을 준비하였나요?

활동내용 및 지도방법

① 치료사가 아동들에게 "오늘은 함께 소망나무를 만들어 보자."라고 한다.
② 아동들에게 함께 상의하여 다양한 재료를 사용하여 나무를 완성하도록 한다.
③ 열매 모양의 색종이에 각자 소망하는 것을 적거나 그리도록 한다.
④ 다 완성된 나무 위에 각자 적은 소망열매를 붙이도록 한다.

활동 TIP
- 아동 수준에 따라 나무 도안이 그려진 전지를 제공하기도 한다.
- 우리가 소망한 것들이 다 이루어질 것이라고 이야기 나누고 함께 칭찬한다.
- 입체적으로 꾸밀 수도 있다.

8. 협동해서 만들기

목표

협동심 · 사회성 · 집단응집력 향상

준비물

매직콘, 점토 등의 다양한 만들기 재료, 꾸미기 재료, 접착제

✓check!
- ☐ 주변 정리는 하였나요?
- ☐ 준비물과 완성된 작품을 준비하였나요?

활동내용 및 지도방법

① 치료사는 아동들에게 "오늘은 우리가 함께 멋진 작품을 만들어 보자."라고 한다.
② 아동들이 다양한 만들기 재료를 사용하여 함께 구성할 수 있도록 한다.
③ 활동에 어려움이 있는 경우 보조 또는 촉진하여 활동할 수 있도록 한다.
④ 아동들이 다 완성된 작품에 함께 제목을 정하도록 지시한다.
⑤ 제목과 함께 그린 그림의 내용을 나누도록 하고 칭찬한다.

활동 TIP

- 아동들의 특성에 따라 보조자가 필요한 경우에는 보조자를 배치하며, 집단 활동에 어려움이 있는 경우를 잘 살펴 진행한다.
- 특정 재료를 한 가지만 제공할 수도 있고, 다양한 재료를 활용하게 할 수도 있다. 주제를 줄 수 있으며, 자유롭게 구성할 수도 있다.

환영합니다

제8장

종이접기기법

1. 일정한 방향 없이 접기

목표

종이접기, 소근육운동 촉진

준비물

신문지, 도화지, 마분지 등 두꺼운 종이와 얇은 종이

√check!
- [ ] 주변 정리는 하였나요?
- [ ] 준비물과 완성된 작품을 준비하였나요?

활동내용 및 지도방법

① 치료사는 얇은 종이(신문지나 색종이 등)를 정해진 방향 없이 접는 것을 보여 준다.

② 치료사는 아동에게 "종이를 접어 보자."라고 지시한다. 아동이 지시한 대로 스스로 잘 수행하면 적극적으로 칭찬한다.

③ 만약 아동이 ②를 수행하지 못하면, 치료사가 아동의 손을 보조하여 접기를 여러 번 실시한다. 이때 아동의 수준에 따라 보조를 점차 줄여 나간다.

④ ③을 반복 실시한 뒤 다시 ②를 실시한다. 아동이 스스로 잘하면 칭찬한다.

활동 TIP

- 얇은 종이를 수행한 후 점차 더 두꺼운 종이를 이용하여 소근육 발달을 촉진할 수 있다.

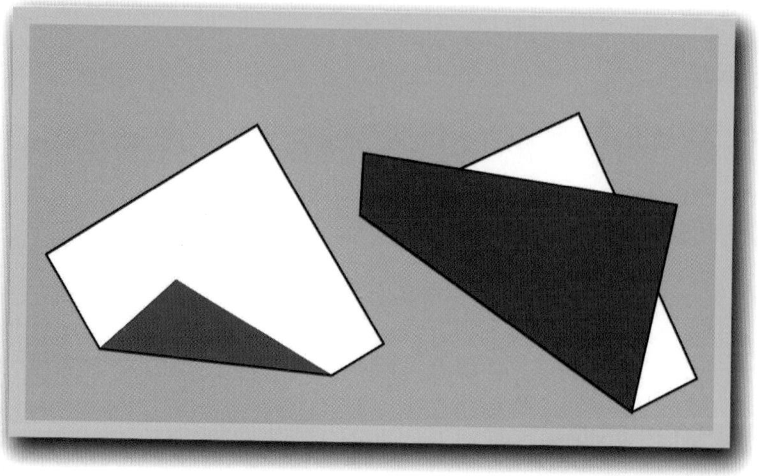

2. 일정한 방향으로 한 번 접기

목표

일정한 방향으로 종이를 한 번 접기, 주의집중력 및 소근육운동 능력 향상

준비물

크기와 두께가 다양한 정사각형의 종이

√check!
☐ 주변 정리는 하였나요?
☐ 준비물과 완성된 작품을 준비하였나요?

활동내용 및 지도방법

① 치료사는 얇고 적당한 크기의 종이를 제시하고 아동에게 가로 방향으로 접는 것을 보여 준다.

② "이것과 똑같이 접어 보자."라고 지시한다. 아동이 지시한 대로 스스로 잘 접으면 적극적으로 칭찬한다. 이때 일정한 방향으로 접는 것이 목표이기 때문에 끝선 맞추기는 크게 벗어나지 않는 한 중점을 두지 않는 것이 좋으며, 아동이 끝선을 맞추지 못할 때는 도와주어도 무방하다.

③ 만약 ②를 잘 수행하지 못하면 치료사가 아동을 보조하여 여러 번 수행하고, 아동의 수준에 맞추어 점차 보조를 줄여 나간다.

④ ③을 여러 번 실시한 후에 다시 ②를 지시한다. 이때 아동이 지시에 따라서 접으면 적극적으로 강화한다.

⑤ 앞의 방법으로 가로 방향이 끝나면 세로, 대각선 방향도 같은 방법으로 실시한다. 그리고 종이의 크기, 두께를 다양하게 제시하여 아동의 흥미를 유발할 수 있다.

활동 TIP

• 아동이 접은 모양으로 재미있는 것을 만들어 강화하는 것도 효과적이다.

얼굴

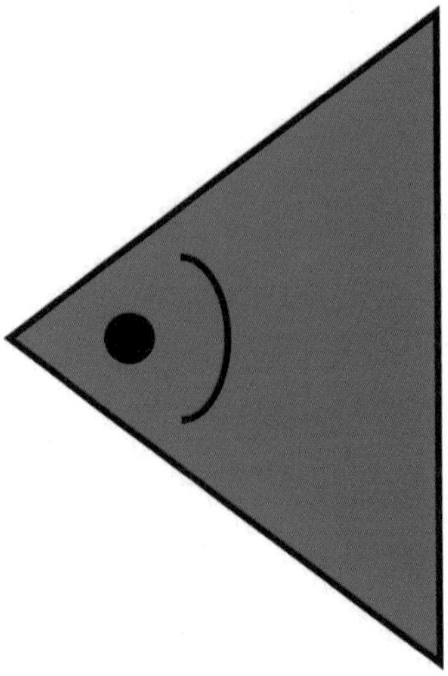

물고기

3. 일정한 방향으로 두 번 접기

목표

종이를 일정한 방향으로 두 번 접기, 흥미 유발, 주의집중력 및 소근육운동 능력 향상

준비물

크기와 두께가 다양한 정사각형의 종이

✓check!
☐ 주변 정리는 하였나요?
☐ 준비물과 완성된 작품을 준비하였나요?

활동내용 및 지도방법

① 치료사는 얇고 적당한 크기의 종이를 제시하고 아동에게 연속하여 두 번 접는 것을 보여 준다(그림 1).
② "이것과 똑같이 접어 보자."라고 지시한다. 이때 지시한 대로 아동이 스스로 수행하면 적극적으로 강화한다.
③ 만약 아동이 따라서 접지 못하면 치료사가 아동의 손을 보조하여 접기를 여러 번 반복한다. 아동의 수준에 맞추어서 보조를 줄여 나간다.
④ ③을 반복 실시한 뒤 다시 ②를 지시한다. 아동이 잘 수행하면 적극적으로 강화한다.
⑤ 앞의 방법으로 아동이 잘 수행하면 다양한 두께의 종이를 사용하여 실시한다.

활동 TIP

- 접어서 만든 모양으로 여러 가지 사물을 구성해 보는 것도 아동의 흥미를 유발시키는 데 효과적이다.

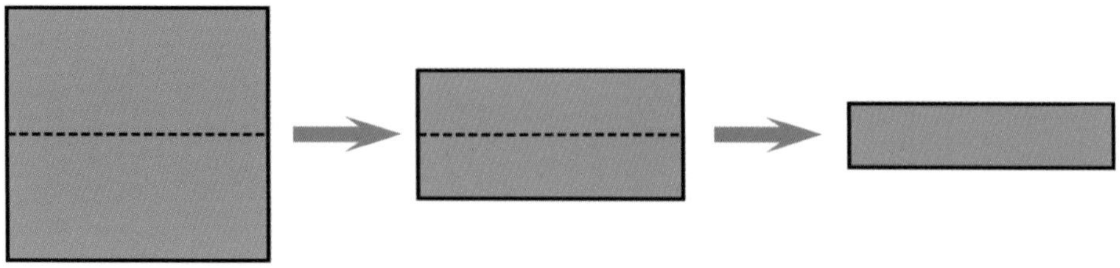

그림 1

기차

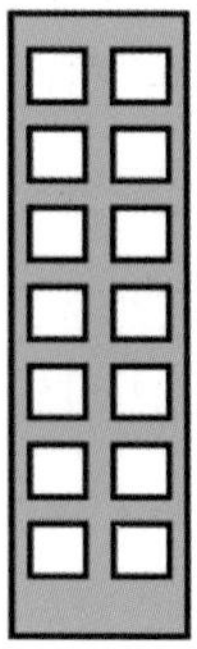

아파트

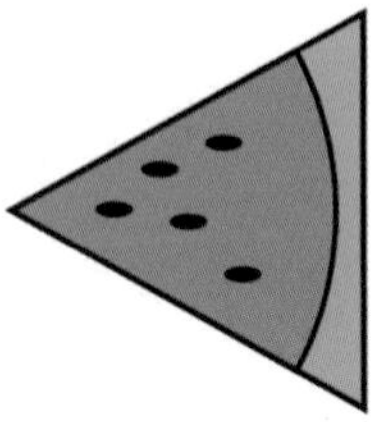

수박

4. 모델링에 따라 배 접기

목표

모델링에 따라 배 접기, 자기효능감 형성, 구성력 향상

준비물

색종이

✓check!
- [ ] 주변 정리는 하였나요?
- [ ] 준비물과 완성된 작품을 준비하였나요?

활동내용 및 지도방법

① 치료사는 먼저 아동에게 배를 접는 것을 보여 준다.

② ① 후에 아동에게 "선생님을 따라서 똑같이 접어 보자."라고 언어로 지시한다. 그러고 나서 접기 1을 한다. 이때 지시한 대로 아동이 스스로 수행하면 적극적으로 강화한다.

③ 만약 아동이 따라서 접기를 못하면 치료사가 아동의 손을 보조하여 접기를 여러 번 실시한다. 이때 아동의 수준에 맞추어서 보조를 줄여 나간다. 아동이 접기 1을 스스로 하면 칭찬한다.

④ ③을 반복해서 실시한 후에 접기 1을 한 종이에 그대로 접기 2를 실시한다. 그리고 아동에게 모방하여 접기 2를 하도록 지시한다. 아동이 따라서 접으면 칭찬하고, 만약 접지 못하면 보조로 수행하게 하고 점차 보조를 줄여 나간다.

⑤ 앞의 방법으로 아동이 잘 수행하면 접기 1, 접기 2를 연속으로 하도록 지도한다. 아동이 모델을 보고 연속으로 접으면 적극적으로 강화한다.

활동 TIP

- 모두 실시한 후에는 색종이의 색깔이나 크기를 바꾸어 가면서 다양하게 여러 번 실시하여 아동이 충분히 익히도록 지도한다.
- 완성된 배를 이용해서 물놀이를 하거나 파란색 색지에 붙여서 바다를 만들어 흥미를 유발한다.

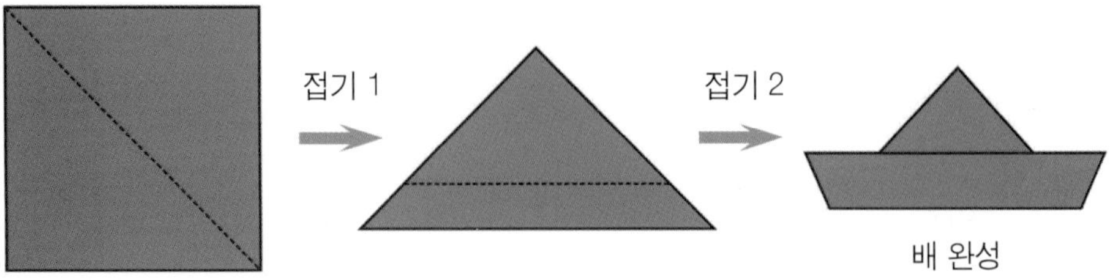
접기 1
접기 2
배 완성

5. 모델링에 따라 새 접기

목표

모델링에 따라 새 접기, 자기효능감 형성, 구성력 향상

준비물

색종이

> ✓check!
> ☐ 주변 정리는 하였나요?
> ☐ 준비물과 완성된 작품을 준비하였나요?

활동내용 및 지도방법

① 치료사는 먼저 아동에게 새 접는 것을 보여 준다.

② ① 후에 아동에게 "선생님을 따라서 똑같이 접어 보자."라고 언어로 지시한다. 그러고 나서 접기 1을 한다. 이때 지시한 대로 아동이 스스로 수행하면 적극적으로 강화한다.

③ 만약 아동이 따라서 접기를 못하면 치료사가 아동의 손을 보조하여 접기를 여러 번 실시한다. 이때 아동의 수준에 맞추어서 보조를 줄여 나간다. 아동이 접기 1을 스스로 하면 칭찬한다.

④ ③을 반복해서 실시한 후에 접기 1을 한 종이에 그대로 접기 2를 실시한다. 그리고 아동이 모방하여 접기 2를 하도록 지시한다. 아동이 따라서 접으면 칭찬하고, 만약 접지 못하면 보조로 수행하게 하고 점차 보조를 줄여 나간다.

⑤ 앞의 방법으로 아동이 잘 수행하면 접기 1에서 접기 6까지 연속으로 하도록 지도한다. 아동이 모델을 보고 연속으로 접으면 적극적으로 강화한다.

활동 TIP

- 모두 실시한 후에는 색종이의 색깔이나 크기를 바꾸어 가면서 다양하게 여러 번 실시하여 아동이 충분히 익히도록 지도한다.
- 완성된 새를 이용해서 날기 놀이를 하거나, 하늘 꾸미기를 하여 흥미를 유발한다.

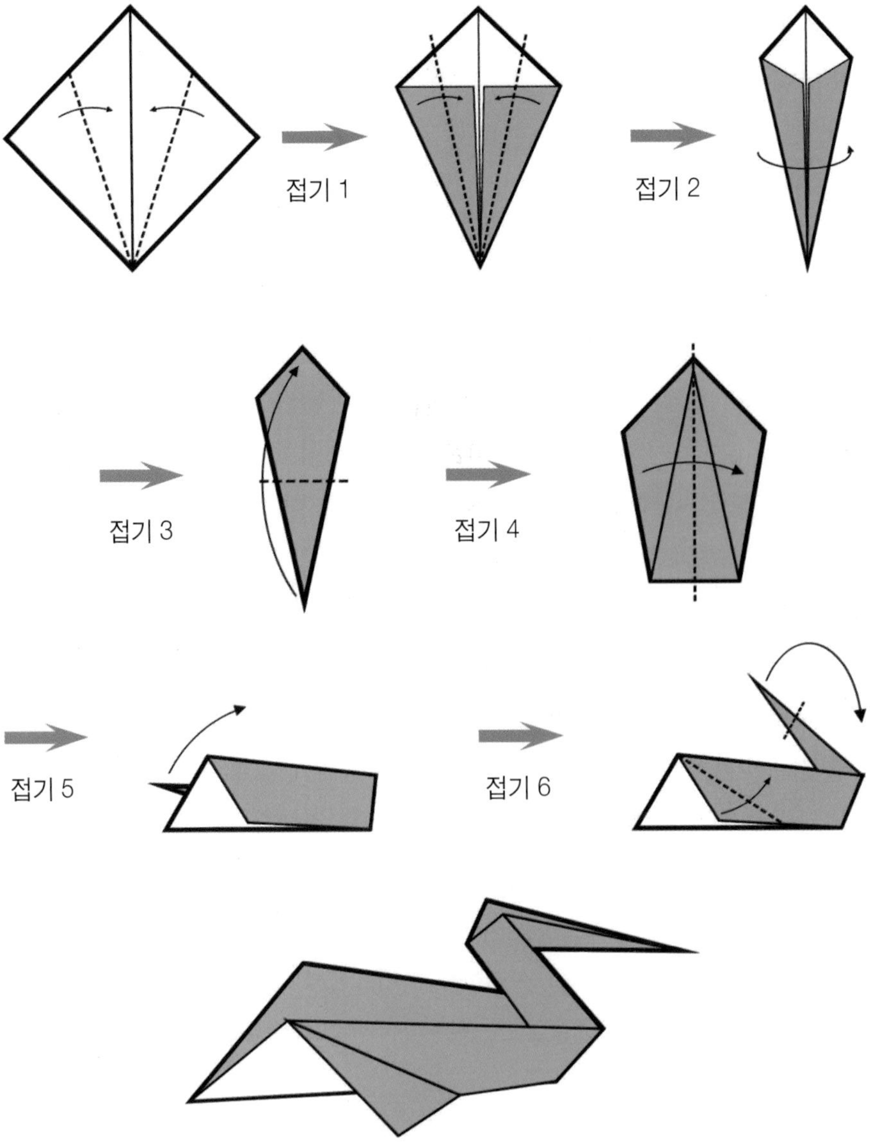

새 완성

6. 모델링에 따라 컵 접기

목표

모델링에 따라 컵 접기, 자기효능감 형성, 구성력 향상

준비물

색종이

✓check!
☐ 주변 정리는 하였나요?
☐ 준비물과 완성된 작품을 준비하였나요?

활동내용 및 지도방법

① 치료사는 먼저 아동에게 컵 접는 것을 보여 준다.
② ① 후에 아동에게 "선생님을 따라서 똑같이 접어 보자."라고 언어로 지시한다. 그러고 나서 접기 1을 한다. 이때 지시한 대로 아동이 스스로 수행하면 적극적으로 강화한다.
③ 만약 아동이 따라서 접기를 못하면 치료사가 아동의 손을 보조하여 접기를 여러 번 실시한다. 이때 아동의 수준에 맞추어서 보조를 줄여 나간다. 아동이 접기 1을 스스로 하면 칭찬한다.
④ ③을 반복해서 실시한 후에 접기 1을 한 종이에 그대로 접기 2를 실시한다. 그리고 아동이 모방하여 접기 2를 하도록 지시한다. 아동이 따라서 접으면 칭찬하고, 만약 접지 못하면 보조로 수행하게 하고 점차 보조를 줄여 나간다.
⑤ 앞의 방법으로 접기 3, 접기 4를 한 단계씩 차례로 반복해서 실시한다.
⑥ 아동이 잘 수행하면 접기 1에서 접기 4까지 연속으로 하도록 지도한다. 아동이 모델을 보고 연속으로 접으면 적극적으로 강화한다.

활동 TIP

- 모두 실시한 후에는 색종이의 색깔이나 크기를 바꾸어 가면서 다양하게 여러 번 실시하여 아동이 충분히 익히도록 지도한다.
- 완성된 컵을 이용하여 물 마시는 동작, 서로 먹여 주는 동작, 컵에 물을 따르는 동작 등을 흉내 내면서 놀이를 통해 흥미를 유발한다.

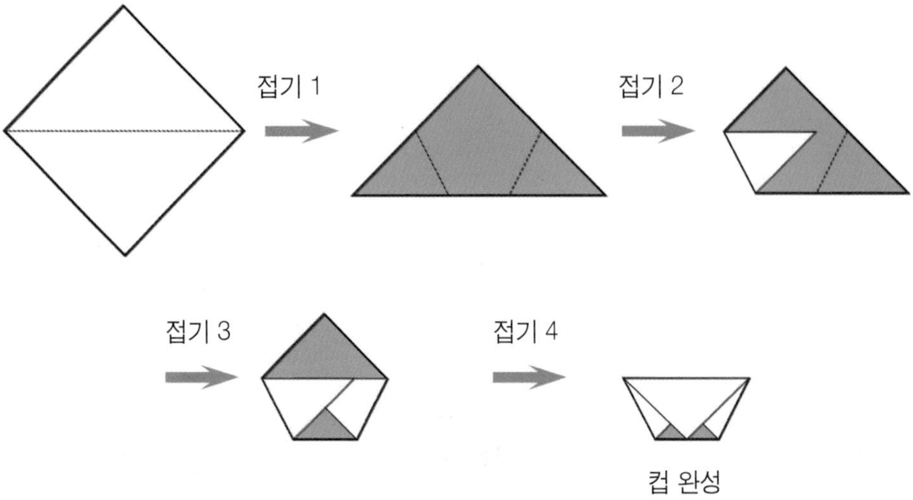
접기 1
접기 2
접기 3
접기 4
컵 완성

7. 모델링에 따라 물고기 접기

목표

모델링에 따라 물고기 접기, 자기효능감 형성, 구성력 향상

준비물

색종이

✓check!
☐ 주변 정리는 하였나요?
☐ 준비물과 완성된 작품을 준비하였나요?

활동내용 및 지도방법

① 치료사는 먼저 아동에게 물고기 접는 것을 보여 준다.

② ① 후에 아동에게 "선생님을 따라서 똑같이 접어 보자."라고 언어로 지시한다. 그러고 나서 접기 1을 한다. 이때 지시한 대로 아동이 스스로 수행하면 적극적으로 강화한다.

③ 만약 아동이 따라서 접지 못하면 치료사가 아동의 손을 보조하여 접기를 여러 번 실시한다. 이때 아동의 수준에 맞추어서 보조를 줄여 나간다. 아동이 접기 1을 스스로 하면 칭찬한다.

④ ③을 반복해서 실시한 후에 접기 1을 한 종이에 그대로 접기 2를 실시한다. 그리고 아동이 모방하여 접기 2를 하도록 지시한다. 아동이 따라서 접으면 칭찬하고, 만약 접지 못하면 보조로 수행하게 하고 점차 보조를 줄여 나간다.

⑤ 앞의 방법으로 접기 3, 접기 4, 접기 5, 접기 6, 접기 7을 한 단계씩 차례로 반복해서 실시한다. 이때 접기 3과 접기 4에서 밖으로 접기를 할 때는 보조를 하여 유의해서 지도한다. 점차 보조를 줄여 나가면서 아동이 스스로 접을 수 있게 한다.

⑥ 아동이 잘 수행하면 접기 1에서 접기 7까지 연속으로 하도록 지도한다. 아동이 모델을 보고 연속으로 접으면 적극적으로 강화한다.

활동 TIP

- 모두 실시한 후에는 색종이의 색깔이나 크기를 바꾸어 가면서 다양하게 여러 번 실시하여 아동이 충분히 익히도록 지도한다.
- 완성된 물고기를 이용하여 바다 꾸미기 등의 놀이를 통해 흥미를 유발한다.
- 아동의 수준에 맞추어 접기의 단계를 더 복잡하게 하면서 여러 가지 사물을 접도록 한다. 시중에 판매되고 있는 종이접기 책들을 이용하여 아동에게 무리가 되지 않는 단계로 실시한다.

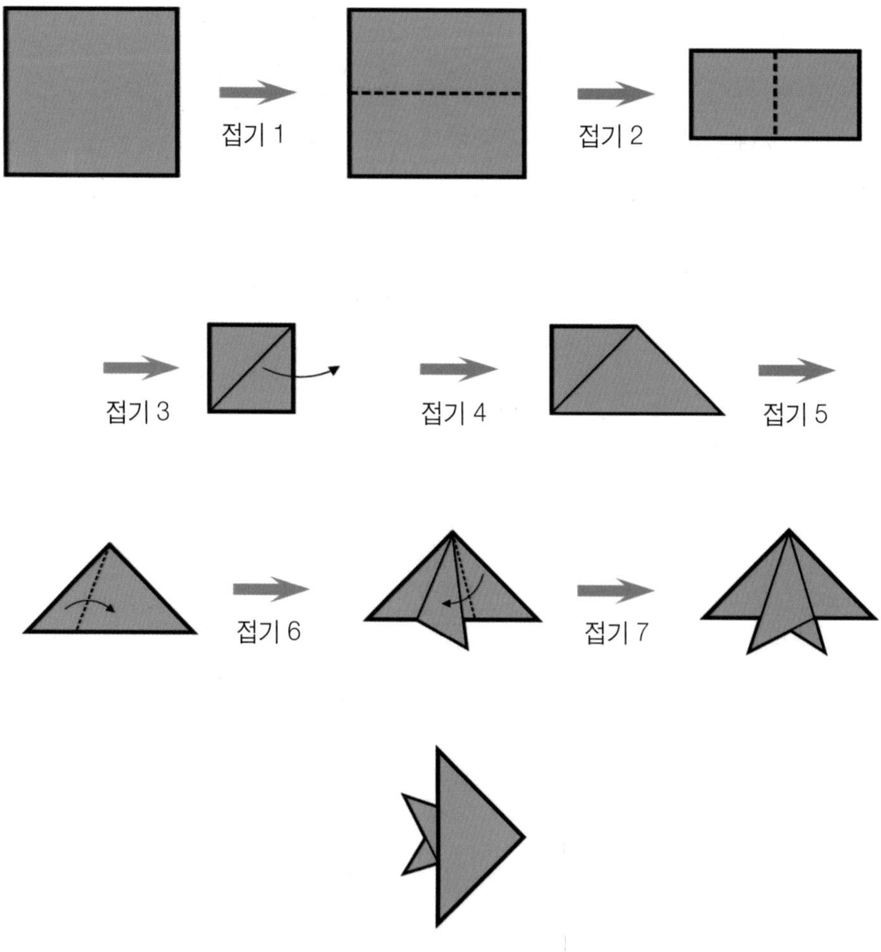

물고기 완성

8. 모델링에 따라 강아지 접기

목표

모델링에 따라 강아지 접기, 자기효능감 형성, 구성력 향상

준비물

색종이

✓check!
- [ ] 주변 정리는 하였나요?
- [ ] 준비물과 완성된 작품을 준비하였나요?

활동내용 및 지도방법

① 치료사는 먼저 아동에게 강아지 접는 것을 보여 준다.

② ① 후에 아동에게 "선생님을 따라서 똑같이 접어 보자."라고 언어로 지시한다. 그러고 나서 접기 1을 한다. 이때 지시한 대로 아동이 스스로 수행하면 적극적으로 강화한다.

③ 만약 아동이 따라서 접지 못하면 치료사가 아동의 손을 보조하여 접기를 여러 번 실시한다. 이때 아동의 수준에 맞추어서 보조를 줄여 나간다. 아동이 접기 1을 스스로 하면 칭찬한다.

④ ③을 반복해서 실시한 후에 접기 1을 한 종이에 그대로 접기 2를 실시한다. 그리고 아동이 모방하여 접기 2를 하도록 지시한다. 아동이 따라서 접으면 칭찬하고, 만약 접지 못하면 보조로 수행하게 하고 점차 보조를 줄여 나간다.

⑤ 앞의 방법으로 아동이 잘 수행하면 접기 1, 접기 2, 접기 3을 연속으로 하도록 지도한다. 아동이 모델을 보고 연속으로 접으면 적극적으로 강화한다.

⑥ ⑤ 후에 눈과 코를 그려 강아지를 완성한다.

활동 TIP

- 모두 실시한 후에는 색종이의 색깔이나 크기를 바꾸어 가면서 다양하게 여러 번 실시하여 아동이 충분히 익히도록 지도한다.

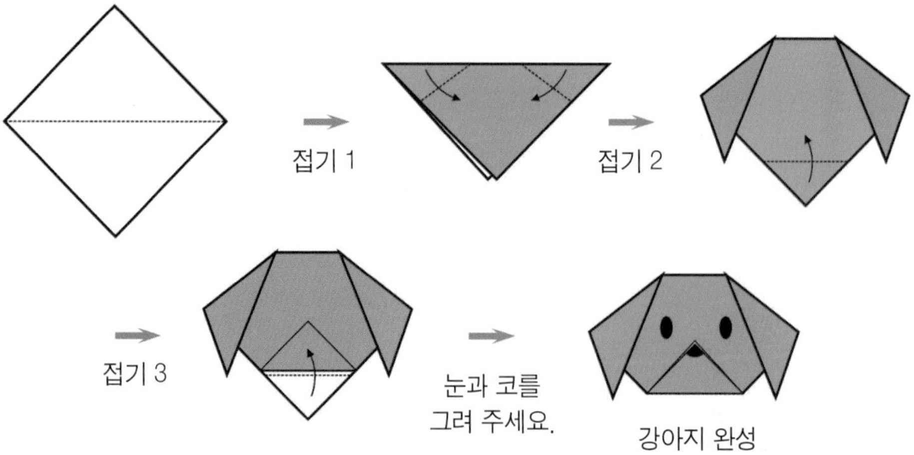
접기 1
접기 2
접기 3
눈과 코를
그려 주세요.
강아지 완성

9. 편지꽂이 접기

목표

종이접기 책의 편지꽂이 접기를 보고 편지꽂이 접기, 이해력 촉진, 자기효능감 형성, 구성력 향상

준비물

종이접기 책, 색종이

✓check!
- [ ] 주변 정리는 하였나요?
- [ ] 준비물과 완성된 작품을 준비하였나요?

활동내용 및 지도방법

① 치료사는 먼저 아동에게 종이접기 책에서 편지꽂이 접는 과정을 보여 준다.

② ① 후에 아동에게 "책을 보고서 똑같이 편지꽂이를 접어 보자."라고 언어로 지시한다. 그리고 나서 접기 1을 한다. 이때 지시한 대로 아동이 스스로 수행하면 적극적으로 강화한다.

③ 만약 아동이 따라서 접지 못하면 치료사가 아동의 손을 보조하여 접기를 여러 번 실시한다. 이때 아동의 수준에 맞추어서 보조를 줄여 나간다. 아동이 책을 보고 접을 수 있도록 주의를 모은다. 아동이 접기 1을 스스로 하면 칭찬한다.

④ ③을 반복해서 실시한 후에 접기 1을 한 종이에 그대로 접기 2를 실시한다. 그리고 아동이 모방하여 접기 2를 하도록 지시한다. 아동이 따라서 접으면 칭찬하고, 만약 접지 못하면 보조로 수행하게 하고 점차 보조를 줄여 나간다.

⑤ 앞의 방법으로 접기 3, 접기 4, 접기 5를 한 단계씩 차례로 반복해서 실시한다. 이때 접기 3과 접기 4에서 밖으로 접기를 할 때는 보조를 하여 유의해서 지도한다.

⑥ 아동이 잘 수행하면 접기 1에서 접기 5까지를 연속으로 하도록 지도한다. 아동이 모델을 보고 연속으로 접으면 적극적으로 강화한다.

활동 TIP

- 모두 실시한 후에는 색종이의 색깔이나 크기를 바꾸어 가면서 다양하게 여러 번 실시하여 아동이 충분히 익히도록 지도한다.
- 완성된 편지꽂이를 벽에 붙여 아동이 성취감을 느낄 수 있도록 한다.
- 종이접기 책이 평면그림이라서 이해가 어려운 아동은 실제 색종이를 가지고 순서대로 접는 단계를 붙여 놓도록 고안된 교재를 사용하는 것도 좋다.

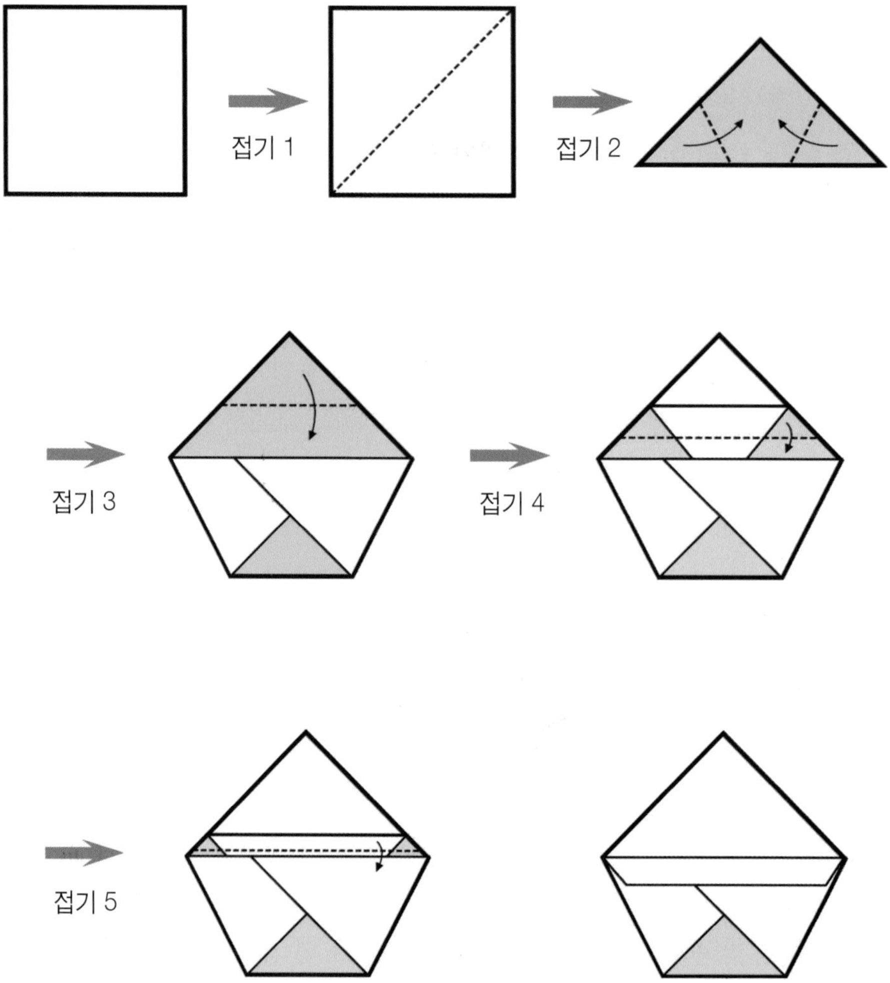

편지꽂이 완성

10. 집 접기

목표

종이접기 책의 집 접기를 보고 집 접기, 이해력 촉진, 자기효능감 형성, 구성력 향상

준비물

종이접기 책, 색종이

√check!
☐ 주변 정리는 하였나요?
☐ 준비물과 완성된 작품을 준비하였나요?

활동내용 및 지도방법

① 치료사는 먼저 아동에게 종이접기 책에서 집 접는 과정을 보여 준다.

② ① 후에 아동에게 "책을 보고서 똑같이 집을 접어 보자."라고 언어로 지시한다. 그러고 나서 접기 1을 한다. 이때 지시한 대로 아동이 스스로 수행하면 적극적으로 강화한다.

③ 만약 아동이 따라서 접지 못하면 치료사가 아동의 손을 보조하여 접기를 여러 번 실시한다. 이때 아동의 수준에 맞추어 보조를 줄여 나간다. 아동이 접기 1을 스스로 하면 칭찬한다.

④ ③을 반복해서 실시한 후에 접기 1을 한 종이에 그대로 접기 2를 실시한다. 그리고 아동이 모방하여 접기 2를 하도록 지시한다. 아동이 따라서 접으면 칭찬하고, 만약 접지 못하면 보조로 수행하게 하고 점차 보조를 줄여 나간다.

⑤ 앞의 방법으로 접기 3, 접기 4, 접기 5를 한 단계씩 차례로 반복 실시한다. 이때 접기 3에서 밖으로 접기를 할 때는 보조를 하여 유의해서 지도한다. 점차 보조를 줄여 나가면서 아동이 스스로 접을 수 있게 한다.

⑥ 아동이 잘 수행하면 접기 1에서 접기 5까지를 연속으로 하도록 지도한다. 아동이 모델을 보고 연속으로 접으면 적극적으로 강화한다.

활동 TIP

- 모두 실시한 후에는 색종이의 색깔이나 크기를 바꾸어 가면서 다양하게 여러 번 실시하여 아동이 충분히 익히도록 지도한다.
- 완성된 집을 벽면에 붙여 놓거나 배경이 그려진 도화지에 알맞게 집을 같이 붙여서 작품을 구성하여 흥미를 유발한다.

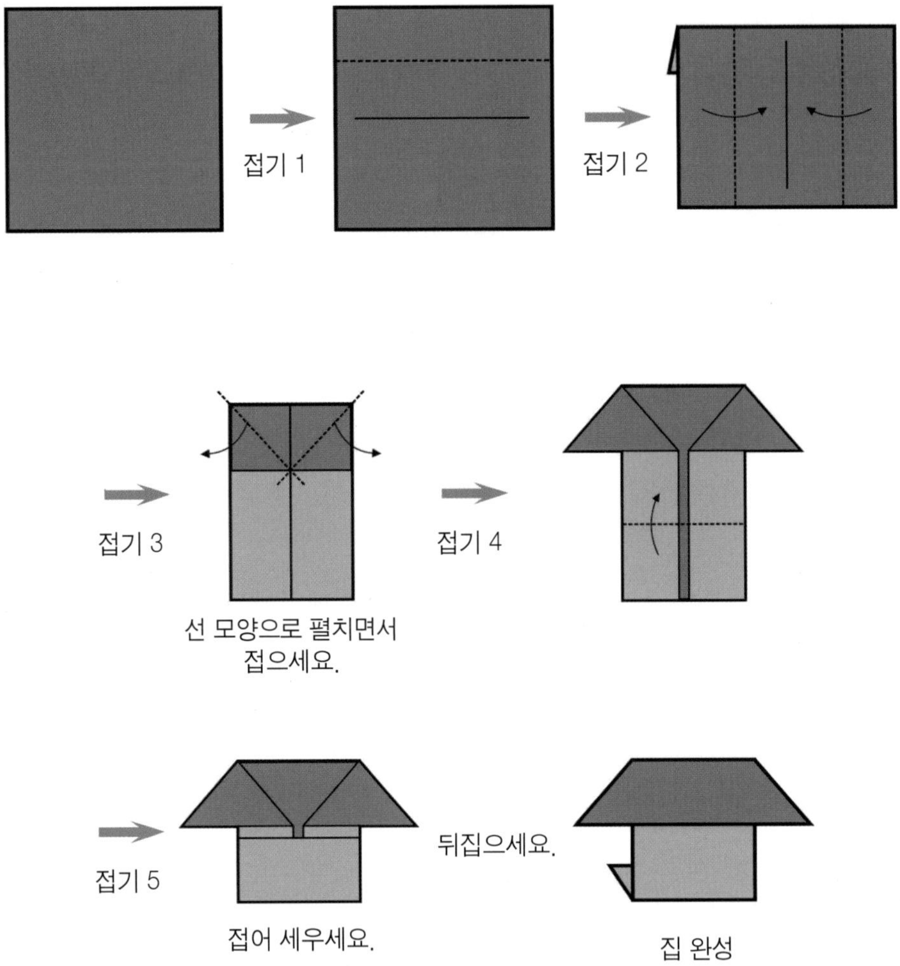

제9장

콜라주기법

1. 잡지그림 콜라주

목표

거부감 감소, 분노 표출, 자기표현

준비물

잡지책(그림이 많은 책 또는 다양한 그림을 준비),
풀, 가위, 도화지(크기 제한하지 않음), 사인펜

✓check!
☐ 주변 정리는 하였나요?
☐ 준비물과 완성된 작품을 준비하였나요?

활동내용 및 지도방법

① 치료사는 아동에게 잡지책을 주면서 "오늘은 콜라주를 할 거야. 네 마음에 드는 그림이 있으면 오려서 이 도화지 위에 붙여 볼까?"라고 지시한다.
② 아동은 책을 보면서 마음에 드는 그림을 찾아서 그것을 도화지 위에 붙인다.
③ 아동이 다 붙였다고 하면 사인펜으로 제목을 작성하게 한 후 왜 그 그림을 붙였는지 질문한다.
④ 오늘 활동의 소감 나누기를 하며 마무리한다.

활동 TIP

- 활동에서 왜 그 그림을 붙였는지에 대한 질문에 대답을 하지 못하면 붙인 것이 무엇인지 질문한다.
- 그리는 것보다 표현이 쉽고, 정확하게 감정을 전달할 수 있는데, 단 선택할 수 있는 사진 매체가 많아야 한다. 자기감정을 나타내는 것, 가족이나 친구에게 말하고 싶은 것, 선물로 주고받고 싶은 것, 타인에 대한 느낌을 표현하는 것, 희망을 상징하는 것, 문제의 예방 및 대책 방법 등을 쉽게 표현할 수 있다. 특히 그림을 잘 그리지 못하거나 그리는 것에 거부감이 있는 아동에게 효과적이다.

제목: 음식액자

미래의 나의 집

2. 동물가족 콜라주

목표

거부감 감소, 가족상징 표현, 자기표현

준비물

다양한 동물 사진, 풀, 가위, 도화지, 사인펜

✓check!
- [ ] 주변 정리는 하였나요?
- [ ] 준비물과 완성된 작품을 준비하였나요?

활동내용 및 지도방법

① 치료사는 아동에게 다양한 동물 사진이 담긴 박스를 주면서 "오늘은 콜라주를 할 거야."라고 말한다.

② 아동에게 가족들은 누가 있는지 확인한 후 "○○네 가족들을 동물로 찾아 이 도화지 위에 붙여 볼까?"라고 지시한다.

③ 아동은 가족들에게 맞는 동물 사진을 찾아서 그것을 도화지 위에 붙인다.

④ 아동이 다 붙였다고 하면 사인펜으로 제목을 작성하게 한 후 왜 그 그림을 붙였는지 질문한다.

⑤ 오늘 활동의 소감 나누기를 하며 마무리한다.

활동 TIP

- 여러 가지 크기의 사진과 다양한 동작, 표정이 있는 동물 사진들을 준비한다. 예를 들어, 작은 토끼 사진과 큰 토끼 사진, 토끼가 뛰어가는 사진, 토끼 만화 등 다양한 모습의 사진을 준비한다.

아빠
엄마
나
동생

3. 콜라주 박스

목표

거부감 감소, 분노 표출, 자기표현

준비물

콜라주 박스(다양한 사진이 오려진 박스), 풀, 가위, 도화지, 사인펜

✓check!
- ☐ 주변 정리는 하였나요?
- ☐ 준비물과 완성된 작품을 준비하였나요?

활동내용 및 지도방법

① 치료사는 아동에게 콜라주 박스를 주면서 "오늘은 콜라주를 할 거야. 네 마음에 드는 사진이 있으면 골라서 이 도화지 위에 붙여 볼까?"라고 지시한다.

② 아동은 콜라주 박스에서 마음에 드는 사진을 찾아서 그것을 도화지 위에 붙인다.

③ 아동이 다 붙였다고 하면 사인펜으로 제목을 작성하게 한 후 왜 그 사진을 붙였는지 질문한다.

④ 오늘 활동의 소감 나누기를 하며 마무리한다.

활동 TIP

- 콜라주보다 자르기가 용이하지 않은 대상에게 콜라주 박스를 제시한다. 짧은 시간에 활동해야 할 때에도 용이하다.

4. 엽서콜라주

목표

인지발달, 성취감 향상

준비물

엽서 크기의 도화지, 가위, 풀, 콜라주 박스, 사인펜 등의 채색 도구 등

✓check!
- □ 주변 정리는 하였나요?
- □ 준비물과 완성된 작품을 준비하였나요?

활동내용 및 지도방법

① 치료사는 아동에게 주제를 제시하여 시작을 알린다.
② 엽서 크기의 도화지에 아동이 마음에 드는 사진을 붙인다.
③ 완성되면 작품에 제목을 붙인 후 느낀 점을 이야기 나눈다.

여자의 자리
엄마의 자리

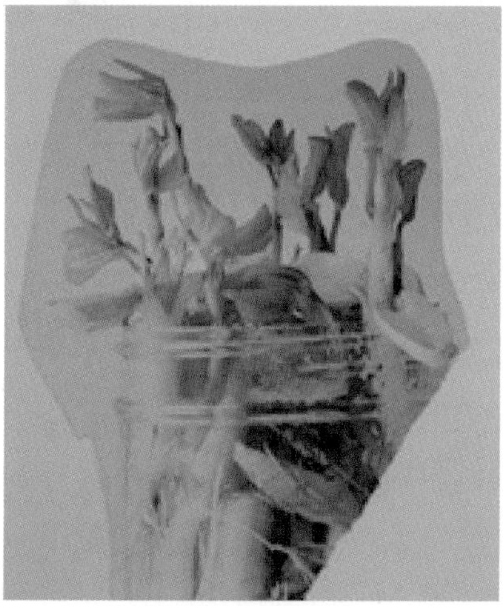

5. 화답콜라주

목표

자기표현, 자존감 향상

〈방법 1〉

준비물

엽서 크기의 도화지, 가위, 풀, 콜라주 박스, 사인펜 등의 채색 도구

✓check!
- ☐ 주변 정리는 하였나요?
- ☐ 준비물과 완성된 작품을 준비하였나요?

활동내용 및 지도방법

① 집단상담에서 활용하는 방법으로 다른 집단원이나 치료사 등 타인에게 주고 싶은 사진을 엽서 크기의 도화지 또는 A4용지에 붙인다.
② 완성된 콜라주를 타인에게 선물한다.
③ 각자 받은 엽서 콜라주에 답을 하는 엽서 콜라주를 작성한다.
④ 완성되면 느낀 점을 이야기 나눈다.

활동 TIP

- 집단상담에서는 2인 1조로 짝을 정하여 실시할 수 있다. 개별 치료에서는 치료사와 아동이 함께 실시하여 서로 선물처럼 건네준 뒤 각자 받은 엽서 콜라주를 보고 별도의 엽서에 마음을 담아 콜라주를 완성한다. 완성된 콜라주는 상대방에게 전달한다.

〈방법 2〉

준비물

엽서 크기의 도화지, A4용지, 가위, 풀, 콜라주 박스, 사인펜 등의 채색 도구

√check!
- ☐ 주변 정리는 하였나요?
- ☐ 준비물과 완성된 작품을 준비하였나요?

활동내용 및 지도방법

① 엽서 크기의 도화지에 사진으로 콜라주를 작성한다.

② 완성된 콜라주를 다른 집단원이나 치료사 등과 주고받은 후 A4용지 가운데에 받은 콜라주를 붙인다.

③ 받은 엽서 콜라주 주변에 더 꾸며 주고 싶은 것이나 주고 싶은 것 등을 붙여 상대방에게 돌려준다.

6. 원형콜라주

목표

인지발달, 현실 인식

〈개인 원형콜라주〉

준비물

4절 도화지, 연필, 가위, 풀, 다양한 잡지 및 사진, 콜라주 박스, 사인펜 등의 채색 도구

√check!
□ 주변 정리는 하였나요?
□ 준비물과 완성된 작품을 준비하였나요?

활동내용 및 지도방법

① 치료사는 도화지에 원을 그려 그대로 주거나 원을 오려서 아동에게 준다.
② 원 안에 콜라주를 실시한다.
③ 완성되면 작품에 제목을 붙인 후 작품에 대해 느낀 점을 이야기 나눈다.

활동 TIP
• 용지 중앙에 자신의 사진을 붙이고 그 주변을 꾸밀 수도 있다.

〈집단 원형콜라주〉

준비물

전지, 연필, 가위, 풀, 다양한 잡지 및 사진, 콜라주 박스, 사인펜 등의 채색 도구

√check!
□ 주변 정리는 하였나요?
□ 준비물과 완성된 작품을 준비하였나요?

활동내용 및 지도방법

① 치료사는 전지에 원을 그린 후 그대로 주거나 원으로 오려서 집단원들에게

준다(집단원이 직접 할 수도 있다).

② 원 안에 집단원들이 함께 콜라주를 실시한다.

③ 완성되면 집단원들이 작품에 제목을 붙인 후 작품에 대해 느낀 점을 이야기 나눈다.

활동 TIP

- 용지 중앙에 집단원을 상징하는 사진 조각을 붙이고 그 주변을 꾸밀 수도 있다.

7. 다양한 매체를 이용한 콜라주

목표

주의집중력 · 표현력 · 성취감 향상, 흥미 유발

준비물

다양한 매체(성냥개비, 이쑤시개 등), 크레파스, 목공풀, 도화지

✓check!
- ☐ 주변 정리는 하였나요?
- ☐ 준비물과 완성된 작품을 준비하였나요?

활동내용 및 지도방법

① 아동에게 다양한 매체(성냥개비, 이쑤시개 등)를 보여 주며, "이것을 이용해서 이 도화지 위에 붙여 작품을 만들어 볼까?"라고 지시한다.

② 아동은 성냥개비와 이쑤시개를 도화지에 붙이면서 모양을 낸다. 도안을 미리 그린 후 그 위에 붙이기도 한다.

③ 아동이 다 붙인 후 크레파스를 이용하여 꾸밀 수 있도록 한다. 작품 제목이 무엇인지 질문한다. 잘 수행할 경우 칭찬한다.

활동 TIP

- 다양한 매체를 이용한 콜라주는 평소 아동이 좋아하는 매체를 활용하여 완성하면 더욱 효과적이다.

제10장

기타 표현기법

1. 테두리기법

목표

그리기 자극, 부담감 감소 및 자발성 촉진

준비물

사인펜, 도화지

√check!
- [ ] 주변 정리는 하였나요?
- [ ] 준비물과 완성된 작품을 준비하였나요?

활동내용 및 지도방법

① 치료사는 아동에게 "오늘은 테두리 안에 그림을 그려 보자."라고 말하고, 도화지에 테두리를 그어서 아동에게 건네준다(이때 자 또는 기타 도구를 사용하지 않고 그냥 선을 긋는다).

② 아동이 테두리 안에 채색을 하거나 그림을 그리도록 한다. 만약 아동이 지시에 따라서 수행하지 못하면 치료사가 시범을 보여 주고 다시 지시한다.

③ 아동이 모방하여 수행하면 적극적으로 칭찬한다.

④ 색깔이나 그림의 모양을 바꾸어 가며 다양하게 반복 실시한다.

활동 TIP

- 자아가 허약한 아동들에게 많이 사용되고 있다.
- 테두리 그리기 시에는 자를 사용하지 않는다. 또한 원을 그려 주고 원 안에 그림을 그리거나 채색하게 하여 과잉행동, 주의산만 등을 통제할 수 있다.

2. 모래 작품 만들기

목표

모래의 감각을 느끼고 작품 완성하기, 인지능력 향상, 창의성 개발

준비물

풀, 모래, 염색한 모래, 염색한 톱밥, 색도화지, 붓

√check!
- [ ] 주변 정리는 하였나요?
- [ ] 준비물과 완성된 작품을 준비하였나요?

활동내용 및 지도방법

① 치료사는 아동에게 "오늘은 모래로 만들기를 하자."라고 말하고, 완성된 작품을 보여 준다.

② 치료사가 도화지에 풀을 바르고 모래가 붙는 것을 보여 주고, 아동이 자유롭게 모래를 붙이도록 한다.

③ ②를 한 후에, 풀로 그림을 그리고 작품을 만들도록 지도한다.

④ 아동이 스스로 작품을 완성하면 적극적으로 칭찬한다.

3. 뿅뿅이로 얼굴 만들기

목표

신체부위 인식, 신체상 형성, 감각 발달 촉진

준비물

여러 종류의 뿅뿅이, 목공풀, 연필, 도화지

✓check!
- [ ] 주변 정리는 하였나요?
- [ ] 준비물과 완성된 작품을 준비하였나요?

활동내용 및 지도방법

① 치료사는 도화지 위에 사람 얼굴을 그려 준다.

② 치료사는 아동에게 "우리 뿅뿅이를 붙여 사람 얼굴을 만들어 보자."라고 지시한다.

③ 눈, 코, 입, 귀, 머리 등을 인식할 수 있도록 각 부위를 명명해 주고, 도화지에서 각 위치에 뿅뿅이를 붙인다.

④ 아동이 스스로 작품을 완성하면 적극적으로 칭찬한다.

4. 모자이크

목표

흥미 유발, 활동 촉진, 주의집중

준비물

색종이, 풀, 연필, 도화지

√check!
- [ ] 주변 정리는 하였나요?
- [ ] 준비물과 완성된 작품을 준비하였나요?

활동내용 및 지도방법

① 치료사는 아동에게 "오늘은 모자이크를 해 보자."라고 말한다.

② 치료사는 색종이를 잘게 찢는 모습을 보여 준다. "○○도 이렇게 찢어 볼래?"라고 지시한다. 아동이 적극적으로 활동하면 칭찬해 준다.

③ 다 찢고 난 후 도화지에 밑그림을 그린다. 색종이를 붙일 것이므로 간단하고 크게 그린다. 아동도 그리도록 한다.

④ 그려진 밑그림에 찢은 색종이를 붙인다. 아동이 따라서 붙이도록 하고 잘 붙일 경우 칭찬하며 작품을 완성한다.

활동 TIP

- 아동에 따라서 찢는 활동을 거부하거나 손힘이 약하여 잘 찢지 못하는 경우 얇은 종이를 제공하거나 미리 찢은 것을 준비한다.

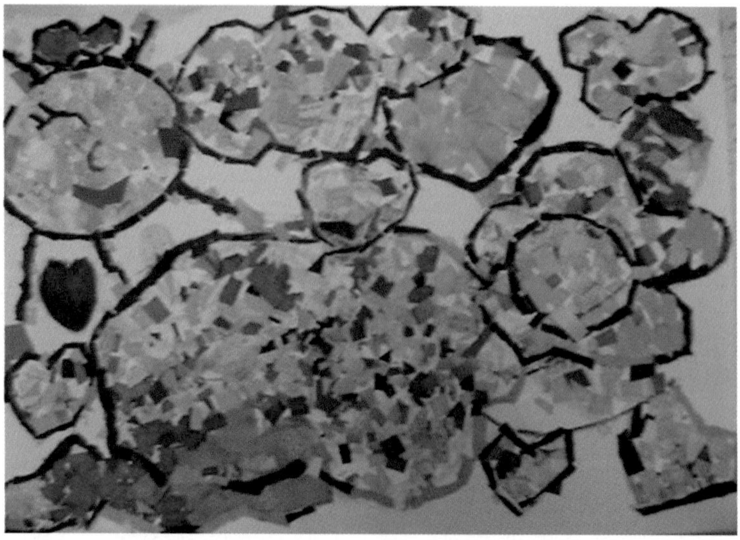

♡하트 색종이♡

5. 종이 찢기

목표

관계 형성 및 거부감 감소, 흥미 유발, 활동의 촉진, 욕구 표출

준비물

다양한 두께의 종이, 풀, 다양한 크기의 도화지

√check!
- ☐ 주변 정리는 하였나요?
- ☐ 준비물과 완성된 작품을 준비하였나요?

활동내용 및 지도방법

① 치료사는 아동에게 "오늘은 선생님 하고 같이 종이를 찢어 보자."라고 말한다.

② 치료사가 먼저 종이를 찢는 것을 보여 주고 아동에게 "너도 찢어 볼래?"라고 지시한다. 아동이 종이를 선택하여 찢으면 칭찬해 준다.

③ 치료사와 아동이 같이 마구 찢은 후 뭉쳐서 도화지에 풀로 자유롭게 붙이며 활동을 마무리한다.

활동 TIP

- 아동에 따라서 찢는 활동을 거부하면서 안 할 수도 있으나 치료사의 모델링에 의해서 시도하는 경우가 많다. 손에 힘이 잘 안 들어가는 무기력한 아동은 얇은 종이부터 찢으면서 에너지를 발산할 수 있도록 하고, 두꺼운 종이로 점차 바꾸어 가면서 실시할 수 있다.
- 종이는 다양하게 준비하여(예: 꽃종이, 한지, 신문지, 색종이, 주름지, 골판지, 상자 등) 아동이 직접 선택하는 것이 효과적이다

눈사람

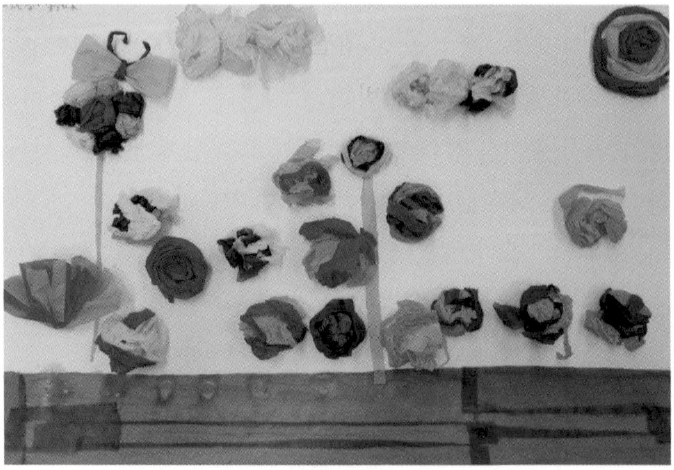

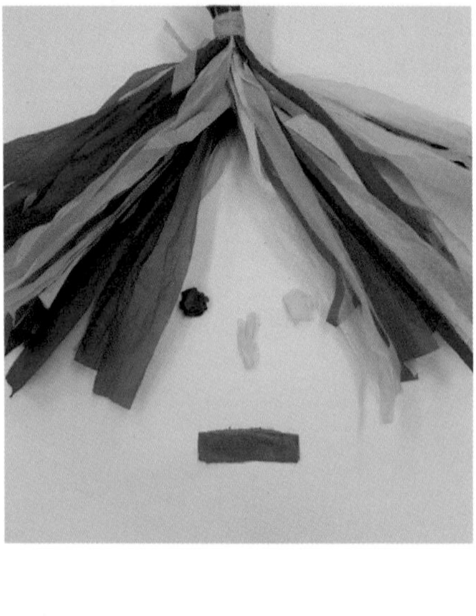

6. 조개껍질로 나비 만들기

목표

자발성 · 성취감 · 구성력 향상

준비물

조개껍질, 글루건이나 접착제, 두꺼운 도화지

✓check!
- ☐ 주변 정리는 하였나요?
- ☐ 준비물과 완성된 작품을 준비하였나요?

활동내용 및 지도방법

① 치료사는 아동에게 "오늘은 조개껍질로 나비를 만들 거야."라고 말한다.

② 치료사가 먼저 도화지 위에 나비를 그린 후 조개껍질을 붙이는 모습을 보여 준다. 아동에게 나비를 그려 준 후 조개껍질을 붙여 보도록 한다.

③ 아동이 적극적으로 활동하면 칭찬하고 접착에 어려움이 있는 경우 보조하여 완성하도록 한다.

④ 다 완성된 나비를 보며 "정말 멋있다." "멋진 나비네" 등의 칭찬을 하며, 언어 표현이 가능한 경우 제목을 정해 보도록 한다.

활동 TIP

- 완성된 나비 위에 물감으로 칠해 완성도를 높여도 좋다.

7. 스티커 붙이기

목표

관계 형성 및 거부감 감소, 흥미 유발, 활동의 촉진

준비물

다양한 모양의 스티커, 크레파스, 다양한 크기의 도화지

✓check!
- [ ] 주변 정리는 하였나요?
- [ ] 준비물과 완성된 작품을 준비하였나요?

활동내용 및 지도방법

① 치료사는 아동에게 "오늘은 스티커 붙이기를 해 보자."라고 말한다.

② 치료사는 도화지에 밑그림을 그린 후 스티커를 제시하며, 스티커 붙이는 것을 모델링해 준다. 그리고 아동에게 "○○야, 스티커 붙여 보자."라고 지시하고, 아동이 지시에 따르면 칭찬해 준다.

③ 아동이 도화지 전체에 자유롭게 붙이도록 촉구해 주며 활동을 마무리한다.

활동 TIP

- 아동의 상태에 따라 종이의 크기를 조절하여 사용한다.
- 도화지에 미리 동그라미로 사물의 형태를 그려 둔 후 동그라미 안에 스티커를 붙여 모양을 만들어도 좋으며 아동이 스스로 어떤 모양을 그린 후 그 안에 붙이는 것으로 응용하여도 좋다. 아동이 원하는 대로 하게 해 주는 것이 의미가 있다.

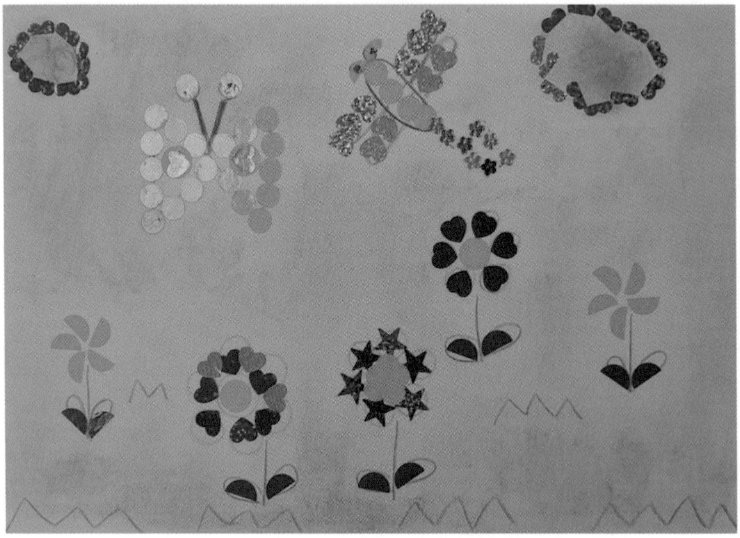

참고문헌

구미진, 이근매, 김진희(2016). 점토매체 중심 미술치료 동향과 효과에 대한 메타분석. 교육혁신연구, 26, 289-314.

김경(2015). 장애학생을 위한 미술교육프로그램 개발 탐색연구. 발달장애연구, 19(3), 101-122.

김난미(2005). 자폐아동의 미술치료. 발달장애아동 치료교육, 7, 205-208.

김동연, 최은영(1996). 소조 활동을 통한 미술치료가 자폐성 아동의 대상관계에 미치는 효과. 미술치료연구, 3(2), 19-55.

김미라(2014). 소조활동 중심 미술치료가 ADHD 아동의 주의집중에 미치는 영향. 발달장애연구, 18(4), 57-77.

김상인(2015). 난화기법이 난독증(dyslexia)학생의 심리안정과 난독증 감소에 미치는 효과. 예술심리치료연구, 11(1), 21-43.

김석(2010). 프로이트 & 라캉: 무의식에로의 초대. 경기: 김영사.

김성민, 김효선(2008). 발달 장애(자폐아동)를 대상으로 한 점토교육 치료 프로그램 개발 연구. 조형디자인연구, 11(2), 1-18.

김정(1979). 아동미술의 세계. 서울: 열화당.

김정미(1999). 찰흙활동 프로그램이 자폐아동의 주의집중 행동과 학습준비 기능에 미치는 효과. 대구대학교 대학원 미간행 석사학위논문.

김향지, 이근매(2008). 「미술치료 연구」에 게재된 장애아동 관련 논문의 연구동향 고찰. 미술치료연구, 15(1), 47-60.

김현영(2017). 미술치료가 지적장애아동의 자기표현 및 주의집중력 향상에 미치는 효과. 지적장애연구, 19(4), 183-207.

민성길 외(1999). 최신정신의학(제4개정판). 서울: 일조각.

박계신(2003). 장애아동을 위한 미술 교육 방안 연구. 정서・학습장애연구, 9(4), 135-156.

박선영(2007). 또래아동과의 소집단 미술치료가 자폐성 아동의 사회성 향상에 미치는 효과. 재활심리연구, 14(1), 17-42.

박은혜, 김미선, 김수진, 강혜경, 김은숙, 김정연, 이명희(2004). 장애아동을 위한 미술교육. 서울: 학지사.

박주연, 이병인(2007). 기능평가를 통한 선호 재료선택 미술활동이 자폐아동의 물건 던지기 행동에 미치는 효과. 미술치료연구, 14(1), 65-82.

박찬미, 공마리아, 최은영(2015). 협동활동 중심 집단미술치료 프로그램이 저소득층 아동의 또래관계에 미치는 효과. 예술심리치료연구, 11(20), 231-254.

변윤연, 권요한(2010). 꼴라쥬를 활용한 일반유아와의 협력적 미술치료 프로그램이 발달장애유아의 언어능력, 대인관계 및 주의력 향상에 미치는 효과. 특수아동교육연구, 12(4), 119-144.

서복희, 이근매(2013). 색채심리의 유효성과 활용방안에 대한 연구. 예술심리치료연구, 9(1), 139-160.

서소희, 최외선(2007). 특수교육을 병행한 풍경구성법 그리기가 자폐스펙트럼장애 아동의 인지 및 사회적 상호작용에 미치는 영향. 미술치료연구, 14(1), 39-64.

손혜주, 최외선(2010). 미술치료와 미술교육이 아동의 미술능력과 친사회적 행동에 미치는 효과. 미술치료연구, 17(3), 549-569.

송지홍(2013). 2014 컬러트렌드를 적용한 어린이 창의놀이공간 색채 제안. 한국과학예술포럼, 17, 219-232.

신명희, 강소연, 김은경, 김정민, 노원경(2014). 교육심리학. 서울: 학지사.

심은지, 이정숙(2009). 자폐장애 아동의 사회적 행동과 자기표현을 위한 비지시적 미술치료 단일사례연구. 한국아동심리치료학회지, 4(1), 25-49.

안혜숙(2012). 자폐성향 유아의 미술치료 효과에 대한 사례연구. 총신대학교 대학원 미간행 석사학위논문.

양경희(2008). 새로운 개념에 기초한 아동미술교육. 서울: 학지사.

양은주(2004). 자폐성 아동의 또래관계에 대한 미술치료 사례연구. 재활심리연구, 11(1), 95-116.

양은주, 김동연(2005). 협동화를 통한 미술치료가 자폐성아동의 또래관계에 미치는 효과. 미술치료연구, 12(1), 85-111.

염태진(1985). 유아교육을 위한 창작공예. 서울: 창지사.

영남대학교 미술치료연구회(2011). 미술치료학개론. 서울: 학지사.

오가영(2011). 자폐아동의 사회성 향상을 위한 미술치료 사례 연구. 문화예술교육연구, 6(3), 123-144.

오현숙(2006). 피카소 작품세계에 나타난 색채심리와 색채 치료적 효과. 미술치료연구, 13(2), 405-428.

유현정, 이근매(2012). 장애아동 미술치료 효과에 대한 메타분석. 미술치료연구, 19(3), 461-484.

윤정원, 윤치연, 이근매(2005). 비지시적 미술치료 프로그램이 자폐 아동의 발달에 미치는 효과. 정서·학습장애연구, 21(2), 159-178.

이경원(2007). 자폐장애유아를 위한 미술치료교육 프로그램 연구. 조형교육, 29(29), 355-378.

이경현, 이지연(2013). 국내 장애아 상담연구동향 분석. 열린교육연구, 21, 31-52.

이규선, 김동영, 류재만, 전성수, 최윤재, 권준범, 김정선(2000). 미술교육학. 서울: 교육과학사.

이근매(2001). 미술치료가 선택적 함묵아의 의사소통 및 문제행동에 미치는 영향. 정서·행동장애연구, 17(1), 307-327.

이근매(2007). 가족지원 미술치료 프로그램이 장애청소년의 사회성 향상에 미치는 효과. 특수아동교육연구, 9(3), 223-252.

이근매(2008). 미술치료 이론과 실제. 경기: 양서원.

이근매, 권명옥(2004). 미술치료가 자폐성 아동의 대인관계 및 표현활동에 미치는 영향. 정서·학습장애연구, 20(4), 377-392.

이근매, 김혜영(2002). 다양한 미술매체를 통한 미술치료가 발달지체아동의 불안 위축행동에 미치는 영향. 발달장애연구, 6(2), 73-86.

이근매, 임희정(2003). 언어치료와 미술치료를 병행한 프로그램이 언어발달지체유아의 언어발달 및 문제행동 개선에 미치는 효과. 미술치료연구, 10(1), 49-66.

이근매, 정옥남, 이선임(2005). 소조활동 중심의 개인미술치료가 자폐아동의 부적응행동 개선에 미치는 효과. 미술치료연구, 12(1), 73-84.

이근매, 조용태(2014). 장애아동 미술치료. 서울: 학지사.

이근매, 최외선(2007). 유·아동의 발달을 돕는 미술치료의 실제. 서울: 교육과학사.

이근매, 최은영(2000). 언어지도와 병행한 미술치료가 자폐성 아동의 의사소통에 미치는 효과. 정서·학습장애연구, 16(1), 117-138.

이근매, 최인혁(2008). 매체경험을 통한 미술치료의 실제. 서울: 시그마프레스.

이병주(2013). 미술치료가 자폐장애 청소년의 자기표현에 미치는 영향. 건국대학교 대학원 미간행 석사학위논문.

이승희(2009). 자폐스펙트럼장애의 이해. 서울: 학지사.

이영석(1995). 한국유아의 연령별 발달 수준 확인 연구. 미래유아교육학회지, 1, 1-69.

임정기, 정옥희, 최수영, 홍기태(2010). 미술 교수학습 패러다임 변화와 실천을 위한 이론과 방법. 서울: 교육과학사.

임지영, 류혜원, 문영경, 배기조, 송혜영(2014). 영아발달. 경기: 공동체.

임지향, 조기연, 권명옥(2005). 미술치료가 자폐성향을 띤 정신지체장애아동의 언어표현과 관계형성에 미치는 영향. 정서·학습장애연구, 21(2), 283-300.

임호찬, 최중길(2006). 치료적 미술교육이 자폐아동의 인지기능 향상에 미치는 효과. 발달장애연구, 10(2), 25-41.

전순영(2011). 미술치료의 치유요인과 매체. 서울: 하나의학사.

최금란(2009). 자폐아의 인지, 정서적 능력 향상을 위한 미술치료 프로그램 개발 및 효과 연구. 관동대학교 대학원 미간행 박사학위논문.

최나리, 이근매(2011). 협동작업 중심의 집단미술치료가 한부모가정 아동의 사회성에 미치는 영향. 임상미술심리연구, 1(1), 123-146.

최영희(2002). 소조활동을 통한 집단미술치료가 청소년 스트레스에 미치는 효과. 대구대학교 대학원 미간행 석사학위논문.

최외선, 이근매, 김갑숙, 최선남, 이미옥(2006). 마음을 나누는 미술치료. 서울: 학지사.

탁정은(2008). 정서안정 및 계발을 위한 미술재료 연구: 정서장애아동을 대상으로. 건국대학교 대학원 석사학위논문.

홍은진, 이근매(2014). 활동중심 집단미술치료 프로그램이 다문화가정 자녀의 자아존중감과 사회성에 미치는 효과. 임상미술심리연구, 4(2), 119-147.

Burt, C. L. (1921). *Mental and scholastic tests*. London, UK: P. S. King & Son.

Corsini, R. J., & Wedding, D. (2004). 현대 심리치료(*Current psychotherapies*). 김정희 역. 서울: 학지사. (원저는 2000년에 출판)

Kellogg, R. (1969). *Analyzing children's art*. Palo Alto, CA: National Press Books.

Landgarten, H. B. (1987). *Family art psychotherapy*. New York: Brunner/Mazel.

Lowenfeld, V. (1947). *Creative and mental growth*. Oxford, UK: Macmillan.

Lowenfeld, V., & Brittain, W. L. (1993). 인간을 위한 미술교육(*Creative and mental growth*, 8th ed.). 서울교육대학교 미술교육연구회 역. 서울: 미진사. (원저는 1987년에 출판)

Malchiodi, C. A. (2003). *Handbook of art therapy*. New York: The Gullford Press.

Malchiodi, C. A. (2012). 미술치료 입문(*Handbook of art therapy,* 2nd ed.). 임호찬 역. 서울: 학지사. (원저는 2011년에 출판)

Rubin, J. A. (2009). 아동 미술 치료: 아동 성장의 이해와 돕기(제2판, *Child art therapy*, 25th anniversary ed.). 이정숙 역. 서울: 하나의학사. (원저는 2005년에 출판)

Santrock, J. W. (2009). *Life-span development* (12th ed.). Boston, MA: McGraw-Hill.

Santrock, J. W. (2016). 발달심리학(*Essentials of life-span development*, 4th ed.). 이지연, 임춘희, 김수정 공역. 서울: 교육과학사. (원저는 2015년에 출판)

Shaffer, D. R. (2000). 발달심리학(*Developmental psychology: Childhood & Adolescence,* 5th ed.). 송길연, 김수정, 이지연, 양돈규 공역. 서울: 시그마프레스. (원저는 1999년에 출판)

Wadeson, H. S. (1980). *Art psychotherapy*. New York: John Wiley and Sons.

찾아보기

인명

내용

■ 저자 소개 ■

이근매(Keun-Mae, Lee)

대구대학교 대학원 특수교육학과 정서장애아교육전공(문학박사)

(사)한국아동발달지원연구소장, 한국미술치료학회장, 한국예술심리치료학회장 역임

현 평택대학교 재활상담학과 및 상담대학원 미술치료학과 교수

평택대학교 미술치료상담원장

한국미술치료교수협의회장, 한국콜라주심리상담전문가협회장

보건복지부 발달재활서비스 자격관리위원

〈주요 저 · 역서〉

상징사전(공저, 학지사, 2017)

콜라주 진로상담(공저, 학지사, 2015)

장애아동 미술치료(공저, 학지사, 2014)

콜라주 미술치료(공저, 학지사, 2010)

미술치료 이론과 실제(저, 양서원, 2008)

마음을 나누는 미술치료(공저, 학지사, 2006)

심리상담 이론과 미술치료(공역, 전나무숲, 2017)

모자화(공역, 시그마프레스, 2012)

세 가지 그림심리검사(공역, 시그마프레스, 2007) 외 다수

심리치료사, 사회복지사, 특수교사를 위한
아동 미술치료기법
Art Therapy Technique for Child

2019년 2월 15일 1판 1쇄 인쇄
2019년 2월 25일 1판 1쇄 발행

지은이 • 이근매
펴낸이 • 김진환
펴낸곳 • (주) 학지사
04031 서울특별시 마포구 양화로 15길 20 마인드월드빌딩
대표전화 • 02)330-5114 팩스 • 02)324-2345
등록번호 • 제313-2006-000265호

홈페이지 • http://www.hakjisa.co.kr
페이스북 • https://www.facebook.com/hakjisa

ISBN 978-89-997-1764-2 93180

정가 24,000원

이 도서의 국립중앙도서관 출판시도서목록(CIP)은 서지정보유통지원시스템 홈페이지(http://seoji.nl.go.kr)와 국가자료공동목록시스템(http://www.nl.go.kr/kolisnet)에서 이용하실 수 있습니다.
(CIP 제어번호: CIP2019003173)